主　编：贾殿安　王英哲
编　委：王湘红　王剑钊　卢付强　梁世杰　吴伟伦
王　航　鲍　治　朴文一　杨广水　杨颖菲
陈晓平　李一纯　韩　冰
策　划：贺园丁　赵金萍　田书政

BELT AND ROAD LEGAL PRACTICE ESSENTIALS FOR THE FINANCIAL INDUSTRY

Baker McKenzie FenXun.
奋迅·贝克麦坚时
5周年

"一带一路"背景下大金融领域法律实务精要

奋迅·贝克麦坚时联营办公室◎编著

中国法制出版社
CHINA LEGAL PUBLISHING HOUSE

www.bakermckenziefenxun.com
www.bakermckenzie.com
www.fenxunlaw.com

Ning.Zhang@bakermckenzie.com
zhangwei@fenxunlaw.com

序

对外开放是我国的基本国策。以开放促改革、促发展，是我国现代化建设不断取得新成就的重要法宝。党的十八大以来，我国主动参与和推动经济全球化进程，实施更大力度的对外开放政策，着力发展更高层次的开放型经济，推动形成全面开放新格局。2013 年习近平主席提出“一带一路”倡议，遵循共商共建共享原则，通过政策沟通、设施联通、贸易畅通、资金融通、民心相通，实现各国互联互通、互利共赢。截止 2020 年 1 月，中国已同 138 个国家和地区签署 200 份共建“一带一路”合作文件，积极推动全球共同发展，携手推动构建人类命运共同体。

法律服务是“一带一路”建设的重要保障。服务和保障“一带一路”建设既是律师的职责使命，也为律师事业发展提供了难得机遇。近年来，中华全国律师协会适时启动服务“一带一路”建设项目，发起设立“一带一路”律师联盟，协调组织 81 个国家和地区的 290 多家律师事务所、近 400 名中外律师，合作编撰了《“一带一路”沿线国家法律环境国别报告》，为各国律师同行搭建了业务交流与项目合作新平台，为沿线各国经贸往来和项目合作提供法律指引。北京、上海、新疆、云南等地律师协会支持本地律师事务所在沿线各国设立分支机构，成立“一带一路”法律服务研究机构，加强与沿线各国律师行业交流，探索跨境法律服务合作新举措，更好地服务和保障“一带一路”建设。

贝克·麦坚时是国际领先的律师事务所，也是 1992 年首批在华设立代表机构的外国律师事务所；2015 年 4 月，贝克·麦坚时又与北京市奋迅律师事务所率先在上海自贸区设立了奋迅·贝克麦坚时联营办公室，其业务发展始终踏着我国从对外开放到全面开放的时代节奏，从中既可以看出中国法律服务业对外开放的历史节拍，又积极回应经济全球化背景下中外客户不断加深的业务需求和日益密切的专业合作。作为全球专业的商事律师事务所，贝克·麦坚时在为客户提供不同国家、不同法域专业服务的同时，积极拓展大中华区法律服务市场，致力服务中国新时代全面开放大局。

组织编撰《“一带一路”国别投资法律指南》和《“一带一路”背景下大金融领域法律实务精要》丛书，这是奋迅·贝克麦坚时联营办公室敏锐捕捉并积极理解中国新时代全面开放的发展理念、政策导向和市场需求的实际举措。丛书紧紧围绕服务“一带一路”建设和实施为切入点，充分发挥中外律师丰富的多法域的实务操作经验优势，突出强调国际化视野、专业性研究与前瞻性分析，旨在为中外企业的域外投资及经营管理提供必要的法律指引，帮助中外企业防范法律风险，实现效益最大化，助力“一带一路”建设。

2020 年是个不平凡的年份。突如其来的新冠肺炎疫情对世界经济造成显著冲击，为各国经济发展带来了不确定性。各国为控制疫情传播采取了一些限制措施，进一步加剧跨国投融资活动的法律和政策风险。尽管如此，我们相信合作仍是全球经济发展之大趋势，逆全球化不会成为世界经济的主流。当此之时，更需要推进“一带一路”高质量发展，真正把“一带一路”打造成团结应对挑战的合作之路、维护人民健康安全的健康之路、促进经济社会恢复的复苏之路、释放发展潜力的增长之路。期待有更多的中外律师携手合作、砥砺前行，为“一带一路”建设贡献专业智慧，为区域经济繁荣发展提供法治能量。

忝为序。

韩秀桃

2020 年 6 月 25 日

目　录

第一章　中国金融市场的开放及机制创新

第二章　境内外资本市场的融通及机制创新

第三章 “一带一路”相关跨境投融资

第四章 资产证券化（ABS）原理及前沿问题

第五章　应收账款与保理融资

第六章　金融监管与合规

第七章　绿色金融及其他

第一章

中国金融市场的开放及机制创新

主信托结构资产证券化业务在我国法律框架下的理论探讨

王剑钊　朴文一　石俊男*

我国资产证券化业务起步于2005年，在经历了近十年的试点培育和曲折发展后，于2014年进入备案制/注册制阶段，业务规模快速增长，各类新型基础资产、各种创新交易结构频频出现，市场呈现出百花齐放的姿态。现阶段，我国资产证券化业务已经逐步从快速增长阶段向深化发展阶段转变，越来越多的融资主体已不再满足于仅仅做成项目实现融资，而是逐渐追求更加完善的交易结构、更为高效的交易机制以及融资以外调节财务报表等效果；就投资者而言，亦不满足于资产证券化产品的现状，而是对结构清晰、期限灵活、定制化设计等提出进一步需求，这使得行业从业者不敢有丝毫懈怠，对业务进行不断创新。

在各类基础资产中，消费信贷类资产在基础资产总规模中占有十分重要的地位。但由于消费信贷类资产期限普遍较短，在进行资产证券化融资时，存在一定的再投资及期限错配问题，虽然采用循环购买结构，设置循环期及摊还期机制可以在一定程度上缓释该等问题，但诸如产品仍需设置较长摊还期导致形成资金沉淀以及重复设置底层SPV的问题仍不能得到有效解决。针对这些问题，美国资产证券化业务先行者创造了主信托结构，笔者在本文中将探讨主信托结构可以解决的问题，及其在我国法律框架下的可行性抑或不可行性。

* 王剑钊，北京市奋迅律师事务所，合伙人；朴文一，北京市奋迅律师事务所，合伙人；石俊男，北京市奋迅律师事务所，律师。

一、消费信贷类资产的特点及其在传统资产证券化业务中的痛点

（一）消费信贷类资产的特点

相较于其他类型基础资产，消费信贷类资产具有如下几个显著特点：

第一，资产规模总量大。消费作为拉动国家经济的三驾马车之一，其总量不可忽视，而消费者对于金融服务的需求量也不言而喻。开展消费信贷业务的主体除传统股份制银行外，大型互联网企业、消费金融公司、城市商业银行、信托公司等也陆续加入市场当中，形成了规模庞大的消费信贷类资产。

第二，资产同质化程度高。消费信贷类资产通常表现为消费贷款或消费性应收账款，其业务模式相对统一，同一业务主体生成的资产在流程、标准及质量上基本趋于一致，而不同业务主体的经营模式也存在较强的相似性。

第三，资产单笔平均金额较小。消费信贷类资产依托于消费场景，消费品的价值天然决定了消费信贷类资产的单笔金额相较于对公贷款、住房抵押贷款及贸易应收款等资产显著降低，资产分散性极强。

第四，资产期限较短。消费信贷类资产由于单笔金额较小，通常不需要设置过长的期限，且还款时间灵活。实践中，为满足消费者方便快捷的金融服务需求，市场中已出现随借随还型产品，即便是传统的分期付款模式，最长期限通常也不会超出36个月。

（二）消费信贷类资产在传统资产证券化业务中的痛点

1. 期限错配

如前所述，消费信贷类资产的期限普遍较短，而融资人为提升融资效率，需发行存续期相对于资产期限较长的资产证券化项目以获取长期资金，则短期资产与长期项目之间的矛盾即凸显出来。现阶段，市场普遍采用循环购买结构处理期限错配问题，但在循环结构中，为确保基础资产现金流能够充分回收并兑付投资人本息，在循环期结束后，仍有必要按照资产期限情况设置合理的摊还期。通常情况下，摊还期的期限需长于基础资产最长期限，以确保资产产生的现金流能在

摊还期内回收。摊还期的存在无论是对于融资人抑或投资人，均会产生降低资金使用效率的问题，由于基础资产通常在每一个工作日均有回收款，但资产证券化项目通常最高摊还期分配频率为按月分配，每月进行两次分配已经做到了极限，这将必然导致基础资产回收款闲置。对于融资人而言，该等回收款未能复投以产生新的收益，但该等资金的融资成本仍由融资人承担；而对于投资人，摊还期定时不定额的分配机制必然导致投资收益的再投资风险，增加投资人资金调配难度。

现有的解决摊还期问题的机制主要为三种，但各自均存在痛点：（1）设置短摊还期并由基础资产合格标准控制入池资产期限以使资产到期日早于摊还期到期日，但问题在于随着循环期接近期末，满足期限标准可供入池的资产将逐渐减少，最终可能导致循环期末期缺乏合格资产以维持循环购买的情况；（2）增设特定主体清仓回购权利/义务，但问题在于如设置宽松的回购条件和要求则对回购主体缺乏约束力，如设置严苛的回购条件和要求将导致资产无法实现会计出表，且如投资人资金回收最终依赖于特定主体进行回购，有悖于资产证券化业务的原理；（3）资产切片（对每笔基础资产按照期数切分，以单期还款作为基础资产入池单位），资产切片理想状态下可以达到缩减甚至取消摊还期的目的，但对融资人业务系统的资产管理能力、资金清分能力要求较高。银监会《关于进一步规范银行业金融机构信贷资产转让业务的通知》（银监发〔2010〕102号）第五条规定："银行业金融机构转让信贷资产应当遵守整体性原则，即转让的信贷资产应当包括全部未偿还本金及利息，不得有下列情形：（一）将未偿还本金与应收利息分开；（二）按一定比例分割未偿还本金或应收利息；（三）将未偿还本金及应收利息整体按比例进行分割；（四）将未偿还本金或利息进行期限分割。"虽然该文的适用范围、执行严格程度存在讨论的空间，但资产切片的方式适用于银行业金融机构资产难免存在合规疑虑。

2. 重复设置特殊目的载体

此问题多出现在双SPV架构的Pre-ABS结构中。由于我国对信贷业务采取牌照管理，且对诸如小额贷款公司等部分从事信贷业务的主体采用杠杆率控制等方式监管其业务规模，导致没有贷款发放资质或融资杠杆达到上限的企业自身无法继续开展业务或扩大业务规模，进而产生了市场现阶段较为常见的助贷模式，由助贷机构作为获客方与具有信贷业务资质的主体作为资金方合作开展消费信贷业务。在选择信托公司作为放贷方的情况下，通常采用 Pre－ABS 结构。在该结构下，融资人或合作资金方先出资设立底层 SPV 即资金信托，资金信托发放消费信贷形成资产后，融资人或合作资金方以信托受益权作为基础资产开展资产证券化业务收回资金，再投放于生成新资产，实现“资金——投放形成资产——通过资产证券化回收资金——投放形成新资产”的运转模式。在此种模式下，每一期资产证券化产品将对应一个或多个底层 SPV，业务的持续开展需不断设置底层 SPV 架构。由于重复设置 SPV 需要重复履行内外部立项、审批、备案、开户等流程，可能对业务效率造成一定影响。此外，多个重复的 SPV 结构将对资产管理带来一定的难度。

二、主信托结构的基本法律架构

美国等国家面对前述期限错配及 SPV 重复设置等问题，创造了主信托结构，花旗银行于 1991 年便设立了信用卡主信托，由南达科他州花旗银行作为资产出让方及资产服务机构，内华达州花旗银行作为资产出让方，德意志银行美国信托公司作为受托人成立了信用卡主信托，以持续发行信用卡证券化产品，证券化产品的本息兑付资金来源为主信托。

（一）适合作为主信托结构的特殊目的载体及其管理机构

国外主信托结构采用的基本法律关系为信托法律关系，我国现行法律体系下，在中国人民银行、银保监会、证监会及外管局联合发布《关于规范金融机构资产管理业务的指导意见》（银发〔2018〕106 号，以下简称《资管新规》）后，通说认为银行、信托、证券、基金、期货、保险资产管理机构、金融资产投资公司等金融机构发行的各类资管产品其基本法律关系均为信托法律关系。则在理论上，前述各金融机构均可以作为主信托的管理人，设置主信托结构。但笔者认为，截至目前，最适宜作为管理人设立主信托的机构仍然为信托公司，理由如下：

第一，信托公司设立的资管产品必然为信托法律关系，但目前其他金融机构设立的资管产品是否为信托法律关系仍待相关立法部门、司法部门及金融监管部门作出明确确认。SPV 确立为信托法律关系的优势已不必重述，《信托法》

第十五条“信托财产与委托人未设立信托的其他财产相区别……”及第十六条“信托财产与属于受托人所有的财产（以下简称固有财产）相区别，不得归入受托人的固有财产或者成为固有财产的一部分。受托人死亡或者依法解散、被依法撤销、被宣告破产而终止，信托财产不属于其遗产或者清算财产”对应资产证券化业务中常提到的基础资产“真实出售”及其与融资人、SPV 管理人的“破产隔离”。虽然其他资管产品对应的法规中也会出现类似条款，但由于各资管产品规定效力层级不同的原因，由信托公司作为管理人设立主信托（无论是资金信托还是财产权信托）是现阶段资产证券化业务中资产交割效力及资产权属确定争议最小的 SPV。

第二，信托公司具有贷款发放资质，在基础资产需要通过持续发放贷款而形成的环境下，信托公司作为主信托管理人具有天然的牌照优势。

第三，信托公司相较于其他可以开展资产管理业务的金融机构，拥有更多的消费信贷资产管理经验积累。根据我国现阶段消费信贷业务的实际情况，由信托公司参与的消费信贷业务已初具规模，多家信托公司近年来大力发展小微金融事业线，与大型互联网企业等合作开展消费信贷业务，无论是业务人员、业务系统、业务数据还是外接央行征信系统等从事消费信贷业务必备的资源均已齐备。商业银行虽因自身开展消费信贷业务而具有较强的资产管理能力，但原商业银行开展的理财业务将陆续下放至商业银行理财子公司，使得商业银行消费信贷管理能力与资管产品管理能力逐渐分离，需由商业银行及其理财子公司在资源上相互协调配合。证券、基金、期货等其他金融机构此前并未直接参与消费信贷发放及管理的全流程，尤其是资产端业务中，但证券公司、基金子公司在消费信贷资产证券化业务中还是积累了丰富经验。

（二）主信托结构的基本法律关系

如前所述，笔者认为，现阶段开展主信托结构的资产证券化业务，主信托管理机构将首选信托公司。进而，主信托的基本法律关系将得以明确，即各方为《信托法》项下的信托法律关系。

在主信托架构中，将存在如下角色：委托人、受托人、受益人、资产服务机构及资产持续提供方。在主信托搭建完毕时，其交易结构通常如下：

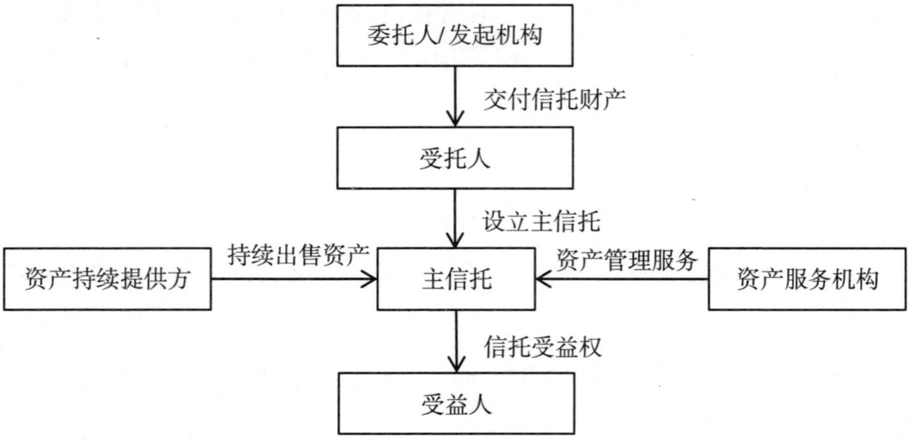

国外主信托结构主要为财产权信托，在我国现行法律法规框架及消费信贷业务实际情况下，主信托既可以为财产权信托，也可以为资金信托（作为 Pre - ABS 结构的进阶版）。实际操作中，（1）由委托人向受托人交付信托财产设立主信托，主信托为自益信托，委托人同时作为主信托项下唯一受益人持有全部信托单位对应的信托受益权；（2）受托人代表主信托聘请资产服务机构，为主信托提供消费信贷资产管理服务；（3）为维持主信托规模稳定，信托财产回收款将用于持续向资产持续提供方受让新增消费信贷资产。

主信托结构搭建完成后，委托人/发起机构即可以其持有的信托单位对应的信托受益权作为基础资产循环发行资产证券化产品，委托人/发起机构发行资产证券化产品的基本法律关系为信托受益权转让，发行完毕后，主信托结构如下：

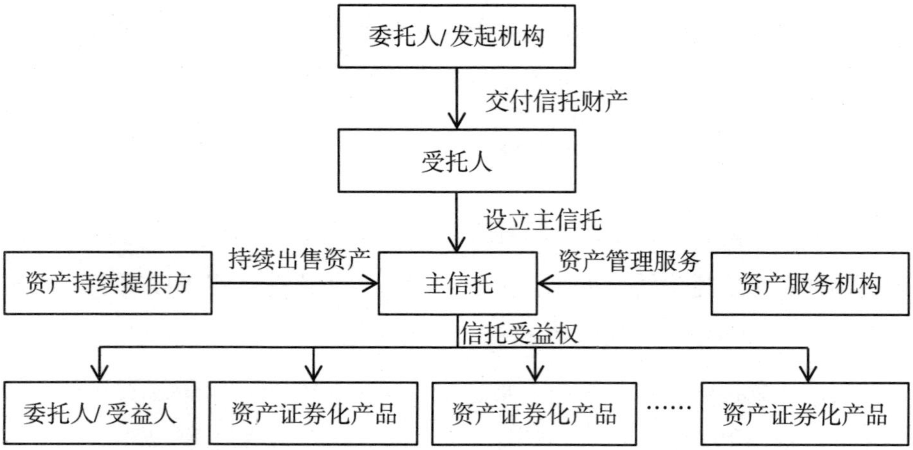

主信托结构下，在资产证券化业务开展前，委托人已持有构建好的基础资产，委托人可根据自身资金需求选择单期资产证券化产品的发行规模，同时，委托人亦可根据市场利率走向，精准选择资产证券化产品发行时点，以达到降低融资成本的目的。

主信托结构除满足委托人可以任意选择资产证券化产品发行金额及发行时点等优势外，亦可解决前文论述的传统消费信贷资产证券化业务结构中的痛点。其一，采用主信托结构可以实现资产证券化产品大幅度缩减摊还期，以减少资金闲置成本，具体操作方式将在本文后续部分论述；其二，采用主信托结构可以避免双 SPV 结构中需重复设置底层 SPV 的问题，各期资产证券化产品均对应唯一一个底层 SPV，大幅提高发行效率及管理效率。

三、主信托结构资产证券化业务在我国法律框架下面临的难题

主信托结构资产证券化业务起源于国外，但鉴于中国相关法律法规及监管政策与国外存在差异，国外主信托结构的相关交易安排在主信托结构本土化后是否能够沿用，仍需进一步讨论。

（一）自益型单一信托的信托受益权是否可以拆分转让

采用主信托结构开展资产证券化业务其本质是信托受益权的转让，而主信托结构在设立时为单一自益型信托，委托人持有全部信托单位（信托受益权），主信托设立后委托人根据自身融资需求决定转让的信托单位份数。在我国法律框架下，单一信托受益权的拆分转让是可行的，只是存在一定的限制。《信托公司集合资金信托计划管理办法》（中国银行业监督管理委员会令 2009 年第 1 号）第五十三条规定："动产信托、不动产信托以及其他财产和财产权信托进行受益权拆分转让的，应当遵守本办法的相关规定。"可见，监管未禁止财产权信托的受益人将信托受益权拆分转让。《信托公司集合资金信托计划管理办法》第二十九条第二款规定："信托受益权进行拆分转让的，受让人不得为自然人。机构所持有的信托受益权，不得向自然人转让或拆分转让。"笔者认为，该条仅限制机构持有的信托受益权不得向自然人拆分转让，但向机构拆分转让并未受到禁

止（实践操作也较为常见），资产证券化产品在我国法律框架下由机构担任管理人，因此在主信托结构下，委托人向各期资产证券化产品拆分转让信托受益权不存在法律障碍。但实践中，仍不排除信托公司对前述条款存在不同的理解，导致该信托公司不认可单一信托受益权拆分转让模式的可能性。

（二）可否用主信托全部现金流单独向某一期资产证券化产品分配

如前文所述，尽可能缩短摊还期是融资人及投资人共同的商业需求。国外主信托模式下，当某一期资产证券化产品接近到期日时，可以由主信托项下全部信托财产的回收款用于偿付该期资产证券化产品的本息，因主信托规模通常远大于某一期资产证券化产品的规模，拥有非常大的日常现金流，能够迅速积累出用于兑付该期资产证券化产品本息的资金，并以该等资金单独兑付该期资产证券化产品本息，以此达到缩减摊还期的目的，提升资金使用效率，避免资金闲置。

国外主信托资产证券化业务的前述资金退出安排在我国资管产品相关法律法规框架下将存在障碍。《资管新规》出台后，证监会发布了《证券期货经营机构私募资产管理业务管理办法》，第二十二条规定“同级份额享有同等权益、承担同等风险”，银保监会发布了《商业银行理财子公司管理办法》，第三十一条规定“分级理财产品的同级份额享有同等权益、承担同等风险”，银保监会虽然尚未在《资管新规》项下对信托产品出台资管新规细则，但按照目前的统一监管的思路和方向，“相同份额同等权益”应当已成为共识。融资人作为主信托的委托人向受托人交付委托财产并取得的全部信托单位为权利义务均相同的等分化份额，这也就说明全部信托单位并无优先劣后之分，应当满足“相同份额同等权益”的基本要求，在融资人以其享有的信托受益权进行拆分转让予资产证券化产品以实现融资的过程中，仅仅发生了信托单位持有人的变动，信托单位本身所代表的权益并未变化，各期资产证券化产品持有的信托单位及融资人自留的信托单位均对应相同权益。如主信托以其全部现金流单独为某期资产证券化产品进行本息兑付，则有违“相同份额同等权益”的基本原理。因此，在我国法律法规框架下，主信托难以实现以全部现金流单独向某一期资产证券化产品进行分配。

如主信托不能单独向某一期资产证券化产品进行本息分配，则有违主信托结构的设立初衷，融资人对主信托结构的需求将大打折扣。一个可能的替代方案是信托受益权的回购，但可能影响资产出表，且在一定程度上有悖于资产证券化业务的原理。从前文交易结构图中可以看出，为维持主信托始终保持稳定的资产规模，主信托项下信托财产的回收款将持续用于向资产持续提供方循环购买新增消费信贷资产，则资产持续提供方每日可基于向主信托持续提供符合合格标准的消费信贷资产而获得大量现金流，而通常情况下，资产持续提供方与主信托的委托人为同一主体，则此处笔者可以预先嫁接一层信托受益权回购安排，即委托人在开展资产证券化融资将其持有的信托单位转让予资产证券化产品的同时，作出一个资产证券化产品到期时向资产证券化产品回购其持有的信托单位的承诺，回购资金来源于资产持续提供方每日向主信托出售合格资产而取得的现金流。在此种安排下，作为基础资产的信托单位通过回售的方式回到融资人名下，而资产证券化产品通过回售价款取得了其投资本金及收益，实现到期退出，融资人赎回其为实现融资目的而转出的信托受益权。在此种交易结构设计下，未违反信托单位“相同份额同等权益”的基本原则，也实现了资产证券化产品到期迅速退出的商业需求。但在此种结构下，因融资人向资产证券化产品负有到期回购义务，可能会影响融资人信托受益权的资产出表要求，且资产证券化产品兑付依赖于资产回购，在一定程度上有悖于资产证券化业务的基本原理。

（三）主信托规模可否扩大或缩减

国外主信托结构的另一大优势是可以随时扩充规模或缩减规模，笔者认为，在我国法律法规框架下，主信托扩充或缩减规模存在相当难度。

理论上，如委托人拟扩充主信托规模，委托人直接向主信托追加委托财产以换取新增信托单位即可，但问题在于，规模扩充前主信托的受益人可能会担心扩充规模后主信托项下资产出现质量下滑导致其原有投资收益降低，且规模扩充后主信托新增受益人可能会担心扩充规模前主信托项下已存在的不良资产的风险将转嫁到新增受益人内，导致新增信托单位定价困难。笔者认为，为保障主信托其他受益人的利益，需保证委托人追加的信托财产对应的资产质量与追加前主信托项下资产质量保持基本一致性，且委托人新增信托财产换取的信托单位份数需考虑追加委托财产时存续的信托单位的净值，好在《资管新规》已提出资管产品净值化管理的要求。

主信托扩充规模面临的更大障碍在于《资管新规》的规定。(1)《资管新规》第十五条第一款规定：“金融机构应当做到每只资产管理产品的资金单独管理、单独建账、单独核算，不得开展或者参与具有滚动发行、集合运作、分离定价特征的资金池业务。”如在主信托存在其他受益人的情况下委托人向主信托追加委托财产并在主信托项下形成新的信托单位，可能被认定为“具有滚动发行、集合运作、分离定价特征的资金池业务”。(2)《资管新规》第十九条规定：“经金融管理部门认定，存在以下行为的视为刚性兑付……（二）采取滚动发行等方式，使得资产管理产品的本金、收益、风险在不同投资者之间发生转移，实现产品保本保收益。”如在主信托存在其他受益人的情况下委托人向主信托追加委托财产并在主信托项下形成新的信托单位，可能构成“本金、收益、风险在不同投资者之间发生转移”的情形。(3)《资管新规》第十五条第三款规定：“……资产管理产品直接或者间接投资于非标准化债权类资产的，非标准化债权类资产的终止日不得晚于封闭式资产管理产品的到期日或者开放式资产管理产品的最近一次开放日。”如主信托拟开放委托人追加委托财产，将被认定为开放式资产管理产品，进而对主信托项下资产的到期日形成严格限制。如拟开放主信托规模扩大功能，则需采取进一步措施解决《资管新规》中的前述限制性规定。

如主信托拟缩减规模，则需向持有人分配信托单位本息，但为实现“相同份额同等权益”，主信托无法单独向某一受益人分配信托利益。因此，除非届时主信托的受益人持有的信托单位均获得同等本息分配，否则无法达到缩减主信托规模的目的。

四、结语

综上所述，主信托结构对于提升消费信贷类资产证券化业务的融资效率及降低融资成本具有重要积极意义，但也存在我国独有的限制及实践难点，以主信托结构发行资产证券化产品仍待从业者进一步研究讨论。

科创板上市与运作特点概述

王英哲　杨颖菲　翁文涛*

上海证券交易所（以下简称“上交所”）科创板的创立到开板交易也保持着“中国速度”。2019 年 1 月，中国证券监督管理委员会（以下简称“中国证监会”）发布《关于在上海证券交易所设立科创板并试点注册制的实施意见》，科创板在规范性文件层面正式诞生。2019 年 7 月 22 日，科创板正式开板交易，成为中国资本市场的重要组成部分。

一、上市主体更多样

相较于中国股票市场主板、中小板（以下合称“其他板块”），科创板的上市标准更为开放和包容，一些此前可能无法在国内其他板块上市的公司，可以选择适用科创板标准在科创板上市。

（一）红筹公司

2018 年以前，未拆除红筹架构的红筹公司，通常无法在境内资本市场上市。中国曾于 2018 年尝试推行 CDR（中国存托凭证）制度，但 CDR 制度为红筹公司设定了较高的上市标准，随着首单 CDR 项目的撤回，CDR 的开展也一度陷入沉寂。而科创板与 CDR 的结合，使红筹公司通过 CDR 回归 A 股的路径重回人们的视野。

根据《上海证券交易所科创板股票上市规则》（以下简称《科创板上市规

* 王英哲，北京市奋迅律师事务所，合伙人；杨颖菲，奋迅·贝克麦坚时联营办公室，合伙人；翁文涛，北京市奋迅律师事务所，律师。

则》)，符合下列标准之一的红筹公司，可在科创板注册发行股票或CDR：

（1）符合《国务院办公厅转发证监会关于开展创新企业境内发行股票或存托凭证试点若干意见的通知》（2018年出台的CDR制度）相关规定的红筹企业；（2）营业收入快速增长，拥有自主研发、国际领先技术，同行业竞争中处于相对优势地位的尚未在境外上市红筹企业，其市值及财务指标符合下列标准之一：预计市值不低于人民币100亿元；或预计市值不低于人民币50亿元，且最近一年营业收入不低于人民币5亿元。

（二）未盈利公司

相较于其他板块明确要求的“净利润为正数”或“连续盈利”，科创板将上市公司财务指标分为五套标准，拟上市企业可以选择适用其中一项申请注册：

	预计市值①	净利润	营业收入
（1）市值、净利润测试	不低于人民币10亿元。	最近两年净利润均为正，且累计净利润不低于人民币5000万元。	不适用
		最近1年净利润为正。	最近1年营业收入不低于人民币1亿元。
（2）市值、收入测试A	不低于人民币15亿元。	不适用	最近1年营业收入不低于人民币2亿元，且最近3年累计研发投入占最近3年累计营业收入的比例不低于15%。
（3）市值、收入测试B	不低于人民币20亿元。	不适用	最近1年营业收入不低于人民币3亿元，且最近3年经营活动产生的现金流量净额累计不低于人民币1亿元。
（4）市值、收入测试C	不低于人民币30亿元。	不适用	最近1年营业收入不低于人民币3亿元。

① 预计市值：指股票公开发行后按照总股本乘以发行价格计算出来的发行人股票名义总价值。

续表

（5）市值、业务测试	不低于人民币40亿元。	不适用	不适用
	且主要业务或产品需经国家有关部门批准，市场空间大，目前已取得阶段性成果。医药行业企业需至少有一项核心产品获准开展二期临床试验，其他符合科创板定位的企业需具备明显的技术优势并满足相应条件。		

根据上述第（2）项至第（5）项标准，拟上市公司未实际盈利的，在符合市值、收入或业务标准的前提下，同样可以提交科创板注册上市。

（三）同股不同权公司

相较于其他板块“一刀切”式地要求上市公司所有股份都享有同等表决权，科创板允许上市公司不同类别股份拥有不同表决权权重。

满足以下两项标准之一的科创板上市公司可以保留表决权差异安排：（1）预计市值不低于人民币100亿元；或（2）预计市值不低于人民币50亿元，且最近1年营业收入不低于人民币5亿元。

拥有特别表决权股份的股东需要同时满足以下两项标准：（1）对上市公司发展或者业务增长等作出重大贡献，并且在公司上市前及上市后持续担任公司董事的人员或者该等人员实际控制的持股主体；且（2）在上市公司中拥有权益的股份合计应当达到公司全部已发行有表决权股份10%以上。

对于特别表决权安排，《科创板上市规则》也作出了一些限制：

（1）比例限制：每份特别表决权股份的表决权数量应当相同，且不得超过每份普通股份的表决权数量的10倍。普通表决权占全部表决权的比例不得低于10%。

（2）增发限制：除同比例配股、转增股本情形外，不得在境内外发行特别表决权股份，不得提高特别表决权比例。上市公司因股份回购等原因，可能导致特别表决权比例提高的，应当同时采取将相应数量特别表决权股份转换为普通股份等措施，保证特别表决权比例不高于原有水平。

（3）交易限制：特别表决权股份不得在二级市场进行交易，但可以在特定情况下按照1:1的比例永久转换为普通股份。

（4）重要事项限制：当公司需要就特定重要事项表决时，如修改公司章程或改变特别表决权数量，每一特别表决权股份享有的表决权数量应当与每一普通股份的表决权数量相同。

2020年1月，设置特别表决权股份的优刻得科技股份有限公司已通过于上交所科创板上市，A股市场迎来包容“同股不同权”上市公司的新时代。

（四）分拆上市的公司

2019年3月证监会颁布《科创板上市公司持续监管办法（试行）》，该办法提及“达到一定规模的上市公司，可以依据法律法规、中国证监会和交易所的有关规定，分拆业务独立、符合条件的子公司在科创板上市”。

2019年12月，中国证监会发布《上市公司分拆所属子公司境内上市试点若干规定》（以下简称《分拆上市试点规定》）。根据《分拆上市试点规定》，上市公司分拆上市需要同时满足以下7个条件：

条件	具体要求
母公司上市年限	上市公司股票境内上市已满3年。
母公司盈利能力	上市公司最近3个会计年度连续盈利，且最近3个会计年度扣除按权益享有的拟分拆所属子公司的净利润后，归属于上市公司股东的净利润累计不低于6亿元人民币（净利润以扣除非经常性损益前后孰低值计算）。
子公司分拆影响	上市公司最近1个会计年度合并报表中按权益享有的拟分拆所属子公司的净利润不得超过归属于上市公司股东净利润的50%；上市公司最近1个会计年度合并报表中按权益享有的拟分拆所属子公司净资产不得超过归属于上市公司股东净资产的30%。
母公司合规经营	上市公司不存在资金、资产被控股股东、实际控制人及其关联方占用的情形，或其他损害公司利益的重大关联交易。上市公司及其控股股东、实际控制人最近36个月内未受到过中国证监会的行政处罚；上市公司及其控股股东、实际控制人最近12个月内未受到过证券交易所的公开谴责。上市公司最近一年及一期财务会计报告被注册会计师出具无保留意见审计报告。

续表

子公司业务限制	上市公司最近3个会计年度内发行股份及募集资金投向的业务和资产，不得作为拟分拆所属子公司的主要业务和资产，但拟分拆所属子公司最近3个会计年度使用募集资金合计不超过其净资产10%的除外；上市公司最近3个会计年度内通过重大资产重组购买的业务和资产，不得作为拟分拆所属子公司的主要业务和资产。所属子公司主要从事金融业务的，上市公司不得分拆该子公司上市。
董监高持股限制	上市公司董事、高级管理人员及其关联方持有拟分拆所属子公司的股份，合计不得超过所属子公司分拆上市前总股本的10%；上市公司拟分拆所属子公司董事、高级管理人员及其关联方持有拟分拆所属子公司的股份，合计不得超过所属子公司分拆上市前总股本的30%。
独立性分析	上市公司应当充分披露并说明：本次分拆有利于上市公司突出主业、增强独立性。本次分拆后，上市公司与拟分拆所属子公司均符合中国证监会、证券交易所关于同业竞争、关联交易的监管要求，且资产、财务、机构方面相互独立，高级管理人员、财务人员不存在交叉任职，独立性方面不存在其他严重缺陷。

部分A股上市公司已在公告中或投资者互动平台表明，不排除在《分拆上市试点规定》实施后分拆子公司在科创板上市。《分拆上市试点规定》实施后，规模较大的A股上市公司可将优质子公司孵化成熟，分拆于科创板上市，为优质子公司的进一步发展提供更多元的融资平台。

二、首发审核机制更高效

（一）交易所主导的注册制

不同于其他板块上市所采取的核准制，科创板采用注册制，由上交所科创板股票上市委员会（以下简称“上交所上市委”）负责对拟上市企业进行实质审核。上交所上市委审核通过后，将审核结果报送中国证监会履行注册程序。

上交所上市委将以问询式审核、电子化审核及分行业审核方式，基于科创板定位，判断发行人是否符合发行条件、上市条件和信息披露要求。

在目前的注册制安排下，虽然主要的实质审核工作由上交所上市委承担，但中国证监会仍有权因为发行人在实质条件上不符合发行条件而作出否决注册申请的决定。例如，2019 年 8 月，申报科创板上市的某公司就因为财务内控方面的两个实质问题，收到中国证监会作出的不予同意注册的决定。

（二）首发审核时限缩短

上交所上市委应当自受理注册申请文件之日起 3 个月内形成审核意见，但发行人根据要求修改注册申请文件、中介机构答复、现场核查、中止审查等时间不计算在内。中国证监会在 20 个工作日内作出是否同意注册的决定。

相较于其他板块动辄数年的上市申报时间表，科创板的申报审核速度提升，很大程度上降低了 IPO 企业在申报阶段的时间成本和资金压力。

三、重组规定有不同

2019 年 8 月，中国证监会正式发布《科创板上市公司重大资产重组特别规定》（以下简称《科创板重组规定》）。2019 年 11 月，上交所发布《上海证券交易所科创板上市公司重大资产重组审核规则》（以下简称《科创板重组审核规则》），两份文件就科创板上市公司的重大资产重组（或发行股份购买资产）事项作出特别规定。

主要区别	适用于其他板块的《上市公司重大资产重组管理办法》	《科创板重组规定》《科创板重组审核规则》
重大资产重组标准	三项标准： （1）标的资产总额/上市公司最近 1 个会计年度合并资产总额≥50%； （2）标的最近 1 个会计年度营业收入/上市公司最近 1 个会计年度合并营业收入≥50%； （3）标的资产净额/上市公司最近 1 个会计年度合并净资产≥50%，且超过 5000 万元。	除左列第（2）项修改为“标的最近 1 个会计年度营业收入/上市公司最近 1 个会计年度合并营业收入≥50%，且超过 5000 万元”外，其他标准一致。

续表

新增股票核准/注册	涉及发行股份购买资产的，由中国证监会并购重组委员会审核通过后，依据中国证监会行政许可批文发行。	涉及发行股份购买资产的，由上交所审核通过后，报中国证监会履行注册程序。
股票发行底价	发行价格不低于重组董事会决议公告日前20个、60个或120个交易日的股票交易均价之一的90%。	发行价格不低于重组董事会决议公告日前20个、60个或120个交易日的股票交易均价之一的80%。
重组上市①财务指标	上市公司购买的资产对应的经营实体符合《首次公开发行股票并上市管理办法》规定的其他发行条件（具体以上市公司所在板块的IPO要求为准）。	重组标的资产需符合《科创板首次公开发行股票注册管理办法（试行）》的发行条件。此外，根据重组标的是否存在特殊表决权，需额外遵守下列规定： （1）存在特殊表决权的，标的最近1年营业收入不低于人民币5亿元，且最近2年净利润均为正且累计不低于人民币5000万元；或最近1年营业收入不低于人民币5亿元，且最近3年经营活动产生的现金流量净额累计不低于人民币1亿元。 （2）无特殊表决权的，标的最近两年净利润均为正且累计不低于人民币5000万元；或最近1年营业收入不低于人民币3亿元，且最近3年经营活动产生的现金流量净额累计不低于人民币1亿元。
支付手段	股份、现金、可转换公司债券。	股份、现金、存托凭证、优先股、可转换公司债券、定向权证。

科创板上市公司的重组规定在很多方面考虑到科创板上市公司的特征，在保留上市公司重大资产重组的基本规则上，将诸多审查权力交由上交所行使，与上交所主导科创板上市审核的制度相匹配。

① 即“借壳上市”：上市公司控制权发生变更后，上市公司向收购人及其关联人购买资产，导致上市公司的资产、营业收入、净资产等指标发生达到《上市公司重大资产重组管理办法》规定的标准。

四、再融资规定更灵活

2020 年 7 月，中国证监会发布《科创板上市公司证券发行注册管理办法（试行）》，同日上交所发布《上海证券交易所科创板上市公司证券发行上市审核规则》，就科创板再融资作出规定。相较于主板上市公司再融资相关规定，科创板再融资相关规定具有以下特点：

（一）发行审核时限较短

科创板上市公司向上交所提交发行证券的注册申请文件后，上交所应在 5 个工作日内决定是否受理，并自受理注册申请文件之日起 2 个月内形成审核意见、向中国证监会报送审核意见和上市公司注册申请文件。中国证监会在收到上交所报送文件后 15 个工作日内作出同意注册或不予注册的决定。

（二）小额定增融资可适用简易审核程序

1. 适用条件：科创板上市公司根据公司章程规定，非公开发行股票（以下简称“定增”）融资总额不超过 3 亿元且不超过最近 1 年末净资产的 20%，可以适用简易程序。

2. 发行方式：适用简易程序的定增应当以竞价方式确定发行价格和对象。

3. 董事会获授权决策：在符合上述小额融资简易程序条件的基础上，科创板上市公司可以根据公司章程的规定，在年度股东大会授权董事会决定小额定增融资，该项授权有效期至上市公司下一年度股东大会召开日。

4. 审核时限：上交所收到注册申请文件后 2 个工作日内决定是否受理，并自受理之日起 3 个工作日内出具审核意见。中国证监会收到上交所审核意见后 3 个工作日内作出是否予以注册的决定。

（三）向特定对象发行可转换公司债券

不同于主板上市公司只能向不特定对象公开发行可转换公司债券（以下简称“可转债”），科创板上市公司可以向特定对象发行可转债。向特定对象发行的可转债有以下特点：

（1）发行对象不超过35名。

（2）发行方式：应当以竞价方式确定可转债利率和发行对象。

（3）转让限制：不得采用公开的集中交易方式转让。

（4）转换股票限售：可转债所转换股票，自可转债发行结束之日起18个月内不得转让。

（5）不得向下修正转股价格。

五、二级市场交易监管新尝试

相较于其他板块，科创板对于个人投资者有一定的资质要求：申请权限开通前20个交易日证券账户及资金账户内的资产日均不低于人民币50万元及参与证券交易为24个月以上。未满足适当性要求的投资者，可通过购买公募基金等方式参与科创板。

同时，科创板放宽了股票涨跌幅限制。科创板上市公司新股上市后的前5个交易日不设涨跌幅限制，此后涨跌幅限制放宽至20%。

科创板设立投资者准入标准，同步又放宽涨跌幅限制，将上市公司股票价值更多地交由市场判断。在经历开板初期的似火热情后，科创板投资者逐步走向理性，股价也从非理性的高位向下修正。科创板不仅是创新企业上市的试验田，同时也是投资者理性的教育基地，在诸多制度与“市值”挂钩的背景下，科创板的试验将有利于未来A股市场股价逐步向股票价值靠拢。

六、强制退市制度更严格

与注册制放宽上市公司审查要求相匹配的是，科创板上市公司的强制退市制度更加严格。

（一）取消“暂停上市”“恢复上市”制度

在程序上，科创板上市公司一旦触及退市标准，将直接被终止上市。科创板取消了其他板块的“暂停上市”和“恢复上市”制度。科创板上市公司股票被终止上市的，不得申请重新上市。

（二）多维度的退市标准

在标准上，科创板对上市公司不再采用单一的连续亏损退市指标。科创板强制退市指标包括但不限于下列情况：

类别	具体情形概述
重大违法	①欺诈发行；②重大信息披露违法；③严重安全违法问题或④其他严重损害证券市场秩序的重大违法行为等违法情形。
交易类	①连续120个交易日累计成交量低于200万股；②连续20个交易日股票价格低于面值；③连续20个交易日股东人数低于400人；④连续20个交易日市值低于3亿元或其他情况的退市标准。
财务类	①主营业务大部分停滞或者规模极低；②经营资产大幅减少导致无法维持日常经营；③营业收入或者利润主要来源于不具备商业实质的关联交易；④营业收入或者利润主要来源于与主营业务无关的贸易业务；或⑤其他明显丧失持续经营能力的情形；⑥研发型上市公司主要业务、产品或者所依赖的基础技术研发失败或者被禁止使用，且公司无其他业务或者产品符合五套上市标准其中第⑤项要求的。
规范类	如上市公司出现下列情形，上交所将对相关上市公司实施退市风险警示，①未在规定期限内改正财务会计报告存在重大会计差错或者虚假记载；②未在法定期限内披露年度报告或者半年度报告；③未在规定期限内改正披露或规范运作方面重大缺陷；④未在规定期限内解决公司因股本总额或股权分布发生变化，导致连续20个交易日不再具备上市条件；⑤最近1个会计年度的财务会计报告被会计师事务所出具无法表示意见或者否定意见的审计报告；⑥公司可能被依法强制解散；⑦法院依法受理公司重整、和解和破产清算申请；⑧上交所认定的其他情形。在特定期限内科创板上市公司没有消除上述情形的，上交所可能作出终止股票上市的决定。

严格的强制退市制度将缩短不合格上市公司的退市周期，增强上市公司的优胜劣汰，符合“宽进严出”的整体理念。

七、结语

科创板是中国资本市场近年来最大的一项改革试验，在避免引起其他板块剧烈波动的前提下，注册制、直接退市制度、同股不同权、中概股回归等诸多中国资本市场多年来期待的改革都在这一板块得以实践。在科创板开板交易将满 1 年之际，深圳证券交易所创业板也迎来了注册制及相关配套制度改革。创业板此次改革大量借鉴了科创板的成功经验，从侧面验证了科创板已初步实现作为资本市场重大改革“试验田”的重要价值。当然，像任何新生事物一样，初起步的科创板仍然有棘手的问题有待解决，科创板的发展实践值得笔者持续观察学习。

境外机构熊猫债券发行监管框架及相关法律问题解析

王湘红　贺园丁　李柏慧*

熊猫债是指在中国（仅为本文之目的，不包括我国香港特别行政区、澳门特别行政区及台湾地区）境外合法注册、成立的机构在中国境内债券市场发行的以人民币等货币（如特别提款权）计价的债券。目前，熊猫债在中国境内主要有两大发行市场，即中国人民银行主管的全国银行间债券市场（以下简称“银行间债券市场”）及中国证券监督管理委员会（以下简称“中国证监会”）主管的证券交易所债券市场（以下简称“交易所债券市场”）。本文旨在结合笔者近年来参与熊猫债发行项目的经验，就银行间债券市场及交易所债券市场熊猫债发行的监管框架及相关法律问题进行简要介绍，以供相关从业者参考。

一、银行间债券市场熊猫债监管框架

银行间债券市场熊猫债发行主要遵循中国人民银行与中国财政部联合发布的《全国银行间债券市场境外机构债券发行管理暂行办法》（中国人民银行、财政部公告〔2018〕第16号，以下简称“16号文”）、中国银行间市场交易商协会（以下简称“交易商协会”）于2019年1月17日发布并实施的《境外非金融企业债务融资工具业务指引（试行）》（以下简称《业务指引》）及交易商

* 王湘红，奋迅·贝克麦坚时联营办公室，合伙人；贺园丁，奋迅·贝克麦坚时联营办公室，律师；李柏慧，奋迅·贝克麦坚时联营办公室，律师。

协会于2020年9月28日发布的《境外非金融企业债务融资工具分层分类管理细则》（自发布之日起实施，以下简称《分层分类管理细则》）和《境外非金融企业债务融资工具注册文件表格》（自2020年11月1日起实施，以下简称《注册文件表格》）。

各类发行主体适用的银行间债券市场熊猫债发行基本监管要求简要列示如下：

	境外金融机构	境外非金融企业	国际开发机构①	外国政府类机构②
发行人需满足的基本条件	(a) 实际缴纳资本不低于100亿元人民币或等值货币； (b) 具有良好的公司治理机制和完善的风险管理体系； (c) 财务稳健、资信良好、最近三年连续盈利； (d) 具备债券发行经验和良好的债务偿付能力； (e) 受到所在国家或地区金融监管当局的有效监管，主要风险监管指标符合金融监管当局规定。	在中国境外合法注册成立、具有独立法人资格的境外非金融企业。③	具备债券发行经验和良好的债务偿付能力。	具备债券发行经验和良好的债务偿付能力。

① 指进行开发性贷款和投资的多边、双边及地区国际开发性金融机构。

② 包括主权国家政府、地方政府及具有政府职能的机构。

③ 《分层分类管理细则》进一步规定，根据境外企业市场认可度、信息披露透明度等条件，注册发行债务融资工具的境外非金融企业分为境外成熟层企业和境外基础层企业，实行相应注册发行工作机制。其中境外成熟层企业应当同时满足以下条件：（一）境内外市场认可度高，行业地位显著，信用记录良好；（二）经营财务状况稳健，企业规模、资本结构、盈利能力满足相应要求（具体要求见《分层分类管理细则》附件）；（三）股权类证券在境外主要证券市场上市，且最近12个月持续进行公开信息披露；债券融资经验丰富，最近36个月在全球累计发行债券不少于等值人民币100亿元（具体统计口径见《分层分类管理细则》附件）；（四）最近36个月内，发行人（及担保人，若有）无债券或其他重大债务违约；控股股东、控股子公司无债券违约；（五）最近36个月内，发行人（及担保人，若有）无因重大违法违规行为导致被相关司法管辖区限制股权融资或债券融资的情形，未受到境内外证券监管机构处罚、境内外证券交易所处罚或交易商协会警告及以上自律处分；发行人（及担保人，若有）实际控制人不存在受到重大行政、刑事处罚的情形；（六）交易商协会根据投资者保护需要规定的其他条件。除另有说明外，上述各项条件的适用主体为发行人，若采用子公司发行并由母公司承担连带责任担保的形式，则适用主体为担保人。不满足上述境外成熟层企业相关条件要求的为境外基础层企业。

续表

审批注册机制	中国人民银行核准。	交易商协会注册。①	交易商协会注册。	交易商协会注册。
发行方式	公开发行或非公开定向发行，核准/注册额度有效期两年，可在有效期内一次性足额发行或分期发行。			
申报材料清单	(a) 债券发行申请; (b) 发行人有权机构关于同意债券发行的有效决议或其他证明文件; (c) 募集说明书; (d) 近三年的财务报告、审计报告，及最近一期财务报告（若有）; (e) 发行人所在国家或地区金融监管当局同意其开展相关金融业务有关证明文件; (f) 信用评级报告及跟踪评级安排说明（若有）; (g) 担保协议及担保人资信情况说明（若有）; (h) 境内及发行人所在国家或地区具有相关法域执业资质的律师事务所等法律顾问出具的法律意见书。	(a) 注册报告（附境外合法注册成立的证明文件、章程性文件、有权机构决议或其他证明文件）; (b) 主承销商推荐函; (c) 募集说明书（针对公开发行）或定向募集说明书/定向发行协议及信息披露文件（针对非公开定向发行）; (d) 近三个会计年度（针对公开发行）或近两个会计年度（针对定向发行）经审计的财务报告，及最近一期（针对公开发行）或最近一个半年度（针对非公开定向发行）会计报表（若有）; (e) 信用评级报告及跟踪评级安排（若有）（定向发行不要求此项）;② (f) 境内律师事务所和发行人所在国家（地区）具有相关法域执业资质的律师事务所分别出具的法律意见书; (g) 境外会计师同意函（如适用）; (h) 受托管理协议;③ (i) 交易商协会要求的其他文件。④	参照境外非金融企业熊猫债。	参照境外非金融企业熊猫债。

① 《分层分类管理细则》进一步规定，境外成熟层企业可就发行超短期融资券、短期融资券、中期票据、永续票据、资产支持票据、绿色债务融资工具等产品编制同一注册文件，进行统一注册，也可就发行各品种债务融资工具编制相应注册文件，按产品分别进行注册。境外基础层企业应就发行各品种债务融资工具编制相应注册文件，按产品分别进行注册。统一注册模式下，境外成熟层企业在注册阶段可不设置注册额度，发行阶段再确定每期发行产品、发行规模、发行期限等要素。首次进行统一注册的境外成熟层企业，前三期发行前应就发行条款和募集资金使用通报协会完成变更流程。境外成熟层企业在统一注册的注册文件中约定定向发行相关条款和信息披露安排的，可在该注册项下定向发行相关产品，并可按定向发行要求及约定进行信息披露；如未约定，或需要变更约定的，应在定向发行前通报交易商协会完成变更流程。境外成熟层企业也可按照《业务指引》及《非金融企业债务融资工具定向发行注册工作规程》注册定向债务融资工具。

② 境外母公司（担保人）为其专司融资的全资子公司（发行人）提供无条件不可撤消连带责任担保的，担保人应做评级，发行人可不做评级。

③ 境外成熟层企业注册时豁免报送受托管理协议，境外基础层企业注册时仅需报送首期发行受托管理协议。后续发行，发行人应根据市场化、法治化原则选择当期发行受托管理人，并按照交易商协会相关自律管理规则及表格体系要求披露受托管理协议内容。

④ 如债券发行涉及信用增进，则还需提供信用增进函（附信用增进机构营业执照或境外合法注册成立证明文件、信用增进机构章程性文件、有权机构决议）、信用增进协议、信用增进机构近三个会计年度（针对公开发行）或近两个会计年度（针对非公开定向发行）经审计的财务报告及近一期（针对公开发行）会计报表、信用增进机构主体信用评级报告及跟踪评级安排（定向发行不强制要求信用增进机构评级）。由境外母公司（担保人）为其专司融资的全资子公司（发行人）提供无条件不可撤消连带责任担保的，担保人应比照对发行人的要求提供经审计的财务报告。若发行人因成立时间较短无法提供近三年经审计的财务报告，可提供自成立之日起经审计的财务报告及近一期会计报表。

续表

募集资金用途	16号文并未就各类境外机构在银行间债券市场发行熊猫债所募集的资金用途提出强制性要求。《业务指引》明确规定境外非金融企业发行熊猫债所募集的资金可根据中国相关法律法规及监管要求使用于中国境内或境外，但发行人应确保熊猫债募集资金用途符合相关法律法规和国家政策要求，如存续期内需要变更募集说明书中披露的募集资金用途，应履行相关变更程序，并至少于变更前5个工作日披露相关变更情况。《注册文件表格》中就境外非金融企业发行熊猫债募集资金的运用进一步要求"募集资金应按照实需原则用于生产经营活动。用于境外的，应符合相关法律法规及监管要求。用于境内的，应符合国家宏观调控和产业政策等相关要求，不得用于购买高收益理财。用于境内股权投资、基金出资的，应符合国家宏观调控和产业政策要求，不得用于对金融机构出资，不得直接用于上市公司二级市场股票投资等。贴标产品的募集资金用途，应符合相关补充表格要求。"

二、交易所债券市场熊猫债监管框架

交易所债券市场熊猫债发行目前主要遵循中国证监会2015年发布的《公司债券发行与交易管理办法》（中国证券监督管理委员会令第113号）、上海证券交易所和深圳证券交易所于2018年3月发布的《关于开展"一带一路"债券试点的通知》以及《关于公开发行公司债券实施注册制有关事项的通知》（证监办发〔2020〕14号）等适用于交易所债券市场债券发行的相关配套规则及指引（以下统称"现行交易所熊猫债发行规则"）。

在现行交易所熊猫债发行规则项下，各类发行主体适用的交易所债券市场熊猫债发行基本监管要求简要列示如下：

熊猫债券品种	发行人类型	发行方式	募集资金用途	审批机制	申报材料清单
公司债券	境外公司	（a）面向专业投资者非公开发行（俗称"私募"）； （b）面向专业投资者公开发行（俗称"小公募"）； （c）面向公众投资者公开发行（俗称"大公募"）。	受限于中国证监会（公开发行）或交易所（非公开发行）的注册或审核。	私募：交易所核准上市交易+发行后向中国证券业协会报备； 小公募：证监会注册发行（证监会简化注册程序）+交易所核准上市交易；	通常主要包括： （a）关于公开发行公司债券的申请（适用于公开发行）； （b）关于公开/非公开发行公司债券上市（挂牌转让）的申请； （c）发行人境外合法注册设立证明文件、章程性文件、有权机构决议或其他证明文件； （d）募集说明书； （e）债券受托管理协议； （f）债券持有人会议规则； （g）担保协议及担保人内部决议
"一带一路"公司债券	"一带一路"沿线国家（地区）的企业及金融机构		募集资金不强制用于"一带一路"建设。		

续表

“一带一路”公司债券	境外非“一带一路”沿线国家（地区）的企业及金融机构		募集资金需用于“一带一路”建设。	大公募：证监会注册发行+交易所核准上市交易。	（如涉及）； （h）主承销商核查报告； （i）境内及发行人所在国家或地区具有相关法域执业资质的律师事务所等法律顾问出具的法律意见书； （j）信用评级报告及跟踪评级安排（如适用）； （k）最近三个会计年度（针对公开发行）或近两个会计年度（针对定向发行）经审计的财务报告及最近一期的财务报告（如有）； （l）募集资金使用说明； （m）募集资金监管协议； （n）发行人全体董事、监事和高管对发行申请文件真实性、准确性和完整性的承诺书； （o）中国证监会或证券交易所要求的其他文件。
	境外“一带一路”沿线国家（地区）的企业及金融机构		募集资金不强制用于“一带一路”建设		
	“一带一路”沿线国家（地区）政府类机构		募集资金不强制用于“一带一路”建设	证券交易所备案发行+交易所核准上市交易。	

需要补充说明的是，根据公开信息①，中国证监会正在联合相关部委研究制定《交易所债券市场境外机构债券发行管理暂行办法》，以进一步明确境外发行主体范围，解决会计准则适用等问题。

三、熊猫债发行涉及的几个常见问题

（一）发行人募集资金账户开立及资金划汇

1. 银行间债券市场熊猫债的监管要求

对于在银行间债券市场发行的熊猫债，根据《中国人民银行办公厅关于境外机构境内发行人民币债券跨境人民币结算业务有关事宜的通知》（银办发〔2016〕258号，以下简称258号文）的规定，熊猫债发行人可选择在境内开户

① 中国证监会：《证监会有关负责人就进一步扩大资本市场对外开放答记者问》，载“中国证券监督管理委员会”网站（http://www.csrc.gov.cn/pub/newsite/zjhxwfb/xwdd/201906/t20190614_357348.html），最后访问时间：2020年7月6日。

行开立境外机构人民币银行结算账户（NRA 账户）或委托主承销商在境内托管行开立托管账户，用于存放熊猫债募集资金及办理相关跨境人民币结算业务。

境外发行人开立 NRA 账户的，开户行应当按照有权部门同意熊猫债发行的核准或注册文件中所规定的发债所筹集的人民币资金境内外使用比例，办理相关跨境人民币资金汇划业务；境外发行人委托主承销商开立托管账户的，托管行应当按照有权部门同意熊猫债发行的核准或注册文件中所规定的发债所筹集的人民币资金境内外使用比例，凭境外发行人和主承销商的指令办理相关跨境人民币资金汇划业务。

对于在银行间债券市场发行的企业自用熊猫债（除政府融资平台和房地产企业外的非金融企业的境外母公司在中国境内发行人民币债券并以放款形式用于境内子公司的），根据《中国人民银行关于全口径跨境融资宏观审慎管理有关事宜的通知》（银发〔2017〕9 号），不占用境内用款子公司的跨境融资外债额度。

2. 交易所债券市场熊猫债的实务操作

对于交易所债券市场的熊猫债，中国证监会等主管机构尚未出台关于发行人募集资金账户开立及跨境汇划的明确规则。实务操作层面，据笔者了解，在之前的发行先例中，既有采取类似银行间债券市场熊猫债发行人“NRA 账户”的操作模式，也存在由主承销商或发行人境内子公司开立委托收款账户进行“代收代付”等操作模式，相关账户开立及资金划转路径主要由开户银行按展业原则掌握。

笔者进一步理解，考虑到中国人民银行为跨境人民币的主要监管机构，在 258 号文出台后，实务操作中交易所债券市场的熊猫债的发行人账户开立及跨境汇划基本上主要参照执行 258 号文的上述规定。

（二）会计准则及审计机构监管

1. 银行间债券市场熊猫债的监管要求

（1）会计准则要求

针对境外机构公开发行熊猫债，16 号文允许发行人的财务报告使用中国企业会计准则或经财政部按照互惠原则认定已与中国企业会计准则实行等效的会计准则（“等效会计准则”）以外的其他会计准则，但要求同时：（a）披露所使用会计准则与中国企业会计准则重要差异的说明；（b）（发行人为境外金融机构和境外非金融企业时）按中国企业会计准则调节的差异调节信息，并说明会计准则差异对发行人财务报表所有重要项目的财务影响金额。其中，境外机构发行熊猫债所提供的按照中国企业会计准则调节的差异调节信息应当经中国境内具有证券期货业务资格的会计师事务所鉴证。

针对境外机构定向发行熊猫债，16号文允许发行人与定向投资人自主协商确定财务报告所采用的会计准则，并在书面定向认购约定中充分提示风险，由定向投资人承诺自担风险。

（2）审计机构监管

根据16号文及《境外会计师事务所从事全国银行间债券市场境外机构债券发行相关财务报告审计业务报备暂行办法》（财会［2019］4号）的相关规定：

（a）采用中国会计准则以外的会计准则编制财务报告的，审计机构应为中国境内具有证券期货业务资格的会计师事务所或符合以下条件的境外会计师事务所：（i）在境外所在国家或地区依法注册成立，取得从事审计业务的执业资格并处于正常执业状态；（ii）具有良好的国际声誉和市场认可度；（iii）在其所在国家或地区可以从事公开发行证券相关审计业务，并具备五年以上从事公开发行证券相关审计业务经验；（iv）财政部规定的其他条件或监管要求。

（b）境外会计师事务所接受境外机构委托对其发行熊猫债相关财务报告进行审计的，应当接受财政部监管，至迟在境外机构提交发债申请前20个工作日通过财政会计行业管理系统（http：//acc. mof. gov. cn）向财政部在线进行首次报备，并在债券存续期间的每年5月31日之前向财政部在线进行年度报备。境外会计师事务所所在国家或地区与财政部签署审计监管等效协议或就发债签署专门审计监管合作协议的，按照协议约定执行。

2. 交易所债券市场熊猫债的实务操作

对于交易所债券市场的熊猫债所应适用的会计准则及境外审计机构监管问题，境内监管机构尚未出台明确的文件予以规范。从之前的发行先例来看，主要适用中国企业会计准则或中国财政部认可的等效会计准则。

根据公开信息，中国证监会与财政部正在协商制定针对交易所债券市场熊猫债发行涉及的相关财务报告会计准则及审计机构监管要求的监管规则。笔者推测，在此问题上，中国证监会与财政部后续发布的相关监管规则将非常可能采取与银行间债券市场熊猫债一致的监管要求，以避免产生监管套利的空间。同时，根据笔者在相关项目上的经验，目前实务操作中，如境外机构在交易所债券市场发行熊猫债使用的财务报告拟使用中国企业会计准则和财政部认可的等效会计准则以外的其他会计准则，发行人应在发行前就该等会计准则的使用以及相应的境外会计师事务所的监管报备事宜充分沟通财政部及中国证监会或相关交易所并取得财政部及中国证监会或相关交易所的个案同意。

（三）适用法律及争议解决

境外机构在银行间债券市场及交易所债券市场发行熊猫债及交易文件适用中国法。现行相关法律法规未就境外机构在银行间债券市场及交易所债券市场发行熊猫债的争议解决方式作出强制性规定，实务操作中通常约定将相关争议提交中国国际经济贸易仲裁委员会仲裁。

（四）熊猫债信息披露要求

就熊猫债的信息披露而言，银行间债券市场和交易所债券市场分别有其相应的信息披露规则，但大体上类似。总体上而言，境内监管机构要求熊猫债的信息披露真实、准确、完整、及时，不得有虚假记载、误导性陈述和重大遗漏；并且，对于熊猫债发行人在境外其他市场披露的信息，原则上也要求在境内债券市场同时或在合理的最短时间内作同等程度的披露；披露语言原则上要求为简体中文或附简体中文译本，部分文件可提供摘要版本的简体中文译本。[①]

---

① 例如，针对境外非金融企业在银行间债券市场公开发行熊猫债，《注册文件表格》规定，若境外企业以繁体中文在其他市场披露经审计的年度财务报告、半年度财务报表、季度财务报表（如有）的，应约定同时或在合理的最短时间内在银行间市场披露简体中文信息；若境外企业以英文在其他证券市场披露经审计的年度财务报告、半年度财务报表、季度财务报表（如有）的，应约定同时或在合理的最短时间内在银行间市场披露上述英文信息，并约定重要内容（至少包括财务报表和审计报告（如适用），可不包括附注）简体中文版本的披露时间。

熊猫债存续期内持续信息披露的主要事项包括：（a）定期报告［年度财务报表、半年度财务报表及季度财务报表（如有）］的披露；（b）可能影响发行人偿债能力的重大事项的披露；（c）付息日及本金兑付日之前按相关规定向债券持有人披露债券付息兑付的相关安排；（d）债券存续期内跟踪评级结果及信用评级变化的披露等。

就非公开发行的熊猫债而言，信息披露要求在披露范围、披露对象、披露语言等方面与公开发行相比相对较为宽松。以境外非金融企业熊猫债为例，非公开发行熊猫债可披露近两个会计年度经审计的财务报告及最近一个半年度会计报表而非近三个会计年度经审计的财务报告及最近一期会计报表且不强制要求信用评级，信息披露对象仅限于定向发行债券的合格机构投资者，存续期信息披露的语言可由发行人与定向投资人协商确定等。

（五）境外投资者准入及税收激励

1. 境外投资者准入路径

境内债券市场正在加速对外开放。目前，境外投资者可以通过以下三种方式投资银行间债券市场熊猫债：（a）QFII 及 RQFII 机制；（b）中国人民银行备案直接入市模式（CIBM Direct）；（c）“债券通”机制。根据中国人民银行与外管局于 2019 年 10 月 16 日联合发布的《关于进一步便利境外机构投资者投资银行间债券市场有关事项的通知》，为进一步便利境外机构投资，目前境内监管机构已允许同一境外主体 QFII/RQFII 和直接入市渠道下的债券进行非交易过户，资金账户之间可以直接划转，同时同一境外主体通过上述渠道入市只需备案一次。此外，经国务院批准，中国人民银行和外管局已取消了 RQFII 试点国家和地区以及 QFII/RQFII 额度限制。境外机构投资者不同渠道投资银行间市场的政策原则上基本趋同。

对于交易所债券市场的熊猫债，此前境外投资者可通过 QFII 及 RQFII 进行投资。而根据中国人民银行、中国证监会、外管局于 2020 年 9 月 2 日共同发布的《关于境外机构投资者投资中国债券市场有关事宜的公告（征求意见稿）》，为执行“同一套标准、同一套规则的一个中国债券市场”原则，统一准入标准，优化入市流程，鼓励境外机构作为中长期投资者投资我国债券市场，“已进入银行间债券市场的境外机构投资者可以直接或通过互联互通方式投资交易所债券市场。”

2. 境外投资者投资熊猫债的税收激励

根据《财政部、国家税务总局关于境外机构投资境内债券市场企业所得税增值税政策的通知》(财税〔2018〕108号)的规定，自2018年11月7日起至2021年11月6日止，对境外机构投资境内债券市场取得的债券利息收入暂免征收企业所得税和增值税。上述暂免征收企业所得税的范围不包括境外机构在境内设立的机构、场所取得的与该机构、场所有实际联系的债券利息。

(六) 熊猫债承销资质及外资机构准入

境内债券市场的债券承销业务目前尚未向境外机构完全放开。外资机构(通过其在中国注册的子公司或合资公司)参与熊猫债的承销原则上需要取得相应的承销资质或境内监管机构针对个案的特别批准。

1. 银行间债券市场熊猫债的承销资质要求

就银行间债券市场的熊猫债而言，根据交易商协会网站的公告信息，截至2020年6月，共有6家银行［包括汇丰银行(中国)有限公司、渣打银行(中国)有限公司、法国巴黎银行(中国)有限公司、摩根大通银行(中国)有限公司、花旗银行(中国)有限公司及德意志银行(中国)有限公司］已取得了银行间债券市场非金融企业债务融资工具的承销业务资质；其中，汇丰银行(中国)有限公司、渣打银行(中国)有限公司、德意志银行(中国)有限公司及法国巴黎银行(中国)有限公司已获得银行间债券市场非金融企业熊猫债主承销业务资格。另外，也有部分尚未正式取得熊猫债承销资质的外资银行经过境内监管机构的个案批准参与了部分熊猫债的承销。例如，蒙特利尔银行(中国)有限公司曾作为承销团成员参与了加拿大不列颠哥伦比亚省熊猫债等熊猫债的承销。

2. 交易所债券市场熊猫债的承销资质要求

就交易所债券市场的熊猫债而言，根据相关规定应当由具有证券承销业务资格的证券公司承销，该等证券公司需取得中国证监会核发的《经营证券业务许可证》。值得注意的是，中国近年来正不断加大金融领域对外开放的力度，根据中国证监会网站公告信息[①]，自2020年4月1日起取消证券公司外资股比限制，这意味着自2020年4月1日起外资机构可以在中国境内设立全资控股的证券子公司并申请经营证券承销等证券业务。

四、结语

在中国境内债券市场不断加大对外开放力度的背景下，熊猫债的市场前景良好。考虑到境内银行间债券市场及交易所债券市场针对熊猫债发行的监管机制存在一定差异，且不同类型的熊猫债发行主体及发行方式适用的监管要求不尽相同，对于拟发行熊猫债的境外机构而言，应在充分了解熊猫债监管框架和监管要求的基础上，结合自身的实际情况及商业需求，在熊猫债的发行场所及发行方式等方面作出恰当的选择。

---

① 中国证监会：《证监会明确取消证券公司外资股比限制》，载“中国证券监督管理委员会”网站（http：//www. csrc. gov. cn/pub/newsite/zjhxwfb/xwdd/202003/t20200313_ 372037. html），最后访问时间：2020年7月6日。

《外商投资法》对 VIE 架构的潜在影响

鲍治 赵琰*

2019 年 3 月 15 日，第十三届全国人民代表大会第二次会议审议通过了《中华人民共和国外商投资法》（以下简称《外商投资法》）。此次新制定的《外商投资法》将取代原有的以《中外合资经营企业法》《中外合作经营企业法》《外资企业法》（以下统称为“外资三法”）为法律基础的外商投资法律制度体系。业界广泛认为，《外商投资法》使得中国的外商投资法律体系由企业组织法变为行为管理法，中国此前以来源地主义判断及监管外资的管理方式，也将更多地被实际控制原则等方式所取代。此外，《外商投资法》在为外国投资提供更加灵活便利的准入环境的同时，也增强了一些管理措施。本文主要从 VIE 架构视角，就《外商投资法》对于惯常交易架构的法律影响进行分析。

一、VIE 架构介绍

VIE 是“Variable Interest Entity”的缩写，直译为“可变利益实体”。本文所讨论的“VIE 结构”在国内又被称为“协议控制结构”。具体方式为：当事人以其控制的境内外商投资企业名义，通过排他性管理咨询或技术服务协议等合同，控制境内内资企业的全部经营活动，进而取得后者的主要收入和利润。通过上述安排，除少量收入留存在境内企业用于运营开支外，其余收入均流向境外公司。除上述财产性权利外，当事人在管理性权利方面也会有一些转移安排。当事人多在合同中约定，境内企业的董事会由境外企业所指派的人士控制，

* 鲍治，奋迅·贝克麦坚时联营办公室，合伙人；赵琰，北京市奋迅律师事务所，律师。

且境内企业原股东所拥有的股权将向境外企业进行质押，以此保证境外企业对境内公司股权和董事会的绝对控制。通过上面的一系列安排，虽然从表面上看境内企业仍为独立的内资企业，但实际上该企业的一切经营及其相应的资产、收入和利润均归属境外企业，被境外企业实际控制。由于境内企业可进入限制或禁止外商投资的行业。因此，透过这种 VIE 架构，从某种意义上讲，境外企业相当于间接进入相关限制或禁止性行业。

业界通常认为，VIE 结构最早诞生于我国的互联网行业，缘起于从事增值电信业务的互联网企业因为盈利指标等因素很难在境内取得融资或上市，于是便转而谋求在境外融资或者上市；但是我国对于增值电信业务又是限制外商投资的，包括外资持股比例限制和外资行业背景限制等，于是就产生了两难局面。而为了应对这种局面，该等互联网企业通过采取 VIE 结构这一变通的办法，达到了在境外取得融资或者实现上市的目的。自 2000 年新浪网在美国纳斯达克成功上市并首开互联网企业采用 VIE 结构在境外上市的先河，许多知名的互联网公司纷纷效仿。随后，该等模式也逐渐被其他限制外商投资的行业和领域所借鉴和效仿，如教育培训领域、广告新媒体领域等。

二、VIE 架构的核心法律问题

通常而言，当事人之所以采取如此复杂的“协议控制”安排，主要为满足境外和境内两个法律层面的规定。在境外法律层面，该“协议控制”方式应符合有关境外公司的财务报表合并规范，以实现当事人的财务重组目标。以美国为例，根据其会计准则中的“可变利益实体”（Variable Interest Entity，VIE）规则，尽管一个实体与另一实体不存在股权上的控制关系，但前者的收益和风险均完全取决于后者，则前者构成后者的可变利益实体，这时双方报表应当合并。为此，当事人必须以境外公司或其间接控制的境内外商投资企业名义，为境内企业提供排他性的管理咨询或技术服务，为其取得境内企业的全部或绝大部分收入创造财务基础。同时，该外商投资企业还应取得对境内企业全部股权的优先购买权、抵押权和投票表决权。通过上述财务和法律安排，境内企业变成了美国会计准则认可的“可变利益实体”。当事人由此实现了境外公司对境内企业财务报表的有效合并。

在境内法律层面，主要涉及外资准入政策问题。以股比限制为例，如果境内目标企业所属行业没有外资股比限制，则当事人以股权并购方式就可将目标企业的股权转由境外公司持有。但如果境内目标企业所属行业存在外资股比限制，则当事人就要试图以"协议控制"方式绕过该政策限制。为了解决"协议控制"合法性的基础，有些境内企业还会在协议中承诺，同意境外公司或其子公司在中国法律的相关产业政策放开后，收购其实际控制人持有的全部中国业务公司的股权等，以便其进一步将境内企业的权益"注入"境外公司或已经上市的境外公司。

业界通常认为，由于特定监管部门对于 VIE 持不置可否甚至默许的态度，使得一些领域的"协议控制"得以顺利进行，进而导致 VIE 架构被广泛推广。有人认为，VIE 有违反国家外资准入政策之嫌。作为外资准入政策的主要手段，股比限制是为了防止境外投资者对于境内企业的控制。"协议控制"虽在表面上不违反股比限制，但在实质上达到了控制目的。该种"明修栈道，暗渡陈仓"的方式实质上违反外资准入政策的立法目的。除股权限制外，国家的外资准入政策可能还有其他要求，如特定领域需报中央层面审批，等等。但是从另外一个角度看，监管部门采取监管措施的前提是依法行政，在传统的外资三法体系内，监管部门的监管权力仅限于外商投资企业的设立、变更及解散清算，相比之下，VIE 是一系列合同关系，因此，"外资三法"未赋予监管机构对于该等合同关系采取监管措施的权力。

三、《外商投资法》对 VIE 架构的影响

如上文所述，《外商投资法》将中国原有外商投资法律体系由企业组织法变更为行为管理法。因此，违反外资监管法规的行为，无论其是否涉及外商投资企业自身，都可能被认定为《外商投资法》下的违法行为。因此，VIE 架构可能面临《外商投资法》下的违法性判断的问题。

对于 VIE 问题，监管部门一直采取审慎态度。2015 年 1 月，商务部发布的《中华人民共和国外国投资法（草案征求意见稿）》（以下简称《2015 年征求意

见稿》）曾多次提及“实际控制”的概念，并且将“通过合同、信托等方式控制境内企业或者持有境内企业权益”① 作为“外国投资”的一种形式。按照这种立法思路，通过VIE结构绕过准入壁垒将被明确禁止。在《关于〈中华人民共和国外国投资法（草案征求意见稿）〉的说明》中，商务部对既存的VIE架构如何处理的问题未给出明确意见，但提供了三种潜在方案：（1）申报制，即实施协议控制的外国投资企业，向国务院外国投资主管部门申报其受中国投资者实际控制的，可继续保留协议控制结构，相关主体可继续开展经营活动；（2）申报及认定制，即实施协议控制的外国投资企业，应当向国务院外国投资主管部门申请认定其受中国投资者实际控制；在国务院外国投资主管部门认定其受中国投资者实际控制后，可继续保留协议控制结构，相关主体可继续开展经营活动；（3）许可制，即实施协议控制的外国投资企业，应当向国务院外国投资主管部门申请准入许可，国务院外国投资主管部门会同有关部门综合考虑外国投资企业的实际控制人等因素作出决定。

《外商投资法》虽然未提及“实际控制”的概念，但在第二条第二款规定：“本法所称外商投资，是指外国的自然人、企业或者其他组织（以下称外国投资者）直接或者间接在中国境内进行的投资活动”，并在第四项中规定，外商投资包括“法律、行政法规或者国务院规定的其他方式的投资”。《外商投资法》未对实际控制或VIE问题予以明确回应，但是“法律、行政法规或国务院规定的其他方式的投资”为兜底条款，给其他法律或国务院规则解决VIE问题留下制度空间。有人认为，外商投资及配套立法的重点应更多关注进一步对外开放、细化外商投资准入前国民待遇加负面清单管理制度、营造内外资公平竞争制度环境等基础性且相对紧迫的问题，而关于VIE架构合法性等仍存在分歧且相对不紧迫的问题则可以考虑暂时搁置，并通过上述授权立法的方式留待后续解决。

2019年12月26日，国务院公布了《中华人民共和国外商投资法实施条例》（以下简称《实施条例》）。《实施条例》作为《外商投资法》的下位法，

---

① 《中华人民共和国外国投资法（草案征求意见稿）》第十五条第一款第六项，于2015年1月19日发布，发文机关为商务部。

亦未直接提及协议控制。有人认为，在法律、行政法规或国务院明文对“其他形式”进行具体列举之前，主管部门直接对于“其他形式”进行扩张解释的可能性不大。因此，协议控制被认定为外商投资形式的风险较低。从审慎计，笔者建议市场及企业应密切跟踪外资立法，而不应该对未来立法作过于随意的推断。

笔者注意到，2019 年 6 月 30 日，国家发展和改革委员会及商务部发布了《外商投资准入特别管理措施（负面清单）》2019 年版，该负面清单从四十八条减少至四十条，进一步减少外资准入限制，这使得通过 VIE 结构绕开外资准入政策的空间进一步压缩，大部分 VIE 问题可能会被自然解决。此外，全国人民代表大会在《关于〈中华人民共和国外商投资法（草案）〉的说明》中指出，通过制定和实施《外商投资法》，坚定实行高水平投资自由化便利化政策，保护外商投资合法权益，营造法治化、国际化、便利化营商环境，以高水平对外开放推动经济高质量发展，充分彰显了新时代我国进一步扩大对外开放、积极促进外商投资的决心和信心。据此，笔者理解，监管机构未来会在《外商投资法》及其实施条例的基础法律框架下，对于 VIE 问题会采取审慎处理的方式，而不会简单采取“一刀切”的方式处理该问题，以免对市场预期和国民经济健康运行造成超出预期的冲击。

上海自贸区及临港新片区最新金融改革试点政策解析

李一纯*

临港新片区的设立及近期相关部门在“深化金融改革开放”的宏观背景下出台的金融改革试点政策将上海自贸区的金融改革创新推进到了一个新的高度。贸易融资资产跨境转让业务试点、跨境本外币结算便利化试点、一次性外债登记与外债额度便利化试点、本外币合一的跨境资金池试点等最新的试点政策，值得拟在或已在上海自贸区或临港新片区开展或拓展相关业务的企业和金融机构关注。此外，透过这些金融改革试点政策，也可以在一定程度上窥见某些金融改革在全国范围内进一步推广和发展的方向和趋势。

本文旨在结合笔者对于上海自贸区及临港新片区宏观政策的理解，就最近出台的上海自贸区以及临港新片区的金融试点政策中的亮点和改革趋势进行简要的介绍和分析。

一、上海自贸区及临港新片区金融改革政策发展宏观概览

笔者将上海自贸区及临港新片区金融政策发展的脉络简要罗列如下，以供大家宏观了解，上海自贸区及临港新片区金融政策的沿革和最新着力点，下文我们将针对最新金融试点政策中的亮点进行具体的介绍和分析。

2013 年 9 月 29 日，上海自贸区正式挂牌成立。上海自贸区成立后近两年里上海自贸区在自由贸易账户体系、跨境资金池、便利化外汇管理等方面进行了一系列的金融创新。

---

* 李一纯，北京市奋迅律师事务所，高级顾问。

2015年4月，国务院印发了《进一步深化中国（上海）自由贸易试验区改革开放方案》将上海自贸区的范围由4个海关特殊监管区域（28.78平方公里）扩展到陆家嘴、金桥和张江三个片区（共120.72平方公里），并将部分改革试点经验推广至全国。

2017年3月，国务院印发《全面深化中国（上海）自由贸易试验区改革开放方案》，提出两大创新，一是设立自由贸易港区，二是探索成为支持“一带一路”的重要枢纽。

2019年7月，国务院印发了《中国（上海）自由贸易试验区临港新片区总体方案的通知》，并批复同意设立中国（上海）自由贸易试验区临港新片区（以下简称“临港新片区”）。《临港方案》表示将“对标国际上公认的竞争力最强的自由贸易园区”，并明确提出“探索资本自由流入流出和自由兑换”。伴随着临港新片区的设立，一系列的金融政策法规的相继出台，包括但不限于：

时间	政策规定
2019年7月17日	上海外管局发布《进一步推进中国（上海）自由贸易试验区外汇管理改革试点实施细则（4.0版）》（上海汇发〔2019〕62号）
2019年9月20日	上海自贸区临港新片区管委会发布《中国（上海）自由贸易试验区临港新片区支持金融业创新发展的若干措施》
2020年3月11日	上海外管局发布《关于在全辖开展资本项目外汇收入支付便利化试点的通知》（上海汇发〔2020〕8号）
2020年2月14日	中国人民银行、中国银行保险监督管理委员会、中国证券监督管理委员会等发布《关于进一步加快推进上海国际金融中心建设和金融支持长三角一体化发展的意见》（银发〔2020〕46号）
2020年3月12日	上海市银行外汇及跨境人民币业务自律机制发布《临港新片区优质企业跨境人民币结算便利化方案》
2020年3月31日	上海市金融学会跨境金融服务专业委员会发布《中国（上海）自由贸易试验区临港新片区境内贸易融资资产跨境转让业务操作指引（试行）》
2020年4月3日	上海外管局发布《关于中国（上海）自由贸易试验区高新技术企业外债便利化额度试点业务的通知》
2020年5月14日	上海银保监局、上海证监局、市金融工作局共同发布《全面推进中国（上海）自由贸易试验区临港新片区金融开放与创新发展的若干措施》
2020年6月5日	上海外管局发布《关于在中国（上海）自由贸易试验区临港新片区开展外债登记管理改革试点的通知》

二、上海自贸区或临港新片区有哪些金融政策亮点？

（一）贸易融资资产跨境转让业务试点

2020年3月31日，上海市金融学会跨境金融服务专业委员会发布了《临港新片区境内贸易融资资产跨境转让业务操作指引（试行）》（以下简称《转让指引》）。《转让指引》是《关于进一步加快推进上海国际金融中心建设和金融支持长三角一体化发展的意见》（银发〔2020〕46号）中“在临港新片区内试点开展境内贸易融资资产跨境转让业务”政策的配套操作指引，其中规定，上海市各商业银行可按照“服务实体、真实贸易、真实出表、真实转让、风险可控”的原则，在临港新片区内开展境内贸易融资资产跨境转让业务。试点初期，可转让资产包括基于国内信用证贸易结算基础上的福费廷和风险参与资产。其他类型贸易融资资产的跨境转让业务将根据“成熟一项、推出一项”的原则予以推出。笔者将《转让指引》的核心规定及笔者对于该等规定的简要解析整理如下：

	相关规定	相关解析
转让标的	境内贸易融资资产，即底层资产为银行业金融机构对实体企业开展境内贸易中提供的人民币贸易融资而形成的资产。资产种类初期包括国内信用证福费廷和国内信用证风险参与资产。中国人民银行上海总部可根据情况调整底层资产的范围和种类。	结合《转让指引》为“推动金融支持临港新片区建设，试点并规范临港新片区内开展境内贸易融资资产跨境转让业务”的制定目的，以及《转让指引》对于“转出方”和“转入方”的界定，笔者理解，《转让指引》主要针对的转让标的是上海市的商业银行（或分支行）对于临港新片区内企业开展境内贸易活动所提供的人民币贸易融资。就资产种类而言，资产种类初期包括国内信用证福费廷和国内信用证风险参与资产。后续人民银行上海总部或根据试点情况，逐步拓展底层资产的范围和种类。

续表

	相关规定	相关解析
转出方/转入方	转出方和转入方如为境内机构，是指上海市银行即经中国人民银行、中国银行保险监督管理委员会批准，在上海市设立从事银行业金融服务的法人及分支机构；如为境外机构，则包括境外（含港澳台地区）银行和其他机构。	结合《转让指引》对于“底层资产”的定义，笔者理解，试点初期，转出方和转入方将集中于上海市的商业银行（或分支行）和境外的银行业金融机构。
转让要求	跨境转让的境内贸易融资资产必须是合法的、确定的、可转让的且尚未到期的正常类资产。 资产转让应遵循洁净转让原则和真实性原则，实现资产的真实、完全转让，风险的真实、完全转移。 转出方自身不得安排任何显性或隐性的回购条款，转让双方不得采取签订回购协议、即期买断加远期回购协议等方式规避监管。	该等要求与《中国银行业监督管理委员会关于进一步规范银行业金融机构信贷资产转让业务的通知》（银监发［2010］102 号）等规定中对于银行业金融机构信贷资产转让的要求相一致，该等安排为后续底层资产范围扩充到其他信贷资产，参与主体范围拓展至境内银行业金融机构预留了空间。
资产剩余期限	跨境转让的资产剩余期限应为三个月以上且最长不超过一年。	《转让指引》规定跨境转让的资产的剩余期限最长不超过一年，这意味贸易融资资产跨境转让试点将不会涉及发改委境外发债备案。
转让流出/入限额	上限 = 上海市银行（分行）上年末人民币贸易融资余额 * 跨境人民币结算占国际收支比调节系数 * 宏观审慎调节系数 跨境人民币结算占国际收支比调节系数分为两档，上年度银行跨境人民币结算占比大于全市均值，按 0.2 计；反之，则按 0.1 计。 宏观审慎调节系数，由中国人民银行上海总部根据宏观审慎管理的需要视情况调整，目前暂定为 1。	《转让指引》规定“上年度银行跨境人民币结算占比大于全市均值，按 0.2 计；反之，则按 0.1 计”，该等规定将鼓励商业银行在国际收支中积极开展跨境人民结算。 就转让流出/入限额，简而言之即，跨境人民币结算占比大于全市均值的，可以在本行（上海）上年末人民币贸易融资余额 20% 范围内办理试点，反之，仅可在在本行（上海）上年末人民币贸易融资余额 10% 范围内办理试点。
外债管理	银行开展境内贸易融资资产跨境转让业务不纳入跨境融资风险加权余额计算。	

（二）跨境本外币结算便利化

1. 跨境人民币结算便利化

2020 年 3 月 12 日，上海市银行外汇及跨境人民币业务自律机制发布了《临港新片区优质企业跨境人民币结算便利化方案》（以下简称《便利化方案》)，其中规定临港新片区的试点企业在办理货物贸易、服务贸易、人民币资本金、跨境融资等业务时仅需提交跨境收付款说明或收付款指令，而无需事前、逐笔提交真实性证明材料。就跨境人民币结算便利化试点，人民银行宏观审慎管理局此前曾发布《关于开展更高水平贸易投资便利化试点业务的通知》（银宏审［2019］10 号，以下简称“10 号文”)，允许 18 个自贸区开展跨境人民币便利化试点业务。《便利化方案》是对于 10 号文在临港新片区的落地和细化。笔者将《便利化方案》中的核心要点及相关规定整理如下：

	《便利化方案》相关规定
适用资金范围	资本项目：跨境融资（含全口径跨境融资及外商投资企业投注差模式下的外债）及境外上市募集资金调回等。 经常项目：货物贸易及服务贸易。
便利化内容	试点企业凭《跨境业务人民币结算收/付款说明》或收付款指令，直接在符合条件的辖内银行办理，无需事前、逐笔提交真实性证明材料。
试点企业	临港新片区内注册成立，正常生产经营（在临港新片区管委会认定的企业名单内）以实体生产或经营为主，不包括房地产企业、政府平台企业、金融类企业； 企业控股公司为世界 500 强企业；或企业注册资本达到 500 万人民币，或属于新片区内集成电路、人工智能、生物医药、航空航天、新能源和智能网联汽车、智能制造、高端装备等重点产业领域的企业货物贸易外汇管理 A 类企业（如有）等。
试点银行	近三年无跨境人民币和外汇重大违法违规； 上年度执行人民银行政策和外汇管理政策的年度考核均应为 B 级（含）以上； 属于试点辖区。

《便利化方案》的发布将便利临港新片区内企业对于资本项目及经常项目项下人民币资金的使用，提高资金使用效率。需要注意的是，前述便利化措施并没有改变或突破《关于明确外商直接投资人民币结算业务操作细则》（银发〔2012〕165 号）对于资金用途的限制。

2. 跨境外币结算便利化

2020 年 3 月 11 日，上海外管局发布了《关于在全辖开展资本项目外汇收入支付便利化试点的通知》(上海汇发〔2020〕8 号，以下简称“8 号文”)，其中规定上海地区银行可为符合条件的企业办理跨境外汇收入境内使用便利化试点。就外币结算便利化试点，国家外汇管理局此前于 2019 年 10 月 23 日发布《关于进一步促进跨境贸易投资便利化的通知》（汇发〔2019〕28 号，以下简称“28 号文”)，其中原则性地规定“允许试点地区符合条件的企业将资本金、外债和境外上市等资本项下收入用于境内支付时，无需事前向银行逐笔提供真实性证明材料，其资金使用应当真实合规，并符合现行资本项目收入使用管理规定”。8 号文是对 28 号文前述规定在上海市范围内的落地和具体细化。笔者将 8 号文中的核心要点及相关规定整理如下：

	8 号文相关规定
适用资金范围	资本项目：资本项目外汇收入（包括外汇资本金、外债资金、境外上市调回资金等）及其结汇所得人民币资金
便利化内容	试点企业凭《资本项目外汇收入支付便利化业务支付命令函》直接在符合条件的辖内银行办理，无需事前逐笔提供真实性证明材料。
试点企业	注册在试点区域内的非金融企业（房地产企业、政府融资平台除外）； 近一年无外汇行政处罚记录； 货贸名录为 A（如有）等。
试点银行	已开通资本项目信息系统； 上一年度外汇考核 B 类及以上； 有完善的内控制度和风险防范措施； 属于试点辖区。

需要说明的是，上海辖区内跨境外币结算便利化仅适用于资本项目，并未涵盖经常项目。对于经常项目项下的外币结算便利化试点，目前需参照 28 号文等相关规定。此外，在资金用途方面，8 号文亦未突破《关于改革和规范资本项目结汇管理政策的通知》（汇发〔2016〕16 号）等法律法规的对于资金用途的限制。

笔者理解，资本项目与经常项目外币结算便利化试点政策的统一和推广、本外币跨境资金结算便利化试点政策的统一和推广或成为未来跨境资金结算便利化改革的方向，而进一步放宽跨境资金在使用用途上的限制，或许将成为进一步激发企业借用外债、鼓励境外资金流入的强力措施。

（三）一次性外债登记与外债额度便利化试点

2020 年 6 月 5 日，上海外管局发布了《关于在中国（上海）自由贸易试验区临港新片区开展外债登记管理改革试点的通知》（汇发〔2020〕26 号），在临港新片区开展外债登记管理改革试点。临港新片区内符合条件的非金融企业可在其自身外债额度内办理一次外债登记，在登记额度范围内直接在经办银行办理外债资金借、用、还，无需逐笔办理外债的签约、提款、变更、注销登记。

该等政策有助于简化试点企业办理跨境融资业务流程，进一步推进资本项目可兑换。2020年4月3日，上海外管局发布了《关于中国（上海）自由贸易试验区高新技术企业外债便利化额度试点业务的通知》（上海汇发〔2020〕16号），允许符合一定条件的上海自贸区内的中小微高新技术企业在等值500万美元额度内自主借用外债，该等政策为上海自贸区内中小微高新技术企业跨境融资提供了便利。

（四）允许外债资金开展境内股权投资

2019年7月10日，上海外管局印发的《进一步推进中国（上海）自由贸易试验区外汇管理改革试点实施细则（4.0版）》（上海汇发〔2019〕62号，以下简称“62号文”），规定“支持区内非投资性外商投资企业在真实、合规的前提下，按实际投资规模将资本项目外汇收入或结汇所得人民币资金依法用于境内股权投资”。

虽然28号文也在一定程度上放开了区外外商投资企业股权投资的限制，即“允许非投资性外商投资企业在（1）不违反现行外商投资准入特别管理措施（负面清单）且（2）境内所投项目真实、合规的前提下，依法以资本金进行境内股权投资”。但是，28号文仅放开了区外非投资性外商投资企业以“资本金开展股权投资”的限制，在资金来源方面并未放宽到所有资本项目。62号文的开放，不仅包括了资本金及资本金结汇所得人民币，也涵盖了资本项目项下的外债资金和外债结汇所得人民币。

企业类型	资金来源	是否可以用于境内再投资
非投资性外商投资企业（区外）	资本金	可
	外债	不可
非投资性外商投资企业（区内）	资本金	可
	外债	可

（五）企业外债模式及外债币种的调整

1. 已选择“投注差”模式借用外债的企业，可调整为以跨境融资宏观审慎管理模式借用外债

62号文规定“允许区内已确定选择‘投注差’模式借用外债的企业，可调

整为以跨境融资宏观审慎管理模式借用外债”。对于区外企业而言，《中国人民银行关于全口径跨境融资宏观审慎管理有关事宜的通知》（银发〔2017〕9号）及《全口径跨境融资宏观审慎管理政策问答（第一期）》规定：“过渡期（已届满）内外商投资企业可以在现行‘投注差’管理模式和‘宏观审慎管理模式’下任选一种模式适用，且一经选择不得调整，而未允许已确定选择‘投注差’模式借用外债的企业，调整为采用宏观审慎管理模式借用外债。”

值得注意的是，为进一步扩大利用外资，便利境内机构跨境融资，2020年3月12日中国人民银行、国家外汇管理局联合发布了《关于调整全口径跨境融资宏观审慎调节参数的通知》（以下简称“64号文”）将《中国人民银行关于全口径跨境融资宏观审慎管理有关事宜的通知》（银发〔2017〕9号）中的宏观审慎调节参数由1上调至1.25。这意味着选择“宏观审慎管理模式”借用外债的企业，可以借用的外债额度上限变为跨境融资风险加权余额上限=金融机构资本或企业净资产×跨境融资杠杆率×1.25，即较其此前的外债额度提升了25%；对于此前已经选择“投注差”借用外债模式的上海自贸区内企业而言，其可以在重新比较“投注差”与“宏观审慎管理模式”可以借用的外债额度的基础上，作出相应的调整。

此外，笔者注意到，根据《外商投资信息报告办法》及《关于外商投资信息报告有关事项的公告》，商务部门自2020年1月1日开始不再出具“外商投资企业批准证书”及“外商投资企业备案回执”，笔者理解，“允许区内已确定选择‘投注差’模式借用外债的企业，调整为以跨境融资宏观审慎管理模式借用外债”的规定在某种程度上也契合了商务部门逐渐退出外商投资企业设立审批/备案职能的政策演变。有鉴于此，笔者理解，“投注差”模式的外债管理模式在未来可能也将逐步退出舞台。

2. 允许区内企业提款币种和偿还币种与签约币种不一致

就上海自贸区内企业和金融机构而言，62号文规定“放宽企业跨境融资签约币种、提款币种、偿还币种必须一致的要求，允许区内企业提款币种和偿还币种与签约币种不一致，但提款币种和偿还币种应保持一致”。对于区外企业和金融机构而言，《中国人民银行关于全口径跨境融资宏观审慎管理有关事宜的通知》（银发〔2017〕9号）规定“企业和金融机构的跨境融资签约币种、提款币种和偿还币种须保持一致”。62 号文在一定程度上给与了上海自贸区内企业在提款币种和偿还币种安排上更大的灵活性。

（六）试点本外币合一的跨境资金池

46 号文规定“探索开展本外币合一跨境资金池试点。支持符合条件的跨国企业集团在境内外成员之间集中开展本外币资金余缺调剂和归集业务，资金按实需兑换，对跨境资金流动实行双向宏观审慎管理”。该等规定为本外币跨境资金池的合并，建立统一额度的跨境资金池管理体系进行了政策法规层面有益的铺垫。

在现有的政策法规体系项下，外币资金池和人民币资金池适用不同的监管体系，在主管部门、报备形式、准入条件、限额管理等方面存在诸多不同。笔者以外币、人民币，上海自贸区内、上海自贸区外为维度，简要整理了一下目前四类资金池在主管部门、报备形式、准入条件、限额管理等方面基本情况。

	外币资金池		人民币资金池	
	上海自贸区外	上海自贸区内	上海自贸区外	上海自贸区内
主管部门	外管局	外管局	人民银行	人民银行
报备形式	主办企业向所在地外管局备案①	主办企业向所在地外管局备案②	通过结算银行向所在地人民银行备案③	未明确规定

① 《关于印发〈跨国公司跨境资金集中运营管理规定〉的通知》（汇发［2019］7 号）规定“跨国公司开展跨境资金集中运营业务，应通过主办企业所在地国家外汇管理局分支局向所属外汇分局、管理部备案。”

② 同区外操作，即根据《关于印发〈跨国公司跨境资金集中运营管理规定〉的通知》（汇发［2019］7 号）规定“跨国公司开展跨境资金集中运营业务，应通过主办企业所在地国家外汇管理局分支局向所属外汇分局、管理部备案。”

③ 《中国人民银行关于进一步便利跨国企业集团开展跨境双向人民币资金池业务的通知》（银发［2015］279 号）规定，“结算银行开展跨国企业集团跨境双向人民币资金池结算业务，应向所在地人民银行副省级城市中心支行以上分支机构备案……人民银行副省级城市中心支行以上分支机构应在结算银行提交完整的备案材料之日起 10 个工作日内完成备案手续”；“主办企业可以选择 1－3 家具备国际结算业务能力的银行办理跨境双向人民币资金池业务，与其签订办理跨境双向人民币资金池业务协议。”

续表

准入条件	上年度本外币国际收支规模1亿美元①	上年度本外币国际收支规模5000万美元②	经营收入：(a) 境内成员企业上年度营业收入合计金额不低于10亿元人民币；(b) 境外成员企业上年度营业收入合计金额不低于2亿元人民币 经营时限：1年以上③	无具体经营收入和经营时限的具体要求
额度管理	外债额度：不超过境内成员企业所有者权益的2倍 境外放款额度：不超过境内成员企业所有者权益30%	外债额度：不超过境内成员企业所有者权益的2倍 境外放款额度：不超过境内成员企业所有者权益30%	流入额上限=应计所有者权益*宏观审慎政策系数(0.5)④ 流出额上限：法规层面并未设限制⑤	主办企业与境内区外成员企业之间流出（入）额上限=应计所有者权益*宏观审慎政策系数(1)⑥

如上表所示，现有的政策法规体系项下，外币资金池和人民币资金池分别适用不同的监管体系，同一跨国集团企业集团可能需要设立人民币资金池和外币资金池才可以同时满足其本外币资金跨境及跨区（自贸区）调拨的需要，加之准入标准、资金流出（入）额上限、以及或有的窗口指导政策的不同，该等差异给跨国集团企业境内组建和使用跨境资金池带来了一定的不便。有鉴于此，笔者注意到自《跨国公司跨境资金集中运营管理规定》（汇发〔2019〕7号，以下简称“7号文”）起，外管局已经开始尝试对本外币合一的跨境资金池在政策和法规层面进行探索。7号文在对2015年发布的《跨国公司外汇资金集中运

① 参加跨境资金集中运营业务的境内成员企业合并计算。

② 参加跨境资金集中运营业务的境内成员企业合并计算，其他准入条件与上海自贸区区外规定相同。

③ 根据《中国人民银行关于进一步便利跨国企业集团开展跨境双向人民币资金池业务的通知》（银发［2015］279号）规定“境内成员企业上年度营业收入合计金额不低于10亿元人民币、境外成员企业上年度营业收入合计金额不低于2亿元人民币”，其中，“资金池应计所有者权益=Σ（境内成员企业的所有者权益×跨国企业集团的持股比例）”。

④ 流入额上限=资金池应计所有者权益×宏观审慎政策系数。宏观审慎政策系数值为0.5。

⑤ 公开渠道信息显示，2016年起相关部门曾对流出额上限进行窗口指导，严格控制跨境资金池业务的净流出上限，要求任意时点净流出余额不得大于0。

⑥ 根据《关于进一步拓展自贸区跨境金融服务功能支持科技创新和实体经济的通知》的规定，“全功能型资金池支持境外成员企业与区内的主办企业之间或境外主办企业与区内成员企业之间自行选择货币进行资金。归集。境外主办企业或区内主办企业与境内区外成员企业之间应以人民币进行资金归集，人民币资金‘二线’归集遵循跨境融资宏观审慎管理框架下的双向上限管理模式，即流出（入）额上限=资金池应计所有者权益×宏观审慎政策系数，宏观审慎政策系数为1”。

营管理规定》（汇发〔2015〕36号，以下简称“36号文”）进行修订的同时，将36号文项下的“外汇资金集中运营”修改为了“跨境资金集中运营”，并规定“国内资金主账户币种不设限制，为多币种（含人民币）账户”，该等修订意味着区外外管局版本的资金池在入池币种上不再限定于外币，人民币资金也可以一并纳入外管局版本的跨境资金池管理[①]。

64号文将《中国人民银行关于全口径跨境融资宏观审慎管理有关事宜的通知》（银发〔2017〕9号）中的宏观审慎调节参数由1上调至1.25，但并未对7号文项下的“宏观审慎调节参数”进行调整，笔者理解，对于外币资金池而言，其外债额度目前仍为境内成员企业所有者权益的2倍。

46号文再次重申，探索开展本外币合一跨境资金池试点。有鉴于此，笔者预测：（1）在临港新片区，后续自贸区人民币资金池和外币资金池的相关法规政策或将逐步统一；（2）统一后的跨境资金池政策，在资金流出（入）限额的安排上，很有可能同现有境内企业借用外债、对外放款在限额管理机制上保持协调；（3）本外币合一的跨境资金池在自贸区先行先试，后续该等政策将逐步推广全国，届时为保持上海自贸区的政策优势，相关部门有可能会参照62号文的安排，即在上海自贸区内企业参与跨境资金池业务的准入门槛上可能有所进一步降低。

（七）其他

1. 试点取消外商直接投资人民币资本金专用账户

46号文规定“在临港新片区内探索取消外商直接投资人民币资本金专用账户”。根据《外商直接投资人民币结算业务管理办法》（中国人民银行公告〔2011〕第23号）规定，人民币资本金账户是用于专户存放“境外投资者汇入的人民币注册资本或缴付人民币出资”。在资金用途方面，根据《中国人民银行关于明确外商直接投资人民币结算业务操作细则的通知》（银发〔2012〕165

---

① 笔者注意到主要规范区外人民币资金池的《中国人民银行关于进一步便利跨国企业集团开展跨境双向人民币资金池业务的通知（银［2015］279号）》以及适用于上海自贸区内人民币资金池的《中国人民银行上海总部关于进一步拓展自贸区跨境金融服务功能支持科技创新和实体经济的通知》（银总部发［2016］122号）目前尚未被修订或废止，依然并行有效。

号）规定，“外商投资企业的人民币资本金专用存款账户存放的人民币资金应当在符合国家有关部门批准的经营范围内使用，不得用于投资有价证券和金融衍生品，不得用于委托贷款，不得购买理财产品、非自用房产等”。

笔者理解，46号文“试点取消外商直接投资人民币资本金专用账户”在政策层面表明了临港新片区拟推动区内企业人民币资本金使用用途自主化和便利化的改革方向。尽管如此，由于该等规定较为框架，区内企业在人民币资本金用途方面是否真正可以突破《中国人民银行关于明确外商直接投资人民币结算业务操作细则的通知》（银发〔2012〕165号），还有待于后续法规政策的出台。

2. 对标国际标准，便利区内企业便利跨境发债、跨境投资并购等

《中国（上海）自由贸易试验区临港新片区支持金融业创新发展的若干措施》（以下简称《若干措施》）规定“支持金融机构在依法合规、风险可控的前提下，参照国际通行规则，为区内企业和非居民提供跨境发债、跨境投资并购和跨境资金集中运营等跨境金融服务”。当前境内金融机构协助企业办理跨境发债、跨境并购等，主要需要遵循《关于推进企业发行外债备案登记制管理改革的通知》（发改外资〔2015〕2044号）、《中国人民银行关于全口径跨境融资宏观审慎管理有关事宜的通知》（银发〔2017〕9号）、《商业银行并购贷款风险管理指引》（银监发〔2015〕5号）、《企业境外投资管理办法》（2017年第11号令）及《境外投资管理办法》（商务部令2014年第3号令）等，在项目审批的时间和效率上都需要企业投入大量的精力。笔者理解，《若干措施》的相关规定为临港新片区内企业相关政策的改革进行的铺垫或者某种程度上释放的积极信号，尚且不足以对临港新片区内企业跨境发债、跨境投资并购所需要遵循的法律程序实现体系性优化。

三、结语

上海自贸区金融改革创新的先行先试和该等金融创新举措在全国范围内复制和推广是同步推进的。由于全国范围内金融改革的增速，上海自贸区很多先行政策已经不再具有太多的独有优势（如资本金进行境内股权投资等）。伴随

着临港新片区的设立，越来越多的金融创新举措在上海自贸区及临港新片区推出、落地和先行先试，为国内相关金融领域的发展注入新的活力和动力。我们将持续关注上海自贸区及临港新片后续出台的政策和规定，亦愿意与各位业界同仁就相关问题交流和探讨，加深对于上海自贸区及临港新片区金融创新政策的理解，协助客户发现及发掘新的业务增长机会。

境外金融机构投资境内商业银行的路径和监管框架分析

杨颖菲 吕威*

一、中国银行业对外国投资者的逐步开放态势

相比于其他金融行业，我国较早地放开了银行业的外资准入。2018 年版的《外商投资准入特别管理措施（负面清单）》删除了对于银行业外资准入的比例限制。① 从政策环境上看，近几年来，中国银行业对外国投资者的开放幅度呈逐渐放开趋势，主要体现在以下三个方面：

其一，比例逐步放开。2018 年 8 月以前，境外金融机构②投资中资商业银行适用“单一 20%，共同 25%”的比例限制，2018 年 8 月，中国银行保险监督管理委员会（以下简称“银保监会”）废止《境外金融机构投资入股中资金融机构管理办法》，取消前述比例限制，但需注意的是，若不同类型的商业银行对其单一股东的投资比例另有限制的，仍应遵守该等限制；

其二，外资银行可以开展的业务类型逐渐增多。例如，2018 年 4 月以后，

---

* 杨颖菲，奋迅·贝克麦坚时联营办公室，合伙人；吕威，北京市奋迅律师事务所，律师。

① 对于银行业以外的其他金融行业，2018 年版、2019 年版的《外商投资准入特别管理措施（负面清单）》对于外资准入仍存在限制，如根据 2019 年版《外商投资准入特别管理措施（负面清单）》，外资持股证券公司、证券投资基金管理公司、期货公司、寿险公司的比例均不得超过 51%，2021 年取消外资股比限制。随后，国务院金融稳定发展委员会办公室、中国证监会等部门多次发布拟提前取消证券公司、基金管理公司、期货公司、寿险公司的外资股比限制的通知。中国商务部于 2020 年 6 月 23 日发布的 2020 年版的《外商投资准入特别管理措施（负面清单）》（2020 年 7 月 23 日起施行）已正式删除了外资持股证券公司、证券投资基金管理公司、期货公司、寿险公司的比例限制。

② 根据现行法律法规的规定，投资境内商业银行的境外投资者必须是境外金融机构，具体是指在境外注册并经所在国家或者地区金融监管当局批准或者许可的金融机构。对于入股境内商业银行的其他股东资质要求请见下文具体分析。

外商独资银行、中外合资银行可以依法开展代理发行、代理兑付、承销政府债券业务，而无须获得国务院银行业监督管理机构的行政许可；

其三，外国银行在中国的商业存在形式更加多样化。外国银行不仅可以直接以境外母行作为投资主体投资境内商业银行，还可以通过在中国设立的法人银行对境内商业银行进行投资。

二、境外金融机构投资中国境内银行的路径

根据商业银行的不同类型，境外金融机构可通过新设、增资入股、受让老股等形式直接投资境内银行。

银保监会对中国的商业银行进行分类管理，具体分为：（1）外资银行，包括外商独资银行①、中外合资银行、外国银行分行和外国银行代表处；（2）中资银行，包括国有控股大型商业银行、股份制商业银行、城市商业银行等；（3）农村中小金融机构，包括农村商业银行、农村合作银行、农村信用社、村镇银行、贷款公司、农村资金互助社等。投资不同类型的商业银行，其股东的资质要求有所不同。下文将根据外方选择的投资标的的类型不同，而从法律适用、外方股东资格要求、监管审批等展开叙述。

（一）投资外资银行

如前文所述，中国境内的外资银行包括外商独资银行、中外合资银行、外国银行分行和外国银行代表处。

1. 法律适用

设立或投资外资银行，除需要遵守《中华人民共和国银行业监督管理法》《中华人民共和国商业银行法》《商业银行股权管理暂行办法》《商业银行公司治理指引》等银行业的一般性法律法规外，更多地适用对于外资银行的特殊性规定，主要包括《中国银保监会外资银行行政许可事项实施办法》（2019 年修订，以下简称《外资银行许可办法》）和《中华人民共和国外资银行管理条例》

① 指一家外国银行单独出资或者一家外国银行与其他外国金融机构共同出资设立的外商独资银行。

（2019 年修订）及其实施细则。

2. 外资银行的外方股东资格要求

根据《外资银行许可办法》，按照设立外资银行的类型不同，外方股东的资格要求也有所不同，具体归纳如下：

<table>
<tr><td colspan="3">外资法人银行
（外商独资银行和中外合资银行）</td><td>设立外国银行分行</td><td>外国银行代表处</td></tr>
<tr><td rowspan="2">一般要求</td><td colspan="2">外方股东的特别要求</td><td rowspan="3">除满足外资法人银行外方股东资格的要求外，还需满足：设立外国银行分行，申请人应当无偿拨给或者授权境内已设分行无偿拨给拟设分行不少于 2 亿元人民币或者等值自由兑换货币的营运资金。</td><td rowspan="3">需满足外资法人银行外方股东资格的要求。</td></tr>
<tr><td>外商独资银行外方股东中，唯一或控股股东的额外要求：</td><td>中外合资银行外方股东中，外方唯一或者主要股东①的额外要求：②</td></tr>
<tr><td>（1）具备盈利能力和金融经验；
（2）具备有效的反洗钱制度；
（3）合法合规，符合所在地金融监管机构的要求；
（4）符合审慎性条件；
（5）所在地应当经济状况良好、监管完善且与银保监会建立良好的监督管理合作机制；
（6）应为金融机构</td><td colspan="2">（1）为商业银行；
（2）资本充足率符合所在地金融监管机构以及银保监会的规定。</td></tr>
</table>

3. 投资外资银行的监管审批

根据以新设、增资入股、受让老股不同方式投资外资银行过程中涉及的不同事项，需要分别获得相关银保监部门的核准：

---

① 外方唯一或者主要股东，是指持有拟设中外合资银行资本总额或者股份总额 50% 以上，或者不持有资本总额或者股份总额 50% 以上但依据拟设中外合资银行章程，符合下列情形的商业银行：

（一）持有拟设中外合资银行半数以上的表决权；

（二）有权控制拟设中外合资银行的财务和经营政策；

（三）有权任免拟设中外合资银行董事会或者类似权力机构的多数成员；

（四）在拟设中外合资银行董事会或者类似权力机构有半数以上投票权。

中外合资银行应由其主要股东纳入并表范围。

② 原 2018 年修订的《中国银监会外资银行行政许可事项实施办法》要求中外合资银行的中方唯一或者主要股东应当为金融机构，根据新修订的《外资银行许可办法》，中方唯一或者主要股东可以为金融机构和非金融机构，放宽了中外合资银行中方股东的选择范围。

投资方式	新设外资法人银行		增资入股	受让老股
审批事项	筹建审批	开业审批	增加注册资本审批	股东变更[①]审批
审批机构	拟设机构所在地银保监局初审，银保监会决定	拟设机构所在地银保监局决定，并报送银保监会	银保监会直接监管的外商独资银行、中外合资银行变更注册资本由银保监会受理、审查和决定。 其他外商独资银行、中外合资银行变更注册资本、外国银行分行变更营运资金的申请，由所在地银保监局受理、审查和决定。	银保监会直接监管的外商独资银行、中外合资银行变更股东或者调整股东持股比例的申请，由银保监会受理、审查和决定。 其他外商独资银行、中外合资银行变更股东或者调整股东持股比例的申请，由所在地银保监局受理和初审，银保监会审查和决定。

（二）投资中资银行或农村中小金融机构

相比于外资银行，目前内资银行在境内开展业务更为灵活。例如，外国银行分行只可以吸收中国境内公民每笔不少于 50 万元人民币的定期存款[②]；而内资银行在吸收中国境内公民存款时则不存在最低存款金额的限制性规定。2018 年 8 月，银保监会修改了境外金融机构入股中资银行和农村中小金融机构的相关规则，对外国投资者而言，无疑是重大利好。

1. 法律适用和监管体制

银保监会于 2018 年 8 月 17 日作出《关于废止和修改部分规章的决定》，废止了原《境外金融机构投资入股中资金融机构管理办法》（2003 年 12 月 31 日施行）。此后，境外金融机构入股内资银行应当按照入股时该内资银行的机构类型实施监管，而不再区分入股的内资银行为上市或非上市内资银行。具体而言：

---

① 变更股东包括股东转让股权、股东因重组或被收购等变更以及银保监会认定的其他股东变更情形。外商独资银行、中外合资银行的股东仅因商号、责任形式等变更引起更名，而股东主体未变更的，无须申请变更股东，但应在变更事项完成后一年内，就要变更事项申请修改章程。

② 提请注意，外国银行分行可以吸收中国境内公民定期存款的最低金额在逐渐降低。2019 年 9 月 30 日，国务院发布对《中华人民共和国外资银行管理条例》的第三次修订决定，将该等最低金额由 100 万元降为 50 万元人民币。

原《境外金融机构投资入股中资金融机构管理办法》	《中国银保监会中资商业银行行政许可事项实施办法》（2018 年修订）	《中国银保监会农村中小金融机构行政许可事项实施办法》（2018 年修订）
（1）境外金融机构入股非上市的内资银行的，如境外金融机构入股后外资持股比例超过 25%，股权变更后的内资银行应按照外资银行监督管理； （2）境外金融机构入股上市的内资银行的，如境外金融机构入股后外资持股比例超过 25%，股权变更后的内资银行仍应按照内资银行监督管理。	境外金融机构投资入股的中资商业银行，按照入股时该中资商业银行的机构类型实施监督管理。境外金融机构还应遵守国家关于外国投资者在中国境内投资的有关规定。	境外银行投资入股的农村商业银行，按照农村商业银行的有关规定实施监督管理。境外银行还应遵守国家关于外国投资者在中国境内投资的有关规定。

举例而言，若境外金融机构拟入股城市商业银行的，仍应按城市商业银行这一机构类型实施监管；就适用法律而言，需适用境内中资银行的相关规定和关于城市商业银行的特别规定，而非适用外资银行的监管规定；就监管机构而言，仍然由原城市商业银行的银保监部门监督管理。

2. 境外机构股东资格

（1）境外股东性质

根据《中国银保监会中资商业银行行政许可事项实施办法》（2018 年修订，以下简称《中资银行许可办法》）的规定，投资中资银行的，境外股东需为境外金融机构。

根据《中国银保监会农村中小金融机构行政许可事项实施办法》（2018 年修订，以下简称《农村中小金融机构许可办法》）的规定，投资农村商业银行、村镇银行等农村中小金融机构的，境外股东需为境外银行。

（2）入股中资银行和农村中小金融机构的具体股东资格要求

根据《商业银行股权管理暂行办法》《中资银行许可办法》《农村中小金融机构许可办法》的相关规定，入股中资银行和农村中小金融机构的股东资格要求具体归纳如下表所示，其中包括针对商业银行股东的一般性要求，亦包括仅针对境外金融机构入股的特别要求：

针对商业银行股东的要求		仅针对境外金融机构 作为商业银行股东的特别要求	
对主要股东①及其控股股东、实际控制人的要求	不得作为商业银行股东的情形	投资中资银行	投资农村中小金融机构
不得存在以下情形： （一）被列为相关部门失信联合惩戒对象； （二）存在严重逃废银行债务行为； （三）提供虚假材料或者作不实声明； （四）对商业银行经营失败或重大违法违规行为负有重大责任； （五）拒绝或阻碍银监会或其派出机构依法实施监管； （六）因违法违规行为被金融监管部门或政府有关部门查处，造成恶劣影响； （七）其他可能对商业银行经营管理产生不利影响的情形。	（一）公司治理结构与机制存在明显缺陷； （二）关联企业众多、股权关系复杂且不透明、关联交易频繁且异常； （三）核心主业不突出且其经营范围涉及行业过多； （四）现金流量波动受经济景气影响较大； （五）资产负债率、财务杠杆率高于行业平均水平； （六）代他人持有中资商业银行股权； （七）其他对银行产生重大不利影响的情况。	（一）最近1年年末总资产原则上不少于100亿美元； （二）银保监会认可的国际评级机构最近2年对其长期信用评级为良好； （三）最近2个会计年度连续盈利； （四）商业银行资本充足率应当达到其注册地银行业资本充足率平均水平且不低于10.5%；非银行金融机构资本总额不低于加权风险资产总额的10%； （五）内部控制健全有效； （六）注册地金融机构监督管理制度完善； （七）所在国（地区）经济状况良好； （八）银保监会规章规定的其他审慎性条件。	（一）最近1年年末总资产不得低于10亿美元； （二）银保监会认可的国际评级机构最近2年对其长期信用评级为良好； （三）最近2个会计年度连续盈利； （四）商业银行资本充足率应达到其注册地银行业资本充足率平均水平且不低于10.5%； （五）内部控制健全有效； （六）具有有效的反洗钱制度； （七）自有资金入股； （八）所在国家（地区）经济状况良好； （九）注册地金融机构监督管理制度完善； （十）银保监会规章规定的其他审慎性条件； （十一）境外银行作为发起人或战略投资者入股农村商业银行应遵循长期持股、优化治理、业务合作、竞争回避的原则。

3. 投资中资银行和农村中小金融机构的监管审批

外资投资不同类型的中资银行和农村中小金融机构，需受到不同层级的银保监部门的审批，具体的审批机关根据投资方式的不同而略有不同：

---

① 商业银行主要股东是指持有或控制商业银行百分之五以上股份或表决权，或持有资本总额或股份总额不足百分之五但对商业银行经营管理有重大影响的股东。“重大影响”，包括但不限于向商业银行派驻董事、监事或高级管理人员，通过协议或其他方式影响商业银行的财务和经营管理决策以及银监会或其派出机构认定的其他情形。

（1）新设

银行类型	审批事项	审批机关
国有商业银行、邮储银行、股份制商业银行	筹建	银保监会。
	开业	
城市商业银行	筹建	向所在地省级银保监派出机构提交，银保监会审查并决定。
	开业	所在地省级银保监派出机构决定，抄送银保监会。
农村中小金融机构	筹建	单一县（市、区）农村合作银行、农村信用社组建农村商业银行，农村信用合作联社，村镇银行等：由地市级派出机构或所在城市省级派出机构受理，省级派出机构审查并决定； 除单一县（市、区）机构外其他组建农商行：由省级银保监派出机构受理并初步审查，银保监会审查并决定。
	开业	由地市级派出机构或所在城市省级派出机构受理，省级派出机构审查并决定。

（2）增资入股

银行类型	审批机关
国有商业银行、邮储银行、股份制商业银行	银保监会。
城市商业银行	所在地省级银保监派出机构。
农村中小金融机构	由地市级派出机构或所在城市省级派出机构受理，省级派出机构审查并决定；事后报告银保监会。

（3）受让原股东持有股权

银行类型	审批/备案机关
国有商业银行、邮储银行、股份制商业银行	银保监会。
城市商业银行	所在地省级银保监派出机构。
农村中小金融机构	由地市级派出机构或所在城市省级派出机构受理，省级派出机构审查并决定；事后报告银保监会。

4. 外资入股中资银行和农村中小金融机构的持股比例限制

根据原《中资银行许可办法》、原《农村中小金融机构许可办法》的规定，单个境外金融机构及其关联方作为发起人或战略投资者向单个中资商业银行、农村商业银行以及作为战略投资者向单个金融资产管理公司的投资入股比例不得超过20%、多个境外金融机构及其关联方投资上述机构入股比例合计不得超过25%。2018年8月修订的《中资银行许可办法》《农村中小金融机构许可办法》均取消了该等比例限制。但需注意的是，若不同类型的商业银行对其单一股东的投资比例另有限制的，仍应遵守该等限制（详见下文）。

5. 外资入股中资银行和农村中小金融机构的其他限制

除前述针对境外股东的特殊限制外，境外金融机构在投资中资银行和农村中小金融机构时，还需遵守以下几方面的限制性规定。但需注意，以下限制性规定系内资股东和境外股东均须遵守的行业限制性规定，并非仅针对境外股东的特殊要求。

（1）针对投资入股中小商业银行单一股东持股比例的特别规定：一般不超过20%

原银监会办公厅于2010年4月16日下发的《关于加强中小商业银行主要股东资格审核的通知》规定：“（二）主要股东包括战略投资者持股比例一般不超过20%。对于部分高风险城市商业银行，可以适当放宽比例。”中小商业银行通常包括除国有控股大型银行外的其他内资银行，因此，如投资国有控股大型银行的，无持股比例限制，而投资股份制银行、城市商业银行等中小商业银行的，目前仍然需要适用前述20%的比例限制。[①]

同时，根据《商业银行股权管理暂行办法》第六条的规定，商业银行的股东与其关联方、一致行动人的持股比例合并计算。因此，入股中小商业银行时，同一家境外金融机构与其关联方、一致行动人合并计算的持股比例不超过20%，但是对于部分高风险城市商业银行，可以适当放宽比例。

---

① 银保监会曾于2019年5月宣布近期拟出台12条对外开放新措施，其中包括同时取消单家中资银行和单家外资银行对中资商业银行的持股比例上限，但是目前未正式出台相关文件，亦未废止《中国银监会办公厅关于加强中小商业银行主要股东资格审核的通知》。笔者将持续关注后续银保监会是否出台相关文件取消该等针对入股中小商业银行的单一股东持股比例限制。

（2）作为5%以上主要股东投资中国商业银行的数量限制："两参一控"

根据《商业银行股权管理暂行办法》的要求，同一投资人及其关联方、一致行动人作为主要股东参股商业银行的数量不得超过2家，或控股商业银行的数量不得超过1家。

（3）董事会席位限制：任一股东及其关联人至多控制董事会三分之一的席位

根据《商业银行公司治理指引》第十五条的规定，同一股东及其关联人提名的董事原则上不得超过董事会成员总数的三分之一。国家另有规定的除外。

根据《商业银行公司治理指引》第二十九条的规定，董事会作出决议，必须经商业银行全体董事过半数通过。

因此，目前而言，任一股东及其关联人至多控制董事会三分之一的席位，无法通过董事会席位和董事会议事规则的特殊安排，达到完全控制董事会的目标。

（三）外资入股境内银行业金融机构的其他限制

前文针对投资标的所归属的不同商业银行类型，分别简述了投资外资银行与中资银行、农村中小金融机构的不同限制。根据《商业银行股权管理暂行办法》的规定，笔者理解以下两方面系投资所有类型的境内银行业金融机构均应普遍适用的限制性规定，因此，境外金融机构投资境内银行时亦需遵守。

1. 资金来源限制：自有资金

商业银行股东应当使用自有资金入股商业银行，且确保资金来源合法，不得以委托资金、债务资金等非自有资金入股，法律法规另有规定的除外。

2. 转让时间限制：五年

商业银行主要股东自取得股权之日起五年内不得转让所持有的股权。

三、结语

银行业对中国的金融市场和金融安全具有至关重要的作用，因而在过去很长一段时间内，我国对于境外投资者投资境内商业银行设置了诸多限制。随着金融市场化改革的不断推进，中国银行业对外国投资者的开放幅度呈逐渐放开趋势。同时，近期国务院更是频发加快金融业开放进程的举措，如国务院于2019年10月15日公布了新修订的《中华人民共和国外资银行管理条例》，于11月7日发布《关于进一步做好利用外资工作的意见》（国发〔2019〕23号）①，中国银保监会于12月26日公布并实施新修订的《外资银行许可办法》，对有意向投资中国商业银行的境外金融机构释放出重大利好信号。笔者相信，未来境外金融机构投资中国银行业也将更加活跃，让笔者拭目以待。

① 根据《关于进一步做好利用外资工作的意见》（国发〔2019〕23号），国务院提出由人民银行、银保监会、证监会按职责分工负责以下事项：加快金融业开放进程，包括：全面取消在华外资银行等金融机构业务范围限制，丰富市场供给，增强市场活力；减少外国投资者投资设立银行业、保险业机构和开展相关业务的数量型准入条件。

境外投资者投资境内私募股权投资基金的操作模式

柳宇华 高顺燚*

为兑现我国在2015年6月23日“第七轮中美战略与经济对话”等会议上作出的承诺，境内金融市场正逐步向境外投资者开放。其中，私募基金领域相关政策的放开必将吸引大批优秀的境外投资者来华开展业务，本文旨在梳理境外投资者投资境内私募股权投资基金（以下简称“境内私募基金”）的常见操作模式，为相关境外投资者及其境内合作伙伴提供参考。

境外投资者投资于境内私募基金的常见操作模式包括：第一，境外投资者直接投资境内私募基金；第二，境外投资者间接投资境内私募基金。此外，境外投资者还可以通过投资境内私募股权投资基金管理机构参与境内私募基金运作，即境外投资者直接参与设立境内私募基金管理人，由该境内私募基金管理人发起设立并管理境内私募基金。自2010年以来，上海、北京、天津、重庆、深圳、新疆、青岛、贵州、平潭、珠海、广州等地相继出台试点政策，经试点政府机构认定（广州无需认定），境外投资者可在试点城市参与投资设立外商投资股权投资管理企业（境内私募股权投资基金管理人）。实践中亦存在外商独资企业成功登记为私募股权投资基金管理人的案例，如世邦魏理仕海外投资基金管理（上海）有限公司已于2015年8月26日完成私募股权投资基金管理人登记。限于篇幅，本文仅就前述两种境外投资者投资于境内私募基金的操作模式展开分析。

一、境外投资者直接投资境内私募基金

境外投资者可以选择在境内设立外商投资创业投资企业、外商投资股权投

* 柳宇华，北京市奋迅律师事务所，高级顾问；高顺燚，北京市奋迅律师事务所。

资企业等主体直接开展境内私募股权投资业务，并就上述主体在中国证券基金业协会（以下简称“基金业协会”）办理私募股权投资基金登记备案。

（一）组织形式

1. 外商投资创业投资企业

根据《外商投资创业投资企业管理规定》（2015 年修正），“外商投资创业投资企业”是指外国投资者或外国投资者与根据中国法律注册成立的公司、企业或其他经济组织，在中国境内设立的以创业投资为经营活动的外商投资企业。外商投资创业投资企业可采用合伙企业的组织形式，而依据《关于外商投资创业投资公司缴纳企业所得税有关税收问题的通知》，合伙型外商投资创业投资企业可被视为“透明纳税实体”享受一定的税收优惠。因此，境外投资者一度倾向于选择合伙型外商投资创业投资企业的形式设立境内私募基金。

2009 年《外国企业或者个人在中国境内设立合伙企业管理办法》颁布后，境外投资者可直接在境内设立合伙企业，享受“透明纳税实体”的税收优惠。而根据《国家税务总局关于公布全文失效废止部分条款失效废止的税收规范性文件目录的公告》（国家税务总局公告 2011 年第 2 号），上述《关于外商投资创业投资公司缴纳企业所得税有关税收问题的通知》项下“透明纳税实体”条款已被废止。随着相关政策的变化，合伙型外商投资创业投资企业已不再是境外投资者的最优选择。

2. 外商投资股权投资企业

外商投资股权投资企业（以下简称“QFLP”）是指，经政府机构认定，在试点城市依法由境外企业或个人参与投资设立的，以非公开方式向境内外投资者募集资金，投资于非公开交易的企业股权的企业（即境内私募股权投资基金）。截至目前，上海、北京、天津、重庆、深圳、青岛、贵州、平潭、珠海、广州等地均已出台 QFLP 试点政策，为外商投资股权投资企业的设立及运行提供规范性指引。实践中，QFLP 已成为境外投资者直接投资境内私募基金的主要方式。

（二）上海、深圳、广州三地 QFLP 试点政策对比

各地颁布 QFLP 试点政策的时间主要集中在 2010 年至 2011 年、2017 年至

2018 年这两个时间段，上海和深圳分别在这两个时间段率先发布了 QFLP 试点政策（深圳曾于 2012 年颁布《关于本市开展外商投资股权投资企业试点工作的暂行办法》，并于 2017 年 9 月 22 日在此基础上修订形成了《深圳市外商投资股权投资企业试点办法》）。广州则于 2019 年 4 月 17 日发布 QFLP 试点政策，是《中华人民共和国外商投资法》（以下简称《外商投资法》）颁布后首个出台 QFLP 试点政策的城市。以下主要依据上海、深圳和广州正式出台的 QFLP 相关规定，对三地的 QFLP 试点政策作比较。

		上海	深圳	广州
相关依据		《关于本市开展外商投资股权投资企业试点工作的实施办法》（2010 年 12 月 24 日）	《深圳市外商投资股权投资企业试点办法》（2017 年 9 月 22 日）	《广州市促进外商投资股权投资类企业集聚发展工作指引》（2019 年 4 月 17 日）
业务主管部门及资格认定机构		业务主管部门：上海市金融办 资格认定机构：上海市人民政府成立的外商投资股权投资企业试点工作联席会议。	业务主管部门：深圳市金融办 资格认定机构：深圳市人民政府成立的外商投资股权投资企业试点工作领导小组。	无须资格认定
试点外商投资股权投资企业所需具备的条件	组织形式	可以采用合伙制等组织形式	可以采用公司制、合伙制等组织形式。	可以采用公司制、合伙制等组织形式
	注册资本	不低于 1500 万美元	不低于 1500 万美元等值货币	（1）不设最低注册资本或认缴出资额限制； （2）可为人民币或外币。
	出资方式	限于货币形式	限于货币形式	货币出资比例无限制
	境外投资者出资金额	除普通合伙人外，其他每个有限合伙人的出资应不低于 100 万美元。	（1）境外机构投资者单笔投资金额不低于 100 万美元等值货币，境外个人投资者单笔投资金额不低于 100 万元人民币； （2）普通合伙人与有限合伙人为同一控制人时，该同一控制人出资占比不超过 50%。	未明确
	境外投资者资金来源	（1）可自由兑换的货币，或； （2）在中国境内获得的人民币利润或因转股、清算等活动获得的人民币合法收益。	（1）可自由兑换的货币，或； （2）境外人民币； （3）在中国境内获得的人民币利润或因转股或清算等活动获得的人民币合法收益。	未明确

续表

境外投资者所需具备的条件	应主要由境外主权基金、养老基金、捐赠基金、慈善基金、投资基金的基金（FOF）、保险公司、银行、证券公司以及联席会议认可的其他境外机构投资者组成。 并应具备下列条件： （1）在其申请前的上一会计年度，具备自有资产规模不低于5亿美元或者管理资产规模不低于10亿美元； （2）有健全的治理结构和完善的内控制度，近2年未受到司法机关和相关监管机构的处罚； （3）境外投资者或其关联实体应当具有5年以上相关投资经历； （4）联席会议要求的其他条件。	（1）具备相应的风险识别能力、风险承担能力的机构或个人； （2）机构投资者需具有健全的治理结构和完善的内控制度，近3年内未受到所在国家、地区司法机关和相关监管机构的处罚；境外机构投资者自有净资产不低于500万美元等值货币； （3）个人投资者需签署股权投资企业（基金）风险揭示书；境内外个人投资者金融资产不低于300万元人民币或近3年年均收入不低于50万元人民币。	未明确
经营范围	（1）在国家允许的范围内，以全部自有资金进行股权投资，具体投资方式包括新设企业、向已设立企业投资、接受已设立企业投资者股权转让以及国家法律法规允许的其他方式； （2）为所投资企业提供管理咨询； （3）经登记机关许可的其他相关业务。		使用规范性表述的营业范围
投资领域	未明确	应当以《外商投资产业指导目录》为导向，直接投资于实业。	（1）应当采取股权投资方式直接投资于境内非上市公司股权。 （2）投资外商投资限制类领域应符合外商投资法律法规有关规定。
禁止事项	外商投资股权投资企业不得从事下列业务： （1）在国家禁止外商投资的领域投资； （2）在二级市场进行股票和企业债券交易，但所投资企业上市后，外商投资股权投资企业所持股份不在此列； （3）从事期货等金融衍生品交易； （4）直接或间接投资于非自用不动产； （5）挪用非自有资金进行投资； （6）向他人提供贷款或担保； （7）法律、法规以及外商投资股权投资企业设立文件禁止从事的其他事项。	不得从事法律法规禁止从事的事项。	不得投资于国家法律法规规章禁止外商投资的领域。

续表

银行托管	应当委托境内符合条件的银行作为资金托管人。	需委托经国家金融监管部门批准、分行级以上的具备资金托管能力和资质的商业银行机构作为项目资金托管银行。	未明确
外汇	可使用外汇资金对其发起设立的股权投资企业出资，金额不超过所募集资金总额度的 5%，该部分出资不影响所投资股权投资企业的原有属性； 可至托管银行办理外汇资金境内股权投资事宜。	进行利润、股息、红利汇出，需向托管银行提交投资者相关完税证明或税务备案表，经审核通过后方可汇出境外。	出资币种为外币的，应按国家相关规定直接在银行办理结汇和支付手续； 外国投资者在境内因减资、股权转让、清算所得资金和经营利润等，可依法以人民币或外币汇出。

通过上表可以看出，随着我国不断放宽外商投资及外汇管理的相关限制，各地对 QFLP 的要求也在不断放宽，包括但不限于 QFLP 的组织形式、境外投资者所需具备的条件、外汇结汇及使用限制等。但在投资领域方面，QFLP 仍需受限于我国外商投资法律法规的有关规定。

作为《外商投资法》后最新颁布 QFLP 政策的城市，与上海、深圳相比，广州大幅降低了 QFLP 的设立门槛：（1）取消 QFLP 的资格认定，除需进行外商投资企业备案外，QFLP 的设立、登记与备案环节与内资私募基金基本没有区别，充分体现了《外商投资法》下的“准入前国民待遇”原则。（2）取消对 QFLP 注册资本、出资方式、出资币种、出资金额的限制。（3）允许 QFLP 直接在银行办理外币资本金的结汇和支付手续，简化利润、股息、红利汇出等资金的汇出手续。（4）未对境外投资者的出资金额、资金来源、资产数额等进行明确要求。但鉴于《广州市促进外商投资股权投资类企业集聚发展工作指引》仅为原则性规定，不排除广州日后出台具体实施细则对此提出进一步要求的可能。

需要注意的是，各地 QFLP 试点政策可能存在规定不明确之处，同时，部分地区 QFLP 试点政策颁布时间较久（如上海），实践中可能已不再完全根据文本规定操作。因此，建议境外投资者在实际操作时先与当地主管部门沟通确认相关事项。

二、境外投资者间接投资境内私募基金

除直接投资外，境外投资者还可以选择在境内设立外商投资性公司、外商投资企业等实体，由该实体作为有限合伙人间接投资于境内私募基金。

其中，就设立外商投资性公司而言，根据商务部《关于外商投资举办投资性公司的规定》（2015 年修正），“外商投资性公司”是指外国投资者在中国以独资或与中国投资者合资的形式设立的从事直接投资的公司。设立外商投资性公司对境外投资者的要求较高，如申请前一年该投资者的资产总额不低于 4 亿美元、在中国境内已设立了十个以上外商投资企业等。因此，设立外商投资性公司更适合大型跨国公司或国际资产管理公司。

就间接投资这一操作模式本身而言，建议境外投资者在决定是否采用间接投资这一操作模式时重点考虑以下因素：

1. 外汇管理

根据《国家外汇管理局综合司关于完善外商投资企业外汇资本金支付结汇管理有关业务操作问题的通知》（汇综发〔2008〕142 号），我国曾严格限制外商投资企业将资本金结汇所得人民币资金用于境内股权投资。2015 年《商务部国家外汇管理局关于改革外商投资企业外汇资本金结汇管理方式的通知》（汇发〔2015〕19 号）放宽了这一限制。而 2019 年 10 月 23 日发布的《国家外汇管理局关于进一步促进跨境贸易投资便利化的通知》（汇发〔2019〕28 号，以下简称“28 号文”）则直接取消了这一限制，在投资性外商投资企业（包括外商投资性公司、外商投资创业投资企业和外商投资股权投资企业）可依法依规以资本金开展境内股权投资的基础上，允许非投资性外商投资企业在不违反现行外商投资准入特别管理措施（负面清单）且境内所投项目真实、合规的前提下，依法以资本金进行境内股权投资。

需要提请境外投资者注意的是，尽管 28 号文取消了对外商投资企业以结汇资金开展境内股权投资的限制，但截至本文成稿之日，28 号文颁布的时间尚短，各地外汇管理部门及银行是否已实际放开一般外商投资企业外币资本金的结汇及用汇，尚待实践检验。

因此，境外投资者在间接投资模式下能否顺利通过外商投资企业将资金支付至境内私募基金账户，目前尚无法得出确切的结论，在直接投资模式下则不存在此等风险。

2. 成本维护

间接投资模式下，境外投资者需根据《中华人民共和国公司法》《中华人民共和国公司登记管理条例》等法律法规办理外商投资企业的工商设立及变更登记手续，且需在外商投资综合管理信息系统办理设立及变更备案。相对于直接投资模式而言，境外投资者受到的监管更多、需要投入更多维护成本。

3. 权益转让的便利性

间接投资模式下，如果境外投资者日后拟引入新的投资伙伴或退出境内私募基金，可直接在外商投资企业层面进行增资或股权转让。直接投资模式下，上述变更将直接影响境内私募基金的股权结构，需要在基金业协会办理相关变更登记手续。与直接投资模式相比，间接投资模式下境外投资者的变更对境内私募基金的影响更小、手续相对简单。

三、结语

如前所述，目前我国对境外投资者投资境内私募股权投资基金尚未出台全国性的统一政策，各地试点政策也在不断更新。建议境外投资者及其境内合作伙伴在选择具体操作模式时，充分咨询法律、税务及其他专业顾问的意见，以便能够在合法合规的前提下顺利实现各方的商业诉求。

第二章

境内外资本市场的融通及机制创新

沪伦通：规则、实践与展望

杨广水　杨颖菲　程振杨*

2019年6月17日，中国证券监督管理委员会（以下简称“中国证监会”）与英国金融行为监管局（以下简称“FCA”）发布联合公告（以下简称“联合公告”）[①]，原则批准开展沪伦通业务。同日，伦敦证券交易所（以下简称“伦交所”）举行沪伦通西向业务开通及上海证券交易所（以下简称“上交所”）上市公司在伦交所发行的首只全球存托凭证（GDR）产品挂牌仪式，标志着沪伦通业务自2015年首次公布倡议以来，历时数年的论证、筹备后正式落地。

一、沪伦通概览

（一）何为沪伦通

沪伦通是上交所和伦交所之间开展的互联互通机制，指由符合条件的两地上市公司，依照对方市场的法律法规发行存托凭证，并在对方市场的交易所上市交易。[②] 沪伦通包括西向业务和东向业务两个部分。

1. 西向业务

西向业务是指符合条件的上交所上市公司在境外发行全球存托凭证（Global

---

* 杨广水，北京市奋迅律师事务所，合伙人；杨颖菲，奋迅·贝克麦坚时联营办公室，合伙人；程振杨，北京市奋迅律师事务所，律师。

① 中国证监会：《中国证券监督管理委员会　英国金融行为监管局　联合公告》，载“中国证券监督管理委员会”网站（http：//www. csrc. gov. cn/pub/newsite/zjhxwfb/xwdd/201906/t20190617_ 357423. html）2019年6月17日，最后访问时间：2020年6月30日。

② 同上。

Depository Receipt，以下简称“GDR”）并在伦交所主板上市交易。[①]

2. 东向业务

东向业务是指符合条件的伦交所上市公司在中国境内发行中国存托凭证（Chinese Depository Receipt，以下简称“CDR”）并在上交所主板上市交易。[②]（仅为本文之目的，不包括中国香港特别行政区、澳门特别行政区和台湾地区。）

鉴于目前尚无沪伦通东向业务的实践案例，本文将主要就西向业务进行介绍。

（二）沪伦通对发行人的作用

1. 境外融资

西向业务中，上交所上市公司可以其新增股票（而不仅仅是已发行的股票）为基础证券发行 GDR[③]，实现境外融资。

需要说明的是，在起步阶段中的东向业务，伦交所上市公司以其已发行的股票（而无法以新增股票）为基础证券发行 CDR[④]。因此，沪伦通目前并不具备帮助伦交所上市公司在中国境内融资的功能。

2. 提升知名度

GDR 在伦交所上市，通过相关国际研究分析师的报告和媒体报道，可以吸引国际投资者的关注，提高上交所上市公司在英国乃至全球的存在感和认知度，提高在英国证券市场的声誉。在沪伦通起步阶段，鉴于上交所上市公司发行的 GDR 产品较少，更容易吸引各方关注，其知名度的提升作用将更加明显。

3. 符合国家鼓励的政策方向

沪伦通是深化中英两国金融领域互利务实合作的重要举措和标志，有利于加强两国资本市场联系，深化两国资本市场发展，提升上海和伦敦市场国际金融中心地位。[⑤] 上交所上市公司通过沪伦通在伦交所发行 GDR 上市，从长远角

---

① 中国证监会：《中国证券监督管理委员会　英国金融行为监管局　联合公告》，载“中国证券监督管理委员会”网站（http://www.csrc.gov.cn/pub/newsite/zjhxwfb/xwdd/201906/t20190617_357423.html）2019 年 6 月 17 日，最后访问时间：2020 年 6 月 30 日。

② 同上。

③ 同上。

④ 同上。

⑤ 同上。

度而言，符合国家鼓励的政策方向。

（三）沪伦通与沪港通的区别

沪伦通与沪港通一样，都是交易所之间的互联互通机制，但沪伦通与沪港通在市场机制、交易标的、投资范围等方面也有显著的不同，具体如下：

区别	沪港通	沪伦通
市场机制	沪港通是二级市场的交易机制，一地投资者可以通过该机制购买另一地上市公司已发行上市的股票。	沪伦通是涵盖一级市场发行和二级市场交易的机制。该机制下不但可以就已发行的股票对应的存托凭证进行二级市场交易，对于西向业务而言，上交所上市公司还可以以新增股票在伦交所发行 GDR，实现一级市场的证券发行。
交易标的	沪港通项下交易标的是另一地交易所上市的股票。具体而言，中国境内的投资者委托上交所在香港设立的证券交易服务公司，购买香港联合交易所（以下简称“港交所”）上市公司的股票，交易标的即由上交所的证券交易服务公司代中国境内的投资者持有的港交所上市公司股票。 同样地，香港的投资者委托港交所在上海设立的证券交易服务公司，购买上交所上市公司的股票，交易标的即由港交所的证券交易服务公司代香港的投资者持有的上交所上市公司股票。	沪伦通项下交易标的是本地交易所上市的存托凭证。具体而言，尽管 CDR 对应的基础股票系在伦交所上市，但 CDR 本身是中国境内发行的产品，中国境内的投资者所持 CDR 系由中国境内的存托人发行，或与中国境内其他投资者交易取得，CDR 的发行和交易行为发生在中国境内。而 GDR 对应的基础股票虽系在上交所上市，但 GDR 本身是中国境外发行的产品，海外投资者所持 GDR 系由海外的存托人发行，或与海外其他投资者交易取得，GDR 的发行和交易行为发生在海外。
投资范围	沪港通项下可以投资的股票范围系由监管机构划定，范围内的股票均自动可通过沪港通机制进行买卖。根据《上海证券交易所沪港通业务实施办法》第十六条的规定，沪港通项下沪股通股票包括上证 180 指数成分股、上证 380 指数成分股和 A + H 股上市公司的上交所上市 A 股，香港及海外投资者可以通过沪港通投资该等范围内的上交所上市公司股票，而无须上交所上市公司主动申请将本公司股票纳入沪港通投资范围。反之，中国投资者可通过沪港通投资基于相关规则或监管机构决定被纳入港股通范围内的公司股票，而无须港交所上市公司主动申请将本公司股票纳入沪港通投资范围。	而沪伦通项下虽然两地监管机构划定了对于在本地发行存托凭证对应的另一地基础证券发行人范围，但并非进入该范围公司的股票即被自动纳入沪伦通交易系统。是否在另一地发行存托凭证并上市交易，均由基础证券发行人自主选择并经两地监管机构批准。截至 2020 年 6 月 30 日，沪伦通项下可供交易的存托凭证仅华泰证券股份有限公司（以下简称“华泰证券”）、中国太平洋保险（集团）股份有限公司（以下简称“中国太保”）在伦交所发行的 GDR；全球投资者尚无法通过沪伦通机制投资其他上交所上市公司，中国境内投资者亦无法通过沪伦通机制投资伦交所上市公司。

二、规则：沪伦通业务的相关监管要求

（一）境内监管要求

1. 西向业务的境内审批程序

在伦交所发行 GDR 的中国发行人必须符合两地监管机构（中国证监会、FCA、上交所、伦交所）的资格标准。对于西向业务而言，上交所上市公司以其新增股票为基础证券在境外发行存托凭证，或者以其已发行股票为基础证券在境外上市存托凭证的，应当符合《中华人民共和国证券法》《国务院关于股份有限公司境外募集股份及上市的特别规定》等法律法规及中国证监会关于境内企业境外发行或上市证券的有关规定，并取得中国证监会的核准。如发行人系国有企业的，还应取得相关国有资产管理部门的批准。

发行人需向中国证监会提交如下主要材料：（a）申请报告及相关文件（如股东大会及董事会决议、营业执照、公司章程等）；（b）行业监管部门出具的监管意见书（如适用）；（c）募集资金投资项目的审批、核准或备案文件（如适用）；（d）近三年税务部门出具的纳税证明；（e）境内法律意见书；（f）招股说明书（中文草稿）。①

2. 禁止在境外发行存托凭证的情形

根据《关于上海证券交易所与伦敦证券交易所互联互通存托凭证业务的监管规定（试行）》（以下简称《监管规定》）第十七条，上交所上市公司存在下列情形之一的，不得以其新增股票为基础证券在境外发行存托凭证：（a）发行申请文件有虚假记载、误导性陈述或者重大遗漏；（b）上交所上市公司的权益被控股股东或者实际控制人严重损害且尚未消除；（c）上交所上市公司及其附属公司违规对外提供担保且尚未解除；（d）现任董事、高级管理人员最近36个月内受到过中国证监会的行政处罚，或者最近12个月内受到过证券交易所公开谴责；（e）上交

---

① 中国证监会：《［行政许可事项服务指南］股份有限公司境外公开募集股份及上市（包括增发）审批》，载“中国证券监督管理委员会”网站（http：//www. csrc. gov. cn/pub/zjhpublic/G00306214/201907/t20190722_ 359621. htm）2019 年 7 月 22 日，最后访问时间：2020 年 6 月 30 日。

所上市公司或者其现任董事、高级管理人员因涉嫌犯罪正被司法机关立案侦查或者涉嫌违法违规正被中国证监会立案调查；（f）最近一年及一期财务报告被注册会计师出具保留意见、否定意见或者无法表示意见的审计报告。保留意见、否定意见或者无法表示意见所涉及事项的重大影响已经消除或者本次发行涉及重大重组的除外；及（g）严重损害投资者合法权益和社会公共利益的其他情形。

3. 募集资金的要求

沪伦通起步阶段，对沪伦通跨境资金实行总额度管理；其中，西向业务总额度为3000亿元人民币。[①] 除前述跨境资金总额度的限制外（并非针对单一发行项目），募集资金并无明确上限，其募集资金总额与发行数量和发行价格挂钩。关于西向业务募集资金的主要规定如下：

（1）发行价格

根据《监管规定》第十八条，境内上市公司以其新增股票为基础证券在境外发行存托凭证的，发行价格按比例换算后原则上不得低于存托凭证发行期首日前20个交易日基础股票收盘价均价的90%。

（2）发行数量

根据《监管规定》第二十条，境内上市公司在境外发行上市的存托凭证在存续期内的份额数量不得超过中国证监会核准的数量上限，因境内上市公司送股、股份分拆或者合并、转换比例调整等原因导致存托凭证增加或者减少的，数量上限相应调整。

就GDR发行，目前相关法规对于“中国证监会核准的数量上限”并无明确规定。而《监管规定》第二十五条规定，单个境外投资者持有单一境内上市公司权益的比例不得超过该公司股份总数的10%；境外投资者持有单一境内上市公司A股权益的比例合计不得超过该公司股份总数的30%；境外投资者依法对境内上市公司战略投资的除外。

尽管GDR存托人系代表众多投资者持有发行人的基础股票，但从形式上GDR存托人属于“单个境外投资者”，因此其代表GDR投资者持有的发行人权

---

① 中国证监会：《中国证券监督管理委员会　英国金融行为监管局　联合公告》，载“中国证券监督管理委员会”网站（http：//www. csrc. gov. cn/pub/newsite/zjhxwfb/xwdd/201906/t20190617_ 357423. html）2019年6月17日，最后访问时间：2020年6月30日。

益的比例不得超过发行人股份总数的10%，即发行GDR对应的基础A股数量不超过公司股票总数的10%。

（3）募集资金用途

根据《国家外汇管理局关于境外上市外汇管理有关问题的通知》（汇发〔2014〕54号）第九条，境内公司境外上市募集资金可调回境内或存放境外，资金用途应与招股说明文件所列相关内容一致。该通知还取消了境外上市外资股项下境外募集资金调回结汇审批，境外上市企业凭业务登记凭证可在银行直接办理结汇。

（二）英国监管要求

1. 西向业务的英国审批程序

在伦交所上市GDR需进入FCA官方上市名单，并应取得在伦交所主板市场沪伦通板块交易的许可。

FCA关于许可沪伦通机制下GDR上市的相关要求主要载于FCA公布的《上市规则》（Listing Rules）内，相关要求也同样适用于非沪伦通机制下GDR上市。FCA将对发行人的上市资格进行审查，并将审核和批准招股说明书。

如招股说明书草案已基本完成，可将其提交给FCA审核。FCA的初始审核最多需要10个工作日，随后的审核最多需要5个工作日。一般而言，发行人或相关机构可能需提交数轮材料，以回应FCA的所有意见和关切，而后FCA才会批准招股说明书，并将其公布。招股说明书自公布之日起一年内有效，但如有重大失实或出现新的重大情况，则须另附补充招股说明书。

2. 上市资格的主要审查要素

如以标准上市方式进入FCA官方上市名单的，FCA将就如下主要要素审查发行人是否具有上市资格：

（1）正式成立（Due Incorporation）：发行人必须正式成立，并根据其章程开展经营。

（2）有效（Validity）：发行人发行基础证券及GDR必须：（a）符合中国的法律法规；（b）根据公司章程的规定获得正式授权；（c）取得上市所需任何法定或其他同意。

（3）许可（Admission）：发行人必须在申请GDR进入FCA官方上市名单的

同时，申请 GDR 进入伦交所的主板市场交易。

（4）可转让性（Transferability）：获得上市许可后，基础证券和 GDR 必须：（a）可自由转让，且无转让限制；（b）全额缴款，未设定抵押或质押，且转让权不受任何限制。

（5）资本化（Capitalisation）：拟上市的 GDR 的总市值须超过 70 万英镑（伦交所可以豁免该要求）。

（6）全部上市（Application for all GDRs）：需针对全部拟发行的 GDR 申请许可。

（7）电子结算（Electronic settlement）：GDR 须可以进行电子结算。

（8）招股说明书（Prospectus）：须制作招股说明书，并在获得 FCA 批准后公布。

（9）自由流通（Free float）：发行的 GDR（并非基础证券）中至少 25% 系由无关联的公众投资者持有（伦交所可以豁免该要求）。

（10）存托义务（Depositary obligations）：GDR 不得对存托人设定义务，除非为保护 GDR 持有人对基础证券的权利和权利的转让有必要。

（11）存托安排（Depositary arrangements）：受限于发行人支付相关报酬和费用，存托人发行 GDR 必须设定适当的安排以维护 GDR 持有人对于基础证券的权利，以及对于基础证券和可能收到的金钱、利益的所有相关权利。

此外，伦交所《许可和披露标准》（Admission and Disdosure Standards）要求沪伦通机制下的发行人：（a）股票在上交所上市，以及（b）最低市值 200 亿元人民币。

3. 招股说明书的主要内容

除前述上市资格的审查外，发行人须准备一份招股说明书。根据欧洲议会和欧洲理事会 2017 年 6 月 14 日颁布的 2017/1129 号规定（“招股说明书规例”）[1]，招股说明书中须包括如下主要内容：

（1）责任声明（Responsibility statement）：发行人及其董事和任何其他对招

---

① 鉴于英国已正式脱离欧盟，“脱欧”过渡期后，在伦交所发行 GDR 适用的招股说明书相关规则可能发生调整。

股说明书负责的人士已经尽到合理的注意义务以确保招股说明书中的信息在他们所知的最大限度内符合事实，并且不存在可能影响其含义的疏漏。

（2）风险因素（Risk factors）：描述公司、其业务、行业、经营区域的风险，以及与证券本身（基础证券和GDR）相关的风险。

（3）发行人信息（Information about the issuer）：发行人的技术性资料，如公司全称、注册地点、组织架构及成立日期。

（4）业务描述（Business description）：描述关于发行人的业务、经营和活动，以及所销售的产品和/或提供的服务的信息。发行人参与的诉讼概述、有关发行人的主要法规以及发行人经营所处行业的概况（发展趋势、竞争对手等）也可在此或单独章节中列出。

（5）财务信息（Financial information）：招股说明书须包括发行人（或其集团）最近三个财务年度的历史财务信息（如公司成立至今不足三个财务年度，则自成立以来的财务信息），如果发行人业务发生“重大变化”（Significant gross change），则必须包括模拟财务信息。

FCA要求财务报表按照国际财务报告准则或被认为等效于国际财务报告准则的国家会计准则编制（如中国公认会计准则）。如果使用中国的审计事务所，则其必须在GDR在伦交所上市后、发行人发布下一份财务报告前，在英国财务报告委员会（Financial Reporting Council）注册。

（6）经营及财务回顾（Operating and financial review）：记载发行人历年及中期财务状况及经营成果，以及对发行人收入及经营有重大影响或可能有重大影响之重大因素、政策或发展。

（7）管理（Management）：有关发行人治理结构和高级管理人员的信息。

（8）全球存托凭证（GDRs）：与存托人有关的资料、GDR的条款和条件、关于GDR持有人安排的说明。

除前述内容外，招股说明书还需包括发行人股本描述、营运资本充足的声明、募集资金用途、重大合同、关联交易等信息。

此外，除招股说明书规例规定的内容，英国《2000年金融服务及市场法》（UK Financial Services and Markets Act 2000）亦规定招股说明书须遵守关于披露的一般责任要求，即招股说明书应包括“对于投资者就如下事项进行知情评估重要的必要信息：（a）证券发行人的资产与负债、损益、财务状况和前景；（b）该等证券的附属权利；（c）发行的理由及其对发行人的影响”。与 FCA 批准的任何其他招股说明书一样，这项责任也适用于通过沪伦通发行并上市 GDR 所制备的招股说明书。

三、实践：沪伦通业务的开展情况

2019 年 6 月 17 日，伦交所举行华泰证券在伦交所发行的首只 GDR 产品挂牌仪式，华泰证券成为第一家通过沪伦通发行 GDR 的公司。

2020 年 6 月 22 日，中国太保发行的 GDR 在伦交所上市，中国太保成为第二家通过沪伦通发行 GDR 的公司。

根据公开信息检索，截至 2020 年 6 月 30 日，上交所上市公司发行或拟申请发行 GDR 的公司情况如下：

企业名称	发行阶段	发行 GDR 数量	发行基础股票数量	GDR 与基础股票的对应关系	基础股票数量占股份总数的比例	每份 GDR 发行价格①	对应每股基础股票发行价格	募集资金
华泰证券	已发行	82515000 份	825150000 股	每 1 份 GDR 对应 10 股基础 A 股股票。	9.09%	20.50 美元	2.05 美元	16.916 亿美元
中国太保	已发行	102873300 份（超额配售权行使前）	514366500 股（超额配售权行使前）	每 1 份 GDR 对应 5 股基础 A 股股票。	5.37%（超额配售权行使前）	17.60 美元	3.52 美元	18.106 亿美元（超额配售权行使前）
国投电力控股股份有限公司	（a）已获得国务院国有资产监督管理委员会批复；（b）获得中国证监会批复；（c）注册文件获得 FCA 批准并刊发。	不超过 67860233 份	不超过 678602334 股	每 1 份 GDR 对应 10 股基础 A 股股票。	不超过本次发行前普通股总股本的 10%。	—	—	—
中国长江电力股份有限公司	董事会审议通过发行 GDR 的有关议案。	—	不超过 1100000000 股	—	不超过本次发行前普通股总股本的 5%。	—	—	—

① 华泰证券、中国太保、国投电力控股股份有限公司的公告中，发行价格均写明经折算后不低于每股净资产。

四、展望：沪伦通业务的发展趋势

如前文所述，沪伦通跨境资金实行总额度管理。为抢占额度，此前不少上交所上市公司有意通过西向业务发行 GDR。近期随着中国太保发行第二单沪伦通 GDR 产品，沪伦通再次成为市场热点，吸引了众多关注。从长远角度而言，沪伦通业务符合国家鼓励的政策方向，但鉴于其具有重大的政治意义，中英两国间如发生负面的政治、外交事件，亦可能在短期内影响沪伦通业务的开展。

创新产业公司在香港上市的发展状况

韩冰*

序 言

2018年4月24日，香港联合交易所有限公司（以下简称“港交所”）发布了《新兴及创新产业公司上市制度资讯总结》及经修订的《主板上市规则》（以下简称《上市规则》），扩展原有的主板上市机制欢迎新兴及创新产业公司在香港上市。新上市机制已于2018年4月30日生效，新增的《上市规则》主要在以下三个方面进行了突破：

1. 不同投票权（以下简称“同股不同权”）章节（第8A章）—允许拥有同股不同权结构的创新产业公司在香港上市；

2. 生物科技公司章节（第18A章）—主要适用于不能满足《上市规则》第8章对上市所要求的“盈利测试”或“市值/收益测试”或“市值/收益/现金流量测试”，但寻求在港交所主板上市的生物科技公司；

3. 合资格发行人第二上市章节（第19C章）—设立新的便利渠道，方便已在纽交所、纳斯达克或伦交所主市场“高级上市”分类上市的创新产业公司在香港进行第二上市。

本文简述自新上市机制生效后相关创新产业公司在香港上市的发展情况。

* 韩冰，北京市奋迅律师事务所，高级顾问。

一、同股不同权公司（第8A章）

（一）已上市案例

同股不同权上市公司的股份名称结尾均有“W”标记。自2018年4月30日起至2020年3月31日止，共有3家同股不同权公司已在港交所主板上市，即小米集团－W、美团点评－W及阿里巴巴－SW。小米集团及美团点评两家分别为港交所2018年第二大及第三大集资额最高的新上市公司①，而阿里巴巴则成为港交所2019年集资额最高的新上市公司。②

根据同股不同权公司章节上市的情况（截至2020年3月31日）						
	股份简称	股份代号	上市日期（日/月/年）	主要营运地点	集资额	不同权股份的投票权
1.	小米集团－W（Xiaomi－W）	1810	09/07/2018	北京	约426亿港元	“A类股份”持有人有权就股东大会上表格内所列任何决议案享有每股十票的权利，唯就有关保留事项的决议案享有每股股份一票的投票权。
2.	美团点评－W（Meituan Dianping －W）	3690	20/09/2018	北京	约331亿港元	
3.	阿里巴巴－SW（BABA －SW）	9988	26/11/2019	杭州	约1076亿港元	阿里巴巴只有单一类别的股份，每一股份对应一票表决权。但根据《公司章程》，“阿里巴巴合伙”拥有提名（或在有限情况下委任）董事会简单多数成员的专属权利。因此，阿里巴巴被视为一家有同股不同权架构的公司。

① 港交所2018年市场统计数据（https：//www. hkex. com. hk/ －/media/HKEX － Market/Market － Data/Statistics/Consolidated － Reports/Annual － Market － Statistics/c_ 2018 － Market － Statistics. pdf ），第7页。

② 港交所2019年市场统计数据，第7页。

（二）主要特点

以下通过几张表格列载“同股不同权”上市的主要特点。

1. 同股不同权公司的上市资格及基本条件——什么样的公司可以设置“同股不同权”来香港上市？

	要求	重点
1.	市值	（a）上市时市值至少为400亿港元；或 （b）上市时市值至少为100亿港元且经审计的最近一个会计年度收益至少为10亿港元。
2.	合适性	· 新申请人必须向港交所证明其合资格及适合以不同投票权架构上市。 · 只限新上市的申请人，已上市公司不可以申请更改为“不同投票权”架构。
3.	必须是创新产业公司	创新产业公司应具备多于一项的下述特点： · 能证明公司成功运营有赖其核心业务应用了新科技、创新理念及/或新业务模式，使得公司有别于现有的行业竞争者。 · 研究及开发为公司贡献一大部分的预期价值，是公司的主要活动，占大部分开支。 · 能证明公司成功运营有赖其独有业务特点或知识产权及/或相对于有形资产总值，公司的市值/无形资产总值极高。
4.	业务经营成功	业务经营成功，具备高增长业务的纪录并预计可持续（可用业务活动、使用者、客户、收益、盈利或市场价值等营运数据客观计量）。
5.	外界认可	必须已得到至少一名“资深投资者”提供相当数额的第三方投资。“资深投资者”是指经考虑其净资产或管理资产、相关投资经验以及于相关范畴的知识及专业技能等方面的因素后，港交所认为具备丰富经验的投资者。

2. 对不同投票权受益人的限制——谁可以持有“超级投票权”？

	限制	重点
1.	只限个人	对推动公司业务增长有重大贡献。
2.	只限董事	每名不同投票权受益人在上市时及其后必须一直担任公司董事。
3.	最低持股量	上市时合共持股至少10%。

续表

4.	禁止转让	·自然的日落条款：如不同投票权受益人身故、不再是发行人董事或港交所认为其无行为能力履行董事职责或其不再符合《上市规则》所载的关于董事的规定，不同投票权受益人于上市发行人的不同投票权必须终止。 ·受益人所持的不同投票权股份，在股份的实益拥有权或经济利益转让于另一人，或股份所附投票权的管控（透过代表或其他方法）转让于另一人后，该等股份所附带的不同投票权即必须终止，但并非为规避该条规定的信托安排及合法的税务规划除外。

3. 股东保障措施——“同股不同权”有哪些主要限制?

	股东保障措施	重点
1.	上市时的经济利益	首次申请上市时，不同投票权的受益人实际拥有的公司相关经济利益合计不少于10%。
2.	上市后股份比例	具有不同投票权的股份类别不得流通，也不得将股份比例增至超过上市时该等股份所占比例。
3.	投票权	·不同投票权股份的投票权不得超过普通股可就任何股东大会议案投票权的10倍。 ·普通股股东必须至少占股东大会议案合资格投票权的10%。
4.	重大事宜	以下重大事宜必须按“一股一票”的基准投票表决： ·修订组织章程文件； ·委任及罢免独立非执行董事； ·委聘及辞退核数师（审计师）； ·任何类别股份所附带权利的变动； ·上市发行人自愿清盘。

二、生物科技公司（第18A章）

（一）已上市案例

根据新增的香港上市规则第18A章的规定，即使生物科技公司无法满足三年业绩期，甚至尚未录有任何收入，在满足一定条件的情况下，仍然可以申请在港交所上市。自 2018 年 4 月 30 日推出新上市制度以来，截至 2020 年 3 月 31 日，共有 15 家根据上市规则第 18A 章上市的未有收入的生物科技公司。

根据《上市规则》第 18A 章已经上市的未有收入公司（股份名称后面注有“B”的公司）情况（截至 2020 年 3 月 31 日）					
	股份简称	**股份代号**	**上市日期（日/月/年）**	**主要营运地点**	**集资额**
1.	歌礼制药 – B（Ascletis – B）	1672	01/08/2018	杭州	约 31.3 亿港元
2.	百济神州①（BeiGene）	6160	08/08/2018	北京	约 70.8 亿港元
3.	华领医药 – B（Hua Medicine – B）	2552	14/09/2018	上海	约 8.9 亿港元
4.	信达生物 – B（Innovent Bio – B）	1801	31/10/2018	苏州	约 38 亿港元
5.	君实生物 – B（Junshi Bio – B）	1877	24/12/2018	上海	约 30.8 亿港元
6.	基石药业 – B（CStone Pharma – B）	2616	26/02/2019	上海	约 26 亿港元
7.	康希诺生物② – B（CanSinoBio – B）	6185	28/03/2019	天津	约 14 亿港元
8.	迈博药业 – B（Mabpharm – B）	2181	31/05/2019	泰州	约 12 亿港元
9.	上海复宏汉霖 – B（Henlius – B）	2696	25/09/2019	上海	约 32 亿港元
10.	亚盛医药集团 – B（Ascentage – B）	6855	28/10/2019	苏州	约 4.8 亿港元
11.	东曜药业 – B（TOT BIOPHARM – B）	1875	8/11/2019	苏州	约 5.9 亿港元
12.	中国抗体制药 – B（SinoMab Bio – B）	3681	12/11/2019	香港	约 13.8 亿港元

① 百济神州自 2019 年 7 月 10 日起将“B”标记从其股份名称及股票简称中移除。

② 2019 年 10 月 14 日，康希诺生物公告向上海证券交易所科创板申请批准 A 股在上交所科创板上市及买卖。

续表

	股份简称	股份代号	上市日期（日/月/年）	主要营运地点	集资额
13.	启明医疗－B（Venus Medtech（Hangzhou）－B）	2500	10/12/2019	杭州	约 29.8 亿港元
14.	康宁杰瑞制药－B（Alphamab Oncology－B）	9966	12/12/2019	苏州	约 21 亿港元
15.	诺诚健华医药－B（InnoCare Pharma－B）	9969	23/3/2020	北京	约 22.4 亿港元

百济神州：由未有收入的生物科技“B”公司转为普通上市。

百济神州于 2016 年 2 月 8 日在纳斯达克全球精选市场（Nasdaq Global Select Market）上市，并自 2018 年 8 月 8 日起在中国香港及美国两地上市。百济神州的首次公开招股集资额约 70.8 亿港元，为港交所 2018 年第八大集资额最高的新上市公司。[①] 根据公告[②]，百济神州于 2019 年 6 月 27 日的市值超过 580 亿港元，远超一般主板上市“市值/收益测试”所要求的最低市值 40 亿港元，而其于 2018 年度的收入（不包括合作收入）为 1.3 亿美元（约 10 亿港元），远超该测试所要求的最低收入 5 亿港元，满足“市值/收益”测试。百济神州符合主板普通上市条件，经港交所批准，已于 2019 年 6 月 28 日转为普通上市。

（二）上市资格及基本条件

港交所对生物科技公司的上市要求大致可分为三类，即合适性要求、资格性要求及基本上市条件。其中，基本上市条件（包括但不限于控股股东的禁售期、长居香港的管理层人员、授权代表等）与其他普通上市的要求相同。下面表格主要列载资格性要求和合适性要求的要点。

① 港交所 2018 年市场统计数据（https：//www. hkex. com. hk/－/media/HKEX－Market/Market－Data/Statistics/Consolidated－Reports/Annual－Market－Statistics/c_ 2018－Market－Statistics. pdf），第 7 页。

② 2019 年 6 月 28 日百济神州在港交所刊发的公告：https：//www1. hkexnews. hk/listedco/listconews/sehk/2019/0628/ltn201906281538_ c. pdf。

1. 资格性要求

	要求	重点
1.	市值	上市时的市值至少达15亿港元。
2.	业绩记录	上市前最少两个会计年度，公司必须已由大致相同的管理层经营现有的业务。
3.	运营资金	公司必须确保有充足的运营资金应付集团由上市文件刊发日期起计至少12个月所需开支的至少125%，包括：(i) 一般、行政及运营成本；及 (ii) 研发开支。

2. 合适性要求

	要求	重点
1.	公司是“生物科技公司”	该生物科技公司必须主要从事生物科技产品（包括流程或技术）的研发、应用或商业化发展。
2.	公司必须拥有至少一个已经通过概念阶段的核心产品	四类核心产品的类型及外部发展目标包括： · 医药（小分子药物）：通过第一阶段临床试验并且主管当局不反对开展第二阶段临床实验。 · 生物制剂：通过第一阶段临床试验并且主管当局不反对开展第二阶段临床实验。 · 医疗器材：该产品是有关主管当局分类标准项下的第二级或以上分类医疗器材；该产品至少通过一次人体临床实验并且主管当局不反对申请人开展进一步临床试验。 · 其他生物科技产品：港交所将按情况逐一个别考虑。
3.	核心产品受主管当局规管	核心产品必须经过下列其中一个主管当局的评估审批： · 美国食品和药物管理局（FDA）； · 国家药品监督管理局（NMPA）［原称“中国国家食品药品监督管理总局”（CFDA）］； · 欧洲药品管理局（EMA）；或 · 港交所酌情视为认可的其他国家级或超国家级的机关。
4.	拥有多项潜在产品	若该生物科技公司从事研发医药（小分子药物）产品或生物制剂产品的研发，该公司必须证明其拥有多个潜在产品。

续表

5.	从事研发	上市前至少12个月，该生物科技公司必须一直从事其核心产品的研发，若该核心产品是外购许可技术或购自第三方的核心产品，该公司必须能展示外购许可技术或购得产品以来的研发进度。
6.	上市所得用于研发	该生物科技公司上市集资的所得金额必须主要用于研发和将商业化核心产品推出市场。
7.	注册专利	该生物科技公司必须拥有与其核心产品有关的已注册专利、专利申请及/或知识产权。
8.	获得一名资深投资者相当数额的投资	上市日期前至少六个月直到上市，该生物科技公司必须已获得至少一名第三方资深投资者相当数额的投资。港交所会就投资者是否资深进行个别分析，考虑的因素有：(a)其净资产额或管理的资产额；(b)相关投资经验及(c)在相关领域的知识和专业技能。 “相当数额的投资”指根据申请人的市值，以滑动比例判断何为相当数额的投资。如果申请人的市值为15亿至30亿港元，则投资占申请人上市时已发行股份不少于5%；如果申请人的市值为30亿至80亿港元，则投资占申请人上市时已发行股份不少于3%；如申请人市值高于80亿港元，则投资占申请人上市时已发行股份不少于1%。
9.	公众持股量	在上市时，核心公众持股量须不少于3.75亿港元；只要符合此规定，基石投资者及首次公开招股前的投资者在首次公开招股中认购的股份可计入其余的公众持股量。①

三、第二上市公司（第19C章）

阿里巴巴——首家在港交所作第二上市的同股不同权公司。

1. 第二上市②

2014年，内地网络行业巨擘阿里巴巴集团控股有限公司（以下简称“阿里

① 资料来源：《上市规则》第18A.07条；2018年4月24日港交所新闻发布会的演示文稿，第12页。

② 阿里巴巴招股书第125页及第391页“关于上市的资料”及“募集资金用途”。

巴巴”）首次申请上市时，香港市场禁止同股不同权架构公司上市，令阿里巴巴最终选择在美国纽约证券交易所（以下简称“纽交所”）上市。2018 年 4 月 30 日，港交所《上市规则》第 19C 章（合资格发行人第二上市章节）条文生效。阿里巴巴具有资格以同股不同权架构在港交所作第二上市，并已于 2019 年 11 月 26 日在港交所主板上市。连同 2019 年 12 月 3 日悉数行使超额配股权后，阿里巴巴集资总额约为 1076 亿港元（约 138 亿美元），为港交所历来第三大集资额最高的首次公开招股公司。

2. 同股不同权[①]

阿里巴巴只有单一类别的股份，每一股份对应一票表决权。但根据阿里巴巴《公司章程》，由创始人马云及合伙成员组成的“阿里巴巴合伙”（Alibaba Partnership）拥有提名（或在有限情况下委任）董事会简单多数成员的专属权利。这些权利在《上市规则》项下被归类为同股不同权架构。因此，阿里巴巴被视为一家有同股不同权架构的公司。

3. 例外及豁免[②]

由于阿里巴巴根据《上市规则》第 19C 章要求申请上市，其可不受很多《上市规则》条款限制，包括但不限于须予披露交易、关联交易、股票期权计划、财务报表内容以及若干其他持续性责任。此外，阿里巴巴为其上市申请了多项严格遵守《上市规则》、《公司（清盘及杂项条文）条例》和《证券及期货条例》的豁免。这些豁免包括权益披露、会计师报告披露、公司证券月报表等相关内容，能够减轻阿里巴巴在香港上市后的持续合规责任。

---

① 阿里巴巴招股书第 15 页。

② 阿里巴巴招股书第 133—134 页“豁免遵守《香港上市规则》及豁免严格遵守《公司（清盘及杂项条文）条例》”。

中资企业境外发债的主要发行结构及相关法律问题

王湘红　贺园丁*

近年来，境外发债已成为以房地产企业、城投公司、金融机构等为代表的各类中资企业融资的重要方式之一。本文拟结合笔者的实操经验，对目前实践中中资企业境外发债采取的主要发行结构及其比较，以及与之相关的中国法下的主要法律问题进行简要介绍和分析，以供相关从业者参考。

一、中资企业境外发债的主要发行结构简介

就目前中资企业境外发债实务操作中常见的五种发行结构，笔者以图示方式简要介绍如下：

（一）境内企业直接发行结构

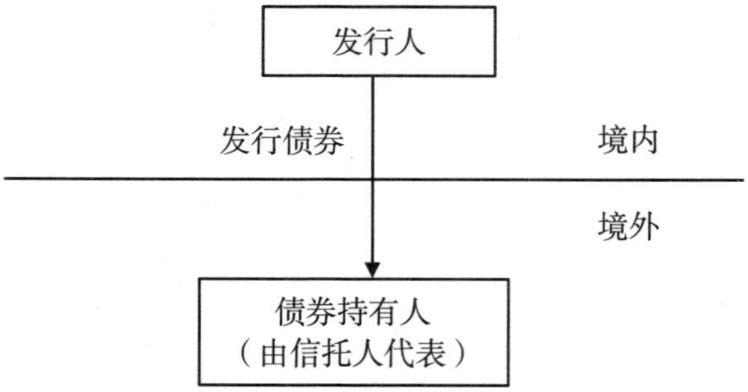

* 王湘红，奋迅·贝克麦坚时联营办公室，合伙人；贺园丁，奋迅·贝克麦坚时联营办公室，律师。

（二）境外子公司发行+境内母公司担保结构

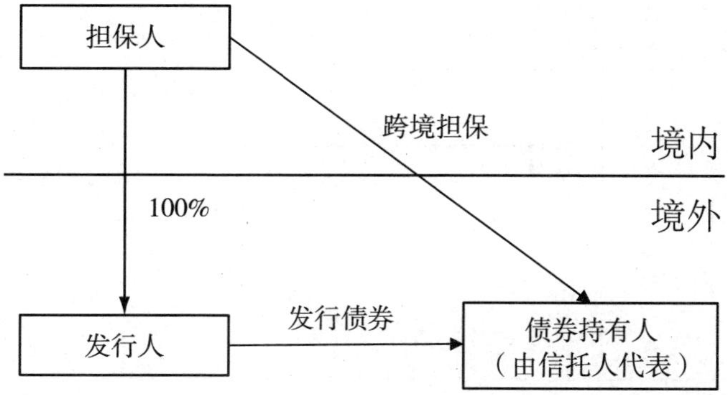

（三）境外子公司发行+境内母公司提供流动性支持（维好+股权购买承诺）结构

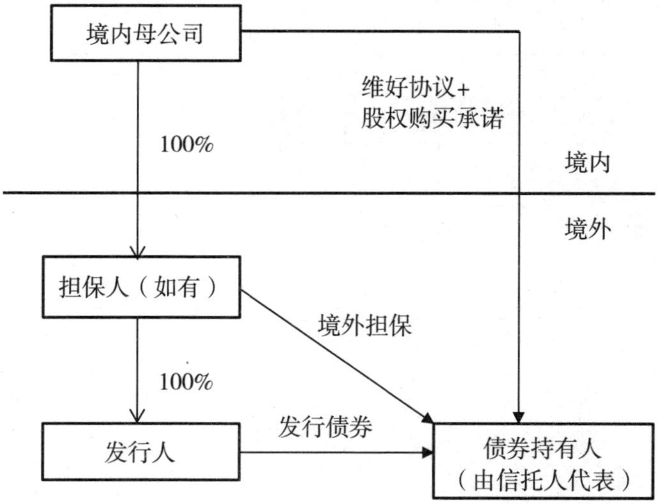

(四) 境外子公司发行+银行备用信用证担保结构

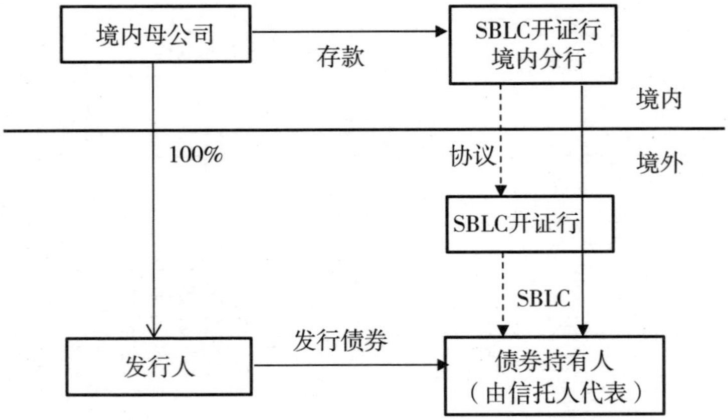

(五) 小红筹架构发行结构

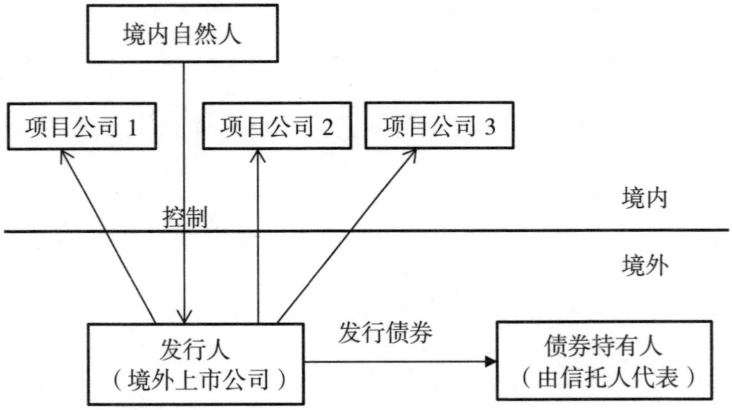

二、中资企业境外发债主要发行结构的比较

就中资企业境外发债上述五种主要发行结构的比较，笔者以表格形式简要列示如下：

	境内企业直接发行结构	境外子公司发行+境内母公司担保结构	境外子公司发行+境内母公司提供流动性支持（维好+股权购买承诺）结构	境外子公司发行+银行备用信用证担保结构	小红筹架构发行结构
审批备案要求（假设债券期限1年以上）①	·发改委2044号文备案及报告。 ·国家外汇管理局（以下简称“外管局”）外债登记。	·发改委2044号文备案及报告。 ·外管局内保外贷登记。	·发改委2044号文备案及报告。 ·未来执行维好协议及股权购买承诺时涉及相应的境外放款、ODI/FDI审批登记备案手续。	·发改委2044号文备案及报告。 ·（如备用信用证由境内银行开立）备用信用证开证行需向外管局在线报送内保外贷信息。	·发改委2044号文备案及报告。
募集资金用途	·可以用于境外或境内，以债权或股权方式回流需遵守相应的外债及FDI等入境手续。 ·建议事先沟通发改委及外管局。	·《跨境担保外汇管理操作指引》项下针对“内保外债”特殊类型交易项下募集资金用途存在限制，但目前实务操作中外管局并未严格执行该等限制性规定；以债权或股权方式回流需遵守相应的外债及FDI等入境手续。 ·建议事先沟通发改委及外管局。	·可以用于境外或境内，以债权或股权方式回流需遵守相应的外债及FDI等入境手续。 ·建议事先沟通发改委。	·《跨境担保外汇管理操作指引》项下针对“内保外债”特殊类型交易项下募集资金用途存在限制，但目前实务操作中外管局并未严格执行该等限制性规定；以债权或股权方式回流需遵守相应的外债及FDI等入境手续。 ·建议事先沟通发改委及外管局/信用证开证行。	·可以用于境外或境内，以债权或股权方式回流需遵守相应的外债及FDI等入境手续。 ·建议事先沟通发改委。
评级	·债券评级通常与发行人评级相同。	·债券评级通常与担保人评级相同。	·债券评级通常比担保结构稍低。	·经适当安排信用结构，债券评级可与备用信用证开证行信用级别相同。	·债券评级通常与发行人评级相同。

① （1）对于采用境内企业直接发行结构的境外发债项目而言，境内发行人需要同时遵守《中国人民银行关于全口径跨境融资宏观审慎管理有关事宜的通知》（银发〔2017〕9号）项下跨境融资宏观审慎管理的外债额度及外债签约备案（登记）等要求（亦适用于1年期以下外债）；根据《（2017）全口径跨境融资宏观审慎管理政策问答（第一期）》，对于已取得发改委备案外债额度的，可以按发改委备案外债额度办理外债签约备案（登记）；办理签约备案后，企业跨境融资风险加权余额尚未超过按照9号文计算的跨境融资风险加权余额上限的，仍可正常办理新签约外债的备案（登记）；超过上限的，除外债管理部门另行批准外，不得再办理新的外债签约备案（登记）；（2）对于境内银行在香港发行人民币债券（点心债）而言，目前仍需适用中国人民银行、国家发展和改革委员会公告〔2007〕第12号文的相关规定；（3）对于发行人为境内特殊类型主体（金融机构、国有企业等）的境外发债项目，发行人还需遵守其主管部门的相关合规管理要求。

续表

税务考量	·境内发行人向境外机构投资人支付利息需预提缴纳中国法下的企业所得税、增值税及增值税附加。	·境内担保人向境外机构投资人支付利息可能需预提缴纳中国法下的企业所得税、增值税及增值税附加。 ·境外发行人直接向境外投资人支付利息通常无须预提缴纳中国法下的企业所得税增值税及增值税附加，除非其因实际管理机构在境内而被认定为中国税务居民。	·境外发行人及境外担保人（如有）直接向境外机构投资人支付的利息通常无须预提缴纳中国法下的企业所得税、增值税及增值税附加，除非其因实际管理机构在境内而被认定为中国税务居民。	·境内信用证开证行向境外机构投资人支付利息可能需预提缴纳中国法下的企业所得税、增值税及增值税附加。 ·境外发行人及境外信用证开证行（如有）直接向境外机构投资人支付利息通常无须预提缴纳中国法下的企业所得税、增值税及增值税附加，除非其因实际管理机构在境内而被认定为中国税务居民。	·境外发行人直接向境外投资人支付利息通常无须预提缴纳中国法下的企业所得税增值税及增值税附加，除非其因实际管理机构在境内而被认定为中国税务居民。
境外发行平台	不需要	需要	需要	需要	需要

三、中资企业境外发债发行结构涉及的几个中国法律问题

（一）发改委2044号文外债备案及报告

1. 基本要求

根据《国家发展改革委关于推进企业发行外债备案登记制管理改革的通知》（发改外资〔2015〕2044号，以下简称“发改委2044号文”）及国家发展和改革委员会（以下简称“发改委”）通过其网站发布的《企业发行外债备案登记办事指南》等其他相关通知、指引和风险提示（以下统称“发改委相关指引”），中国境内企业（包括内资企业和外资企业、金融企业和非金融企业、国有企业和非国有企业等，以下统称“境内母公司”）及其控制的境外企业或分支机构如向境外举借1年期以上的以本币或外币计价的债务工具，包括境外发行债券（包括但不限于普通债、高级债、金融债、永续债、可转债、优先股等境外债务性融资工具）及中长期国际商业贷款（包括向境外金融机构、企业及

境外股东借取的1年期以上的贷款）等（以下统称“中长期外债”），境内母公司均需要在发行前向发改委申请办理外债备案登记手续，并在每期发行结束后10个工作日内，向发改委报送发行信息。

2. 几类特殊情形下发改委2044号文的适用

（1）地方国有企业及房地产企业发行中长期外债

在地方政府债务控制及房地产调控的政策背景下，城投公司及房地产企业在境内融资受到严格的监管限制。发改委2044号文发布后，由于其本身并未禁止或限制城投公司及房地产企业就其在境外发行中长期外债向发改委申请备案，城投公司及房地产企业境外发债显著增加，也暴露出了一些风险问题。自2019年以来，发改委逐渐收紧了地方国有企业及房地产企业发行中长期外债的备案。具体而言，发改办外资〔2019〕666号文及发改办外资〔2019〕778号文对地方国有企业及房地产企业发行中长期外债提出了一些特殊的要求，包括：

地方国有企业发行中长期外债	房地产企业发行中长期外债
（a）地方国有企业发行中长期外债申请发改委外债备案登记需持续经营不少于三年； （b）承担地方政府融资职能的地方国有企业境外发债获得的募集资金仅限用于偿还未来一年内到期的中长期外债； （c）地方政府及其部门不得直接或者承诺以财政资金偿还地方国有企业外债，不得为地方国有企业发行外债提供担保； （d）地方国有企业发行外债应加强信息披露，在债券募集说明书等文件中，严禁掺杂可能与政府信用挂钩的误导性宣传信息，明确隔离地方国有企业与地方政府之间的信用关系。	（a）房地产企业发行外债只能用于置换未来一年内到期的中长期境外债务； （b）房地产企业在外债备案登记申请材料中要列明拟置换境外债务的详细信息，包括债务规模、期限情况、经我委备案登记情况等，并提交《企业发行外债真实性承诺函》； （c）房地产企业发行外债要加强信息披露，在募集说明书等文件中需明确资金用途等情况； （d）房地产企业应制定发行外债总体计划，统筹考虑汇率、利率、币种及企业资产负债结构等因素，稳妥选择融资工具，灵活运用货币互换、利率互换、远期外汇买卖、期权、掉期等金融产品，合理持有外汇头寸，保持境内母公司外债与境外分支机构外债、人民币外债与外币外债、短期外债与中长期外债、内债与外债合理比例，有效防控外债风险。

（二）小红筹企业发行中长期外债

对于注册地在境外、主要经营活动在境内、实际控制人为境内自然人（含后续移民海外的境内自然人）的企业（通常所称的“小红筹企业”）在境外发行中长期外债是否应当向发改委办理外债备案及信息报送，发改委2044号文本身并未作出明确规定或要求，导致业内对此问题存在不同的理解。

据笔者了解，发改委2044号文发布之初，实务操作中存在部分小红筹企业在未向发改委办理外债备案的情况下在境外发行中长期外债。但是，根据2017年6月12日发改委在其网站发布的《企业境外发行债券风险提示》（其中对包含小红筹企业在内的部分企业发行中长期外债未向发改委办理外债备案进行了点名警示并要求补办外债备案手续）并结合笔者经办过的小红筹企业境外中长期外债发行项目上的经验及笔者在相关个案项目上向发改委外资司的咨询，在2044号文的执行层面，发改委要求小红筹企业在境外发行中长期外债也应当遵守2044号文项下的外债备案及信息报送的规定；发改委于2020年2月通过其网站发布的《企业发行外债备案登记办事指南》中在“常见问题解答”部分也进一步明确境内自然人控制的境外企业发行1年期以上外债需要办理发改委2044号文项下外债备案及信息报送。需要说明的是，发改委2020年8月更新版网上指南“常见问题解答”中删除了小红筹企业发行中长期外债是否需要备案的问答。对此，笔者的理解是，对于小红筹企业发行中长期外债是否需要办理发改委2044号文项下的外债备案及信息报送，发改委可能并不“一刀切”，而可能会结合个案具体情况综合考虑诸多因素予以判断，建议个案沟通发改委确认。操作上小红筹企业发行人（通常为境外上市公司）可通过其境内主要子公司向发改委办理相关外债备案及信息报送手续。

（三）364天外债及1年期外债

根据发改委2044号文的规定，发改委2044号文适用于“1年期以上的”中长期外债。对于实务中存在的部分企业发行的364天外债以及1年期外债，根据笔者在相关个案项目上向发改委外资司的咨询，目前发改委并不要求企业就其发行364天外债以及1年期的外债向发改委办理外债备案及信息报送。此外，笔者注意到，发改委于2020年2月通过其网站发布的《企业发行外债备案登记办事指南》中在“常见问题解答”部分亦明确1年期的外债不适用发改委2044号文。

不过，需要提示的是，根据发改委网站发布的《企业发行外债备案登记办事指南》中“常见问题解答”部分的发改委回复意见，对于单笔贷款期限不超过1年但授信期限超过1年的循环贷款，需要办理发改委2044号文项下外债备案及信息报送。谨慎起见，建议企业避免在364天或1年期外债的相关协议等安排项下设定到期自动展期364天或1年期等类似约定，以降低被发改委认为企业恶意规避发改委2044号文外债备案及信息报送的风险。对于364天外债或1年期外债到期后展期导致展期后的外债期限超过1年是否需要向发改委补办发改委2044号文项下外债备案及信息报送，建议个案向发改委咨询确认。

3. 未按规定办理发改委外债备案的法律后果

发改委2044号文及发改委相关指引并未规定企业发行中长期外债未按发改委规定办理外债备案和信息报送将会对企业发行中长期外债及其相关协议的效力产生何种影响。考虑到发改委2044号文及发改委相关指引的效力位阶，通常认为，在中国法下，企业发行中长期外债未按发改委规定办理外债备案和信息报送并不会导致企业发行的中长期外债及其相关协议无效。但从可执行性/可操作性角度，需要注意的是，发改委2044号文所附的《企业发行外债备案登记证明》（格式）中载明“发行人凭本备案登记证明按规定办理外债外汇、回流结汇等相关手续”，如企业发行的中长期外债涉及资金跨境，实务操作中地方外汇管理局及/或经办银行在办理企业所发行的中长期外债相关资金的跨境手续时有可能要求提供审核发改委的外债备案登记凭证，则企业发行中长期外债未按发改委规定办理外债备案和信息报送有可能影响外债相关资金的顺利出入境。

不过，从合规风险和声誉风险角度，根据发改委2044号文及发改委相关指引，企业发行中长期外债如未按规定向发改委办理事先备案及事后信息报送手续，发改委视严重程度可将相关境外发债企业以及相关承销机构、律师事务所等中介机构列入诚信“黑名单”和全国统一信用信息共享交换平台并将会同有关部门实行联合惩戒。具体而言，根据发改委通过其网站发布的相关信息，发改委将实行“三次警示”措施：（1）如初次发现企业发行中长期外债有未事先向发改委办理备案等违反2044号文相关规定的行为，发改委将约谈企业和承销商、律所等中介机构，并在发改委官网发布相关警示公告；（2）如再次发现违规行为，则发改委将在其官网点名警示违规企业和相关中介机构，通报其违规行为；（3）如第三次发现违规行为，则发改委将会同有关部门对有关企业和中介机构进行问责，暂停有关企业的境外发债备案登记和有关中介机构参与发行外债。

另外，需要提示的是，发改办外资〔2019〕666号文要求企业在向发改委提交中长期外债备案登记申请材料时应当一并提交真实性承诺函并由企业主要决策人员（至少包括法定代表人、董事长、总经理及财务负责人，需同时提供身份证号码）签字确认。当存在虚假承诺时，发改委会将企业及其主要决策人员违规行为记入信用记录，并纳入全国信用信息共享平台。

基于上述考量，在境外发债项目上，承销商及债券信托人通常要求将发改委外债备案的完成作为债券发行交割的先决条件，并将发行后对发改委的事后信息报送作为一项承诺条款，违反该等承诺可能触发债券项下的违约或回售条款。

（二）内保外贷登记及募集资金用途

1. 内保外贷登记基本要求

根据外管局发布的《跨境担保外汇管理规定》、《跨境担保外汇管理操作指引》及《国家外汇管理局综合司关于完善银行内保外贷外汇管理的通知》，境内母公司或境内银行为境外公司发行债券提供担保构成内保外贷，作为担保人的境内母公司应在签订担保合同后15个工作日内到所在地外管局办理内保外贷登记；作为担保人的境内信用证开证行应通过数据接口程序或其他方式向外汇局资本项目信息系统报送内保外贷相关数据。

外管局在审核内保外贷登记申请时，将重点审核跨境担保及其项下基础交易的真实性、商业合理性、合规性及担保履约倾向，担保人本身也需对此承担一定的尽调和审核义务。对于跨境担保及其项下基础交易真实性存疑、不具有商业合理性、不合规以及具有明显履约倾向（签订担保合同时明知或者应知担保履约义务确定发生，或当事方存在通过担保履约提前偿还担保项下债务的意图或存在恶意违约和担保履约记录等）的，外管局通常不予办理内保外贷登记。

2. “内保外债”的特殊要求

根据《跨境担保外汇管理操作指引》及《〈进一步推进外汇管理改革完善真实合规性审核〉政策问答（第二期）》，尽管《国家外汇管理局关于进一步推进外汇管理改革完善真实合规性审核的通知》（汇发〔2017〕3 号）已在一定程度上放开了内保外贷项下资金回流的限制，但对于内保外贷项下担保责任为境外债务人债券发行项下还款义务的特殊类型交易（以下简称“内保外债”），外管局在规则层面仍要求“境外债务人应由境内机构直接或间接持股，且境外债券发行收入应用于与境内机构存在股权关联的境外投资项目，且相关境外机构或项目已经按照规定获得国内境外投资主管部门的核准、登记、备案或确认”。需要提示的是：

（1）由于外管局上述规定要求“境外债务人应由境内机构直接或间接持股”，这意味着在境内子公司为境外母公司的境外发债提供担保，以及境内实际控制人（自然人）为境外子公司的境外发债提供担保的情形下，很可能无法顺利办理内保外贷登记，需要与担保人所在地外管局具体沟通确认。

（2）按照外管局的上述规定，“内保外债”项下债券发行募集资金应用于“与境内机构存在股权关联的境外投资项目，且相关境外机构或项目已经按照规定获得国内境外投资主管部门的核准、登记、备案或确认”。对此，结合笔者在相关先例项目上的经验，笔者理解：

（a）如果“内保外债”项下债券发行募集资金将全部或部分用于境外投资项目，则该等项目应当与境内机构（实操中外管局可能对此狭义理解为提供担保的境内母公司）存在股权关联且已按进度办理相应的 ODI 手续；

（b）实务操作层面，外管局可能并不严格要求“内保外债”项下债券发行募集资金只能用于符合上述要求的境外投资项目，存在允许“内保外债”项下债券发行募集资金用于境外再融资等用途以及允许通过股权和债权方式回流境内使用的先例。但是，稳妥起见，需要在债券发行前事先与担保人所在地外汇局沟通确认。

3. 未按规定办理内保外贷登记的法律后果

根据《跨境担保外汇管理规定》及《跨境担保外汇管理操作指引》及其他相关法律法规的规定：

（1）外管局对跨境担保合同的登记及其他管理要求不构成跨境担保合同的生效要件，因此担保人未按规定办理内保外贷登记并不影响担保合同的有效性（除非当事方将内保外贷登记的完成约定作为担保合同的生效条件）；

（2）担保人未按规定办理内保外贷登记的，发生担保履约时，担保履约项下资金可能无法顺利汇出境外，从而影响担保的可执行性；此外，外管局可按照《外汇管理条例》第四十八条对担保人处以“责令改正，给予警告，对机构可以处30万元以下的罚款，对个人可以处5万元以下的罚款”的处罚。

此外，根据境外发债的一般市场操作，担保人未按规定及时办理内保外贷登记的，可能触发债券项下的违约或回售条款。

（3）新设境外平台作为发行主体

对于采用境外子公司作为发行人的间接发行结构，由于承销商通常要求作为发行人的境外子公司债权债务清晰并主要从事发债相关业务，因此涉及新设境外特殊目的载体（SPV）作为发行人的问题。需要提示的是，由于目前发改委及商务部等境外投资主管部门对于快设快出无实体经营的壳公司采取收紧的政策，境内企业在新设境外SPV时应充分与承销商及相关境外投资主管部门沟通，确保依法合规设立符合要求的境外SPV作为债券的发行人。

此外，对于采用境内担保的“内保外债”项目，实操中外管局在办理内保外贷登记手续时通常要求提供与境内担保人设立境外发行人有关的境外投资（ODI）审批备案证明文件，因此需确保与境外发行人设立有关的ODI手续合法合规及完备有效，以免影响内保外贷登记的顺利办理。

四、结语

综上所述，中资企业境外发债存在上述五种主要发行结构，不同结构的选择涉及不同的法律及商业等考量。对于具体项目而言，发行人应结合自身实际情况综合考量各项因素，并及时咨询法律顾问、承销商等中介机构，以便选取最适合自身的发行结构，确保境外发债的顺利、合规进行。

跨境资产证券化涉外因素法律关注要点

王剑钊　朴文一　魏一南*

随着金融全球化发展步伐的加快，国际金融市场跨境交易日趋活跃。在我国跨境交易持续增长和一带一路的国家倡议背景下，境内市场的跨境投融资需求不断增加①，境外资金通过资产证券化产品投资境内市场的热情亦被激发。本文中，笔者把依据中国法律在境内发行但具有涉外因素的资产证券化称为“跨境资产证券化”，其中涉外因素包括相关参与主体为境外主体，基础资产形成于境外或在境外运作等情形②。相较于仅在境内运作的资产证券化项目，跨境资产证券化在基础资产的形成、基础资产的转移、现金流的归集和换汇、担保权利的实现等各个交易环节上，均可能涉及多个行政和司法辖区，面临诸多特有法律问题。本文将探讨原始权益人/发起机构涉外、基础资产现金流来源涉外、境外投资者投资境内资产证券化产品三种情形，对跨境资产证券化项目的实践及面临的痛点难点进行分析。

---

* 王剑钊，北京市奋迅律师事务所，合伙人；朴文一，北京市奋迅律师事务所，合伙人；魏一南，北京市奋迅律师事务所。

① 参考相关法律法规的规定，本文中除特别说明外，“境内”“中国”系指中国内地，“境外”系指中国内地以外的国家或者地区。

② 参考《最高人民法院关于适用〈中华人民共和国涉外民事关系法律适用法〉若干问题的解释（一）》第一条的规定，民事关系具有下列情形之一的，人民法院可以认定为涉外民事关系：

（一）当事人一方或双方是外国公民、外国法人或者其他组织、无国籍人；

（二）当事人一方或双方的经常居所地在中华人民共和国领域外；

（三）标的物在中华人民共和国领域外；

（四）产生、变更或者消灭民事关系的法律事实发生在中华人民共和国领域外；

（五）可以认定为涉外民事关系的其他情形。

一、原始权益人/发起机构涉外

对于信贷资产证券化，《信贷资产证券化试点管理办法》仅规定发起机构应为银行业金融机构，而没有对银行业金融机构是否应包含境外金融机构作出进一步规定。但是，《金融机构信贷资产证券化试点监督管理办法》将金融机构限定为在境内设立的金融机构，排除了境外金融机构。《金融机构信贷资产证券化试点监督管理办法》第二条规定：“本办法所称金融机构，是指在中华人民共和国境内依法设立的商业银行、政策性银行、信托投资公司、财务公司、城市信用社、农村信用社以及中国银行业监督管理委员会（以下简称银监会）依法监督管理的其他金融机构。”

对于企业资产证券化，根据《证券公司及基金管理公司子公司资产证券化业务管理规定》（以下简称《管理规定》），原始权益人是指按照本规定及约定向专项计划转移其合法拥有的基础资产以获得资金的主体，未排除境外主体作为原始权益人的可能性。

对于资产支持票据，《银行间债券市场非金融企业债务融资工具管理办法》《非金融企业资产支持票据指引》中均仅规定发起机构应为具有法人资格的非金融企业。中国银行间市场交易商协会（以下简称“交易商协会”）2017年公布的《中国银行间市场交易商协会会员管理规则》允许境外机构申请成为协会特别会员（特别会员不享有选举权、被选举权和表决权）。从规定层面，未排除境外主体作为发起机构在境内发行资产支持票据。

因此，单就法律、法规规定而言，境外主体可以以原始权益人或发起机构的身份在我国开展企业资产证券化或资产支持票据业务，只是截至目前境内尚无相关项目先例。值得注意的是，2018年9月中国人民银行联合财政部发布了《全国银行间债券市场境外机构债券发行管理暂行办法》，随后交易商协会于2019年1月发布了《境外非金融企业债务融资工具业务指引（试行）》，接受境外非金融企业在交易商协会发行债务融资工具。此外，境外主体在证券交易市场发行的公司债也有先例。从未来债券市场对外开放发展的趋势来看，境外主体在境内进行资产支持票据业务及企业资产证券化业务是具有想象空间的。

境外主体直接作为原始权益人/发起机构向专项计划/特定目的载体转让（信托）基础资产的替代性解决方案是：境外主体可将基础资产先行转让于某一境内主体，转化为由该境内主体作为原始权益人/发起机构的资产证券化项目。境外主体向境内主体转让基础资产的过程中，对于不同的基础资产类型，境内主体需具有的资质和外汇审批也有所不同。例如，（1）在类 REITs 项目中，假设持有标的商业物业的项目公司位于境外，境外融资人持有项目公司股权，境外融资人将项目公司股权转让于境内主体时，该境内主体构成了境外直接投资（以下简称“ODI”）。需要境内主体办理完成相关的商务、发改及外汇部门的 ODI 手续后才能进行。（2）若基础资产为国际贸易赊销所产生的应收账款，则境内主体需为具有国际保理业务资格的商业保理公司或银行。在具体项目中，应根据基础资产类型寻找或设立合适的境内主体，并提前做好外汇筹划。

二、现金流来源涉外

根据《管理规定》，基础资产可以是企业应收款、租赁债权、信贷资产、信托受益权等财产权利，基础设施、商业物业等不动产财产或不动产收益权，以及中国证监会认可的其他财产或财产权利。分析上述各类型基础资产，可将基础资产现金流来源涉外分为债务人和/或增信主体为境外主体，可以产生现金流的资产位于境外或在境外运作（如商业地产等不动产、知识产权等无形资产），基础资产对应的法律关系适用境外法三种情况。对于上述情况，项目中的关注重点主要有：

（一）债务人的存续及资信情况审查

在基础资产池所涉单笔债权金额较大且债务人分散度较低时，债务人的存续和资信情况在资产证券化项目中尤为重要。一旦债务人在境外，境内律师缺乏对其进行法律尽职调查的能力和发表法律意见的资格，此时需要聘请境外律师对境外主体的存续及资信情况发表法律意见。

（二）对基础资产合同的效力、履行情况的判断

在确定涉外合同的效力及其履行情况时，首先要确认合同约定的准据法是否由缔约方自主选择，如果缔约方已约定的准据法为境外法律，则需要境外律师对合同的效力及其履行情况发表法律意见。如果缔约方没有在合同中约定准据法，需结合缔约方国家法律确定准据法，再进一步判断应由境内律师抑或境外律师发表法律意见。

（三）债权转让效力的判断

基础资产转让的合法、有效性，是特殊目的载体合法享有基础资产的基础。以境外产生现金流的资产进行资产证券化项目时，可能涉及资产的跨境转让。以债权资产为例，鉴于债权转让行为同时具有债权和物权行为的特征，不同的债权转让行为法律理论构成在不同国家（地区）有所区别，导致各国家（地区）对债权转让效力的规定存在异同。在讨论债权转让效力时，笔者将债权转让的效力分为对内效力和对第三人的效力。

就债权转让的对内效力而言，其约束的仅为原债权人（转让方）与新债权人（受让方）双方。根据《民法典》的规定，债权转让合同生效是债权转让对内生效的要件；虽然《民法典》规定了债权人转让债权未通知债务人的，该转让对债务人不发生效力，但通知与否并不影响债权转让在原债权人和新债权人之间的法律效力。[①] 德国和中国台湾地区则将债权转让视作准物权行为[②]，债权转让合同一经订立，新债权人即取代原债权人的地位[③]。虽然境内与德国和中国台湾地区在债权转让行为的理论构成上不同，在效果上都不以通知或公示作为债权转让的生效条件。在这一点上，尽管很多国家有类似的规定，但不排除一些国家有更为严格的标准，在项目实际操作中，应予以注意。

就债权转让对第三人的效力而言，其主要解决的是债权重复转让情况下对

---

① 参见《中华人民共和国民法典》第五百四十六条：“债权人转让债权，未通知债务人的，该转让对债务人不发生效力。债权转让的通知不得撤销，但是经受让人同意的除外。”

② 崔建远、韩海光：《债权让与的法律构成论》，载《法学》2003年第7期。

③ 参见《德国民法典》第三百九十八条，债权人可以通过与第三人签订合同（让与），将债权转让于第三人。合同一经签订，新债权人即取代原债权人的地位。

多个受让人如何保护的问题。在法律层面境内对此尚没有专门的规定，仅人民银行在《应收账款质押登记办法》（中国人民银行令〔2019〕第4号）中规定："权利人在登记公示系统办理以融资为目的的应收账款转让登记，参照本办法的规定"，但是上述规定属于部门规章，而且未对债权转让登记的法律效力如何作出明确的表态，在债权重复转让的情况下，受让在先但未办理登记的新债权人与受让在后已办理登记的新债权人如何保护的问题亦未予以回应。以目前的法律来看，境内并不以债权转让的公示作为债权转让的对抗要件。与境内这种模式相对应的是以日本为代表的登记对抗规则。日本《民法典》第四百六十七条规定："指名债权的让与，非经让与人通知债务人或经债务人承诺，不得以之对抗债务人以外的第三人。前款的通知或承诺，非以附确定日期的证书进行，不得以致对抗债务人以外的第三人"，即转让方与受让方达成债权转让的一致意思表示之后，其效力仅限于转让方和受让方双方之间，只有在具备一定的对抗要件，即取得附确定日期的证书之后，才能对抗债务人之外的第三人。各国家和地区在债权转让是否需要公示，公示产生对内效力还是对第三人的效力，以及公示方式的规定差异较大，可以通过境外律师了解所涉规定。

为确保债权转让的有效性及对抗效力，即债权转让对内及对第三人均产生效力，应格外关注债权人、债务人所在地及双方之间基础交易合同准据法对于与债权转让的生效条件和对抗条件相关的如通知、公示程序的法律规定，避免债权转让的效力瑕疵给项目带来风险。

（四）增信主体的存续、资信审查及增信协议的效力

境外主体通过保证担保等方式对资产证券化项目提供增信的，需由境外律师对增信主体的有效存续、资信情况、已经取得了签署增信协议的合法有效内部授权等发表明确的法律意见，境内律师再在境外律师法律意见的基础上对上述情况发表法律意见。

境内现有资产证券化项目中，增信主体主要以担保、流动性支持和差额支付承诺三种方式进行增信。就流动性支持函和差额支付承诺的性质而言，不同法域存在冲突，部分国家可能将其视为维好函、安慰函等不具有强制执行基础

的合同。因此，建议项目尽量在增信文件中明确约定适用中国法以避免上述问题。同时，增信主体为境外主体的，还需要关注外汇管理方面的规定。增信主体为境外主体而构成跨境担保的，应注意是构成外保内贷还是其他形式的跨境担保，以对购汇、结汇和跨境收支程序和难度取得预期。另外，即使相关程序在纸面上可预期，也应评估实践操作的不确定性，并约定由增信主体优先以境内资产履约等安排予以缓释。

（五）基础资产运作的监督和管理

面对债务人、增信主体及资产位于境外的情况，应注意的是一方面，境内的管理人是否有法律上的权利对境外主体和资产进行监督和管理；另一方面，管理人是否确实有能力完成具体的监督、管理工作。以境外不动产运营收入作为现金流来源的跨境资产证券化项目为例，管理人需要对境外不动产的运营管理情况进行持续性的监督，这将对管理人的管理能力提出更高的要求。

（六）币种选择及跨境资金安排

在基础交易合同约定的结算货币为外币的情况下，专项计划基础资产的回收款亦为外币。为了避免跨币种兑付的汇率风险，资产支持证券或资产支持票据可考虑直接以对应的外币进行计价结算。2018 年 1 月，境内首单外币计价的华泰资管—中飞租一期资产支持专项计划业已设立。此外，债务人在境外，还将导致资金的跨境流动。项目设立前，需预先与外汇管理部门和有关主管部门进行充分沟通，确保资金入境的通道畅通，避免因跨境资金安排影响专项计划的兑付。

三、境外投资者投资境内资产证券化产品

随着境内资产证券化的发展，国际评级机构的日益关注，境外资金参与热情也逐渐被激发。境外资金投资境内资产证券化产品，主要通过合格境外机构投资者（Qualified Foreign Institutional Investors，以下简称“QFII”）和人民币合格境外机构投资者（RMB Qualified Foreign Institutional Investors，以下简称

"RQFII")、银行间债券市场直接投资（China's interbank bond market Direct Investment，以下简称"CIBM Direct"）及债券通四种方式进行。对于四种投资方式的对比分析如下：

<table>
<tr><th>投资渠道/相关要素</th><th>QFII</th><th>RQFII</th><th>CIBM Direct</th><th>债券通</th></tr>
<tr><td>主体范围</td><td>境外资产管理机构、保险公司、证券公司、商业银行、其他机构投资者（养老基金、慈善基金会、捐赠基金、信托公司、政府投资管理公司等）。</td><td>申请人民币合格投资者资格的，应当符合：（1）境内基金管理公司、证券公司、商业银行、保险公司等香港（或其他试点地区）子公司，或者注册地及主要经营地在香港地区（或其他试点地区）的金融机构；
（2）在香港（或其他试点地区）证券监管部门取得资产管理业务资格，并已经开展资产管理业务。</td><td colspan="2">1. 在中国境外以及香港特别行政区、澳门特别行政区及台湾地区依法注册成立的商业银行、保险公司、证券公司、基金管理公司及其他资产管理机构等各类金融机构，上述金融机构依法合规面向客户发行的投资产品，以及养老基金、慈善基金、捐赠基金等中国人民银行认可的其他中长期机构投资者；
2. QFII、RQFII；
3. 境外央行或货币当局、国际金融组织、主权财富基金。</td></tr>
<tr><td>资格申请</td><td colspan="2">中国证监会资格审批。</td><td>银行间市场结算代理人（以下简称"结算代理人"）对境外机构投资者进行资质审核，审核通过后报中国人民银行上海总部备案。</td><td>中国人民银行认可的电子交易平台和其他机构可代境外投资者向中国人民银行上海总部备案。</td></tr>
<tr><td>额度申请</td><td colspan="2">自2019年9月10日起，国家外汇管理局决定取消QFII和RQFII的投资额度限制，登记后即可自主汇入资金开展符合规定的证券投资。</td><td colspan="2">无特定额度限制，无须备案或审批，需在外管局登记。</td></tr>
</table>

续表

投资范围	1. 在证券交易所交易或转让的股票、债券和权证； 2. 在银行间债券市场交易的固定收益产品； 3. 证券投资基金； 4. 股指期货； 5. 中国证监会允许的其他金融工具。 可以参与新股发行、可转换债券发行、股票增发和配股的申购。①	符合条件的境外机构投资者可在银行间债券市场开展债券现券交易，并可基于套期保值需求开展债券借贷、债券远期、远期利率协议及利率互换等交易。	债券通交易的品种为现券买卖，可交易的券种为银行间债券市场交易流通的各类债券。
结算安排	委托托管人向中国证券登记结算有限责任公司按照中国证券登记结算有限责任公司的业务规则开立和使用证券账户，可开立多个证券账户，申请开立的证券账户应与获批的人民币专用存款账户/人民币账户对应。	符合条件的境外机构投资者应当委托具有国际结算业务能力的结算代理人进行交易和结算，结算代理人凭登记生成的业务凭证，为境外机构投资者开立专用外汇账户并办理资金汇出/入和结售汇。	以名义持有人模式，实现“一级托管制度”与“多级托管体系”的连接。

四、跨境资产证券化其他问题

（一）费用成本

资产证券化交易结构复杂，除要向投资人支付收益及境内服务机构费用外，跨境资产证券化项目还可能涉及境外律师、境外评估机构等服务费用支出，费用成本较高，只有在发行基础资产交易规模足够大的情况下，才能摊薄发行费用占比。

① 2019年1月31日，中国证监会就修订整合《合格境外机构投资者境内证券投资管理办法》《人民币合格境外机构投资者境内证券投资试点办法》及相关配套规则向社会公开征求意见。中国证监会在《关于〈合格境外机构投资者及人民币合格境外机构投资者境内证券期货投资管理办法（征求意见稿）〉及其配套规则的说明》中明确“除原有品种外，合格投资者可投资于：（1）在全国中小企业股份转让系统（新三板）挂牌的股票；（2）债券回购；（3）私募投资基金；（4）金融期货；（5）商品期货；（6）期权等”。

（二）涉外合同等法律文书的公证

在项目服务过程中，偶有遇到项目相关方向律师咨询项目中的涉外合同，如香港主体或其他涉外主体出具的担保协议等，是否需要公证的问题。《最高人民法院、司法部关于涉港公证文书效力问题的通知》中要求“在办理涉港案件中，对于发生在香港地区的有法律意义的事件和文书，均应要求当事人提交委托上述公证人出具并经司法部中国法律服务（香港）有限公司审核加章转递的公证证明。对委托公证人以外的其他机构、人员出具的或未经审核加章转递程序的证明文书，应视为不具有《中华人民共和国民事诉讼法》中规定的公证文书的证明效力和执行效力[①]，也不具有《中华人民共和国担保法》第四十三条规定的对抗第三人的效力[②]，所涉及的行为不受法律保护。”《最高人民法院关于民事诉讼证据的若干规定》第十六条规定：“当事人提供的公文书证系在中华人民共和国领域外形成的，该证据应当经所在国公证机关证明，或者履行中华人民共和国与该所在国订立的有关条约中规定的证明手续。中华人民共和国领域外形成的涉及身份关系的证据，应当经所在国公证机关证明并经中华人民共和国驻该国使领馆认证，或者履行中华人民共和国与该所在国订立的有关条约中规定的证明手续。当事人向人民法院提供的证据是在香港、澳门、台湾地区形成的，应当履行相关的证明手续。”需要明确的是，合同的成立和生效以合同的约定及其准据法的规定为准。如果合同中未将公证/认证作为生效条件，那么是否进行公证/认证，并不会影响合同的效力。涉外合同公证/认证的意义，在于民事诉讼中赋予涉外合同以公证文书的证明力和执行力，而并非指该等合同不生效或对当事人不具有约束力。所以，在项目正常申报和运作的过程中，涉外合同的公证/认证并不是必要条件。不过，一旦因涉外合同发生法律纠纷，且需要在中国境内法院解决的，届时需要对涉外合同进行公证/认证；如通过仲裁解决纠纷，则应适用相关仲裁机构的规则。

---

① 《中华人民共和国民事诉讼法》第六十九条规定，经过法定程序公证证明的法律事实和文书，人民法院应当作为认定事实的根据，但有相反证据足以推翻公证证明的除外。

② 《中华人民共和国担保法》第四十三条规定：“当事人以其他财产抵押的，可以自愿办理抵押物登记，抵押合同自签订之日起生效。当事人未办理抵押物登记的，不得对抗第三人。当事人办理抵押物登记的，登记部门为抵押人所在地的公证部门。”随《民法典》施行，《中华人民共和国担保法》于2021 年 1 月 1 日起失效。

开曼群岛私募股权基金设立指南

柳宇华　张艺贝*

开曼群岛是世界上最具吸引力的离岸金融中心之一。开曼群岛不仅为离岸投资者提供了一个稳定、成熟、税务中立的平台，其完善而灵活的法律制度和活跃的银行业服务也是吸引众多离岸投资基金在此设立的原因。本文将介绍在设立开曼群岛私募股权基金（以下简称"PE 基金"）时需要考虑的一些与开曼群岛法律相关的重要因素，包括基金组织形式的选择、设立程序、相关法律监管、主要基金文件和税务优惠等。

一、开曼群岛 PE 基金组织形式的选择

在设立开曼群岛 PE 基金之初，基金管理人首先需要考虑选择什么样的组织形式作为基金的载体。开曼群岛立法为投资基金提供了不同的法律组织形式，供基金管理人根据不同需求或偏好作出选择，包括：（1）开曼群岛豁免有限合伙企业（Exempted Limited Partnership，以下简称"开曼 ELP"或"合伙企业"），（2）开曼群岛豁免公司（Exempted Company，以下简称"开曼 EC"）和一类特殊类型的开曼 EC，即独立投资组合公司（Segregated Portfolio Company，以下简称"开曼 SPC"），以及（3）开曼群岛有限责任公司（Limited Liability Company，以下简称"开曼 LLC"）。

（一）开曼 ELP

开曼 ELP 一直被认为是于开曼群岛设立的 PE 基金所最常选用的法律组织

---

* 柳宇华，北京市奋迅律师事务所，高级顾问；张艺贝，北京市奋迅律师事务所。

形式。开曼 ELP 是根据最初于 1991 年颁布的开曼群岛《豁免有限合伙法》(Exempted Limited Partnership Law) 所创设的法律实体组织形式。开曼群岛《豁免有限合伙法》颁布后经多次修订，现行有效版本为 2018 年 3 月 16 日公布的《2018 年豁免有限合伙法》(该版本及不时修订统称《开曼 ELP 法》)。

在开曼 ELP 组成方面，根据《开曼 ELP 法》，设立开曼 ELP 至少应当有两名合伙人，包括至少一名普通合伙人和一名有限合伙人，普通合伙人和有限合伙人的人数无上限。《开曼 ELP 法》中对开曼 ELP 的合伙人的国籍以及组织形式没有限制，但要求各 ELP 至少应当有一名普通合伙人满足以下条件：(1) 如系自然人，须为开曼群岛居民；(2) 如系公司，须为根据《开曼公司法》(定义见下文) 注册的公司或已根据《开曼公司法》的规定注册的外国公司；(3) 如系合伙企业，须为根据《开曼 ELP 法》注册的合伙企业；(4) 如系在开曼群岛以外的法域注册的有限合伙企业或有限责任合伙企业，须已根据《开曼 ELP 法》注册为外国有限合伙企业。

关于普通合伙人对合伙事务的管理及其责任：由于开曼 ELP 并没有独立的法人资格，其业务由普通合伙人负责管理，其财产由普通合伙人基于《开曼 ELP 法》下的“法定信托”代表合伙企业持有。普通合伙人对合伙企业负有授信义务，应当善意地为合伙企业的利益并代表合伙企业执行合伙事务，代表合伙企业与第三方订立合同。普通合伙人在执行合伙事务时产生的债务或责任构成合伙企业的债务或责任。当合伙企业资不抵债时，普通合伙人有责任对合伙企业的所有债务和义务承担无限连带责任。

与普通合伙人的管理职权和无限连带责任相对，有限合伙人应当按照合伙协议的要求向合伙企业出资，并有权依据《开曼 ELP 法》的规定和合伙协议的约定获得利润分配或出资返还。与普通合伙人不同，有限合伙人作为被动投资者，不得参与执行合伙企业的事务，否则有限合伙人也会面临为合伙企业的债务和义务承担责任的风险。但《开曼 ELP 法》第二十条第二款的“安全港”条文使有限合伙人能就开曼 ELP 担当某些角色或采取某些行动，而不被视为参与合伙企业事务。例如，与普通合伙人存在关联关系（如持有其权益，维持合同关系，担任职位等），批准合伙协议的修订，自身担任或提名他人担任普通合伙人、合伙企业或有限合伙人的董事会或委员会的成员，或与普通合伙人进行协商或向其提供建议。

合伙协议将对开曼 ELP 向合伙人的分配事宜（如分配顺序、分配时间、分配方式等）作出详细约定。有限合伙人只有在开曼 ELP 有偿付能力的情况下，才可以从合伙企业中获得分配。若有限合伙人在获得分配时开曼 ELP 已资不抵债，在获得分配后六个月内，该有限合伙人应退回该笔分配额并加计单利 10%/年（或合伙协议约定的其他利率）的利息。

（二）开曼 EC 和开曼 SPC

除开曼 ELP 外，开曼群岛法律还为 PE 基金提供了另外的选择：开曼 EC 或开曼 SPC。目前规范开曼 EC 的成立与经营的主要法规是经 2020 年 5 月 22 日修订的《2020 年开曼公司法》（该版本及不时修订统称《开曼公司法》）。《开曼公司法》分别规定了可以在开曼群岛内经营的本地公司和豁免有限公司。豁免有限公司虽然在开曼群岛注册，但除非为促进其在开曼群岛外经营所需，不得在开曼群岛内开展业务或交易，不得在开曼群岛内向公众发出认购其股份或债券的要约邀请。除一般的开曼豁免公司外，开曼 EC 还可以申请注册为开曼 SPC（独立投资组合公司）。其主要特征将在下文详述。

开曼 EC 的组成要求与开曼 ELP 略有不同。《开曼公司法》要求开曼 EC 必须有至少一名股东，除非公司章程有特殊约定，否则股东无人数上限。《开曼公司法》对开曼 EC 的股东没有居所或资格要求。

《开曼公司法》赋予开曼 EC 独立的法人资格和股东有限责任保护。开曼 EC 有权以自己的名义持有财产和对外签订协议。股东以其对开曼 EC 股权的认缴出资额为限承担有限责任（company limited by shares），或以其承诺在公司清算时向公司财产出资的金额为限承担有限责任（company limited by guarantee）。在极个别情况下，法院允许公司的有限责任地位被刺穿，如未遵守公司治理程序，且股东为逃避个人责任将公司视为其“另一个自我”。

董事负责开曼 EC 的管理。除非公司章程另有明确约定，股东通过任免董事，实现对公司管理的控制权。开曼 EC 应当具有两名以上自然人董事。与开曼 ELP 不同，《开曼公司法》规定公司的某些事项应当经股东大会上以特别决议的方式通过，包括修改公司章程、修改章程细则、修改公司名称、减少股本等。此外，公司增加股本应当经股东大会决议。

关于开曼 EC 的分配：在留足公司应付债项的前提下，除非公司章程有相反约定，公司将以分红的形式从利润或发行股份的溢价中分配。《开曼公司法》允许发行不同类别的股份，特定股份在股息、投票权、股本回报等方面享有优先权等特殊权利。

任何开曼 EC 均可申请注册为开曼 SPC。开曼 SPC 应在其公司名称中标明“SPC”或“Segregated Portfolio Company”字样。作为一种特殊类型的开曼 EC，开曼 SPC 可设立并运作一个或多个独立投资组合（以下简称“Segregated Portfolio”），每一独立投资组合之间以及各独立投资组合与开曼 SPC 之间的资产和负债在法律下是相互独立和隔离的。因此，就每个独立投资组合的债务，其债权人仅可向该独立投资组合的资产追偿；如前述财产不足以偿还债务的，只能向开曼 SPC 的一般资产追偿。

（三）开曼 LLC

为了确保开曼群岛继续为离岸资金使用者提供满足其需求的适当选择，开曼群岛于 2016 年颁布《有限责任公司法》（Limited Liability Companies Law），为 PE 基金提供了新可选组织形式：有限责任公司（开曼 LLC）。现行有效版本为 2020 年 1 月 14 日公布的《2020 年有限责任公司法》（该版本及不时修订统称《开曼 LLC 法》）。

一方面，开曼 LLC 沿用了开曼 EC 的制度，尤其是独立法人与成员有限责任保护。《开曼 LLC 法》允许公司的章程性文件（以下简称“LLC 协议”）对成员的有限责任保护作出其他约定。

另一方面，开曼 LLC 吸收了开曼 ELP 在管理和损益分摊上的灵活性优势。开曼 LLC 的成员可以自由决定开曼 LLC 的管理方式，可以由一名或多名成员进行管理，或委任成员以外的管理人进行管理。管理人不因其管理行为而影响其有限责任保护。LLC 协议可以自由约定相关事项需要得到多少成员的同意。

与开曼 ELP 更类似，开曼 LLC 成员各自拥有一个资本账户，向开曼 LLC 出资而非采用认购股份的方式。开曼 LLC 按照 LLC 协议的约定分摊利润和损失，分配收入。开曼 LLC 虽然也规定了股东在开曼 LLC 资不抵债的情况下返还分配的义务，但与开曼 ELP 略有不同，开曼 LLC 成员的义务不受时间限制，而开曼 ELP 有限合伙人的返还义务受限于分配发生后 6 个月内。

二、设立基金实体的程序性要求

设立开曼 ELP 须向开曼群岛豁免有限合伙企业注册处：（1）提交一份注册声明（Statement），记载开曼 ELP 基本信息以及非因开展开曼群岛外业务所必需而不得向开曼群岛公众开展业务的承诺，并（2）缴纳注册费用。设立开曼 LLC 与设立开曼 ELP 较为相似，也仅须向开曼群岛有限责任公司注册处提交与前述第（1）项类似的注册声明并缴纳注册费用即可。此外，开曼 ELP 和开曼 LLC 须在开曼群岛内有注册办公室（Registered Office）。

设立开曼 EC（包括开曼 SPC）须向开曼群岛公司注册处提交经所有发起人签字的《公司章程及细则》和一项关于公司主要在开曼群岛外开展业务的承诺，并缴纳注册费用。

设立开曼 ELP 除需要注册开曼 ELP 实体外，通常还至少需要在开曼群岛当地注册一家实体作为普通合伙人。尽管《开曼 ELP 法》允许外国公司担任普通合伙人，但该外国公司须根据《开曼公司法》进行注册并需要每年缴纳一笔 1000 美元左右的政府年费，并会产生如注册办公室维护费等额外费用，其成本并不比设立和维护一个新开曼群岛实体低。此外，发起人也会出于无限连带责任承担方面的考虑，从而选择是否设立新的开曼群岛实体作为基金普通合伙人。通常在开曼群岛注册的 GP 的组织形式可以为开曼 ELP、开曼 EC 或开曼 LLC。

从申请注册以上实体到获得注册证书一般需要 3 ~5 个工作日，缴纳特快服务费可于 1 个工作日内完成。开曼群岛当地有专业提供基金设立服务的注册代理机构，可以提供向注册机关代为提交注册文件服务，并可为基金提供一个开曼群岛内的地址作为开曼 ELP 或开曼 LLC 实体的注册地址。

三、开曼群岛 PE 基金的法律监管

除与基金所采用的组织形式相关的法律法规（如《开曼 ELP 法》《开曼公司法》《开曼 LLC 法》等）外，在开曼群岛设立 PE 基金还需要特别关注以下监管法规：

（一）《私募基金法》及其配套法规

2020 年 2 月 7 日，开曼群岛颁布了《私募基金法》（Private Funds Law）及其配套法规[①]，并于 2020 年 7 月 7 日对《私募基金法》进行首次修订（《私募基金法》及其修正案以下合称“PFL”）。在 PFL 颁布前，开曼群岛 PE 基金一直处于监管空白地带，在开曼群岛设立 PE 基金无需向 CIMA 注册或备案。PFL 将包括 PE 基金在内的私募基金纳入 CIMA 监管体系中，要求私募基金在开始运营[②]前进行注册并在运营中满足持续合规义务。

1. 适用范围

PFL 的适用范围是在开曼群岛设立的“私募基金”。根据 PFL，私募基金指满足以下条件的公司、单位信托或合伙企业：（1）以聚集投资者资金（pooling of investor funds）并使投资者从该实体投资活动中获得投资收益为目；（2）向投资者发售或发行，或者已经向投资者发行参与性、不可赎回的投资权益（investment interests）；（3）投资者对投资项目的收购、持有、管理或处置不具有日常的控制权；（4）基金运营者[③]对基金进行管理。

PFL 同时列举了不属于私募基金的三种情形：（1）根据开曼《银行及信托公司法》（Banks and Trust Companies Law）或开曼《保险法》（Insurance Law）持牌的人士；（2）根据《互助协会法》（Building Societies Law）或《友好协会法》（Friendly Societies Law）注册的团体；以及（3）非基金安排（Non – fund

---

① 包括《2020 年私募基金条例》（Private Funds Regulations，2020）和《2020 年私募基金（例外和过渡）条例》［Private Funds（Savings and Transitional Provisions）Regulations，2020］。

② 根据 PFL，私募基金“开始运营”的判断时点为基金成立并接受投资者以投资为目的的实缴出资。

③ 就以开曼 ELP 组织形式设立的私募基金而言，其运营者为开曼 ELP 的普通合伙人；就以开曼 EC 组织形式设立的私募基金而言，是指该开曼 EC 的董事。

Arrangements)，如养老基金、证券化SPV、合资公司、持股工具（holding vehicle)、结构化融资工具、优先股权融资工具等。

根据“私募基金”的定义，目前在开曼群岛以开曼ELP、开曼EC或开曼LLC形式设立的许多PE基金均属于须注册的私募基金范围；但如果PE基金仅有一名投资人，不符合私募基金定义中“聚集投资者资金”的特征，因此不属于PFL的适用范围，无需满足注册和持续合规业务。

2. 注册要求

PFL的实施意味着PE基金进入注册时代。适用范围内的PE基金应当在接受投资者以投资为目的的认缴出资后21天内向CIMA提交注册申请，在完成注册后方可接受投资者以投资为目的的实缴出资。此外，私募基金还应当于每年1月15日缴纳年费。

PFL规定了一种特殊类别的私募基金：受限范围私募基金（Restricted Scope Private Fund，“RSPF”)[①]。根据定义，目前市场上大部分合伙型PE基金均满足RSPF的特征。符合条件的私募基金可以选择注册为RSPF。笔者理解RSPF可能会在注册或持续合规义务方面享受某些优惠待遇，具体规则有待配套法规的进一步明确。

3. 持续合规要求

除注册要求外，为保证私募基金运营的透明度与合规性，PFL还就私募基金运营的各个方面规定了基金或运营者的持续合规义务：

·年度审计与年报：私募基金应当在每个会计年度结束后6个月内向CIMA提交由CIMA认可的审计机构出具的审计报告，并按照规定形式提交年报。

·估值：私募基金应当每年对基金资产进行至少一次估值。

·资产安全保管：私募基金原则上应聘请托管人对基金资产进行托管、核

---

① 根据PFL配套规定，受限范围私募基金是指满足下列条件的私募基金：(i) 采用开曼ELP组织形式设立，(ii) 由在CIMA或被认可的境外监管机构批准或注册的自然人或实体管理或提供咨询；(iii) 其全部投资者为非零售（non－retail）性投资人，即高净值人士或专业人士。根据SIBL（定义见下)，“高净值人士”系指（i）净资产不低于80万开曼币或其他等值货币的个人，或（ii）总资产不低于400万开曼币或其他等值货币的人士；“专业人士”系指（i）受CIMA监管的主体；（ii）受CIMA认可的海外监管机构监管的主体；（iii）其证券在受认可的证券交易所公开发行的主体；或（iv）满足以下两个条件的人士：(a) 凭借其在金融和商业领域的知识和经验可被合理视为有能力评估交易；(b) 参与单项交易的投资金额不低于8万开曼币或其他等值货币。

实基金拥有其他基金资产的所有权，并保存相关记录。考虑到私募基金的性质和财产类型，如果指定托管人不具可操作性或适当性，经告知 CIMA，私募基金可以不指定托管人，而由行政管理人、其他独立第三方、管理人或运营者（包括开曼 ELP 的普通合伙人、开曼 EC 的董事、开曼 LLC 的管理人）履行保管职责。

· 现金监管：私募基金应当指定行政管理人、托管人、其他独立第三方、管理人或运营者监控基金的现金流动，保证现金被记录在基金现金账户中，确保收到投资者实缴出资。

· 证券识别：需定期交易或持续持有证券的私募基金应当记录其交易或持有证券的识别号，并按要求提供给 CIMA。

如果上述估值、资产安全保管或现金监管职责是由基金管理人或运营者履行，则上述职责应当与其投资管理职能相隔离，或已经妥善识别、管理和监控并向投资者披露潜在利益冲突。

此外，考虑到替代投资载体（Alternative Investment Vehicle，以下简称“AIV”）对主基金义务的附属性，在与私募基金合并报表的前提下，PFL 豁免 AIV 在年度审计、估值、资产安全保管、现金监管、证券识别方面的合规义务。根据 PFL 配套规定，AIV 系指符合下列条件的公司、单位信托、有限合伙或其他相似实体：（1）以投资、持有或处置与私募基金业务全部或主要相关的投资项目为目的，根据该私募基金的组织文件成立；且（2）其所有投资人均为该私募基金的投资人。出于监管、税务、法律等方面的考虑，私募基金可能安排其全部或部分投资人通过 AIV 投资于私募基金拟投资的特定项目。

4. 过渡期安排

配套法规明确了自 PFL 生效日（2020 年 2 月 7 日）起 6 个月（或 CIMA 规定的更长期限）的过渡期。在 2020 年 8 月 7 日前已经设立并已接受投资人实缴出资的基金，在过渡期结束前可以继续运营而无需满足 PFL 的要求。自 2020 年 8 月 7 日起，所有私募基金应当遵守 PFL 的注册和持续合规义务，所有未完成注册的私募基金不得接受投资人实缴出资。

（二）《证券投资交易法》和《董事注册和发牌法》

开曼群岛于 2020 年最新修订的《证券投资交易法》（Securities Investment

Business Law，以下简称“SIBL”）要求，任何在开曼设立或在开曼群岛设立经营场所的人士从事证券投资经营活动①必须取得开曼群岛金融管理局（CIMA）颁发的从事证券业务的牌照或向 CIMA 登记（以下简称“登记人士”），除非依据相关规则被认定为“免于登记人士”而被豁免。

换言之，新修订的 SIBL 将从事证券投资经营活动的人士划分为以下三个层次：

·须持牌人士：任何从事证券投资经营活动的人士，除非根据相关规则申请成为登记人士或构成免于登记人士，否则均应申请持牌。

·登记人士：根据 SIBL，满足下列任一情形的人士可以向 CIMA 申请登记而不必取得相关牌照：（1）完全为集团内部其他公司提供证券投资交易服务的；（2）仅为专业人士或高净值人士或其作为股东/有限合伙人/信托单位持有人的公司、合伙或信托开展证券投资交易活动，且由开曼群岛持牌人士提供相关注册办公室的人士；（3）其在开曼群岛外开展证券投资经营活动受到经 CIMA 认可的境外监管机构监管的人士。

·免于登记人士：根据 SIBL，下列人士无需申请持牌或登记：（1）合营企业（joint enterprises）的一方，并为合营企业之目的开展证券投资交易或开展与合营企业有关的证券投资交易；（2）特定机构，包括 CIMA、开曼股票交易所、开曼政府或其建立的其他任何公权部门；（3）以董事、合伙人、清算人、破产管理人、财产或公司接管人、财产执行人或管理人、信托受托人身份履行职能的过程中开展证券投资交易活动的人士，且应满足以下条件（a）不因从事该等证券投资交易而单独取得报酬，（b）除以该等身份履行职能所必须或附带外，不得对外以提供证券投资交易服务，（c）系作为取得牌照或豁免的公司、合伙或信托之代表而从事证券投资交易活动。

基金管理人、经纪人等参与主体受到 SIBL 的管辖，应当向 CIMA 申请登记或取得相关牌照。由于申请牌照的程序复杂且合规要求高，实践中许多仅为专

---

① 根据 SIBL，“证券”包括各类股权、股票、合伙权益、信托单位，各类债权凭证，证券凭证，期权，期货，差价合约等；“证券投资经营活动”包括证券交易、撮合证券交易、证券管理、就证券提供建议的行为；但发行、赎回或购回自己的证券，或应用专有资产来进行有关此类活动或证券交易的安排不视为证券投资经营活动，即构成“豁免行为”（excluded activities）。

业人士、高净值人士提供基金管理服务的私募基金管理人向 CIMA 申请登记。

就普通合伙人而言，其基金中的职能可能构成证券投资经营活动，但可援引豁免规则（详见“免于登记人士”的第 3 种情形）免于取得牌照或登记。为获得 SIBL 下的豁免，普通合伙人须不因从事该等证券投资业务而单独取得报酬，且未对外以提供证券投资交易服务而自居。建议普通合伙人应避免与基金签订单独的管理合同，以免引发被 CIMA 要求申请牌照或登记的风险。

为配合 SIBL 的修订，2019 年 6 月 18 日开曼群岛颁布了《董事注册和发牌法（2019 年修正案）》［Directors Registration and Licensing（Amendment）Law, 2019，以下简称“DRLL”］。根据 DRLL 要求，采用公司形式设立的 SIBL 项下的第一类和第二类的“登记人士”的董事需在 CIMA 完成登记或获得相关牌照。

（三）《国际税务合作（经济实质）法》

为响应经济合作与发展组织（以下简称“OECD”）关于打击低于流动性高的活动的侵蚀税基及转移利润相关国际标准，开曼群岛于 2018 年 12 月 27 日颁布《国际税务合作（经济实质）法》［International Tax Co-operation（Economic Substance）Law］（以下简称《经济实质法》）。该法于 2019 年 1 月 1 日生效。①该法的核心内容是“相关实体”从事“相关业务”须符合“经济实质”要求，否则可能面临罚款或被注销的风险。

根据《经济实质法》和随后颁布的一系列细则，在开曼群岛 PE 基金架构中，属于 SIBL 项下的登记人士和持牌主体（如 PE 基金管理人）的开曼 EC/开曼 LLC 从事基金管理业务、控股业务等活动落入《经济实质法》的适用范围内。因此这类主体需要在开曼群岛通过“经济实质”测试。

为通过经济实质测试，该等实体应当在每个财务年度结束后的 12 个月内向开曼群岛税务部门提交一份报告，供开曼群岛税务部门判断其相关活动是否满足经济实质要求。经济实质测试主要关注相关实体是否在开曼群岛具有足够人员、办公场所、实际运营等。对于纯控股公司②，仅需满足“拥有足够的人员

---

① 经 2020 年 2 月 12 日颁布的《2020 年国际税务合作（经济实质）法（修订版）》修订。

② Pure Equity Holding Company，即仅持有其他公司股权并仅获得分红和股份增值的公司。

和办公场所以持有和管理其对其他公司的股权”要求;《经济实质法》允许消极持股的纯控股公司通过注册代理满足上述经济实质要求。如相关实体不满足经济实质测试可能被开曼群岛税务部门处以罚款,持续两年不满足的,则可能进一步面临被注销的风险。

(四)反洗钱条例、信息交换法规

除上述监管外,开曼群岛 PE 基金及其相关实体还应遵守《反洗钱条例》(Anti - Money Laundering Regulations,2020 年最新修订)、税务信息自动交换相关法规[如《税务信息管理局条例》(Tax Information Authority Regulations)]等其他法律法规。由于篇幅限制,本文不进行展开。

四、ELP 架构下的基金参与主体与主要基金文件

尽管开曼群岛法律提供了不同的选择,但开曼 ELP 是 PE 基金最常采用的组织形式。开曼 ELP 受到 PE 基金管理人的青睐,部分原因在于开曼 ELP 在管理和分配上更为灵活,投资者对开曼 ELP 的组织形式更为熟悉。出于篇幅限制,本部分将介绍采用开曼 ELP 组织形式的 PE 基金通常包括的主要基金文件。

(一)有限合伙协议(Exempted Limited Partnership Agreement,以下简称“LPA”)

有限合伙协议是开曼 ELP 的组织文件,由基金的普通合伙人与全体有限合伙人签署。LPA 的约定包括基金的商业条款,基金的设立、运营和解散、清算中的程序性条款,以及关于各合伙人的权利和义务约定。

在设立开曼 ELP 时,一般由普通合伙人和一名初始有限合伙人先签署一份《初始有限合伙协议》,完成开曼 ELP 初始设立,后续由真正的投资人与普通合伙人签署《修订和重述的豁免有限合伙协议》(Amended and Restated Exempted Limited Partnership Agreement),接纳真正的投资人入伙。

(二)认购文件(Subscription Document)

认购文件主要由认购协议及其附件组成。认购协议由各有限合伙人与普通

合伙人共同签署，与LPA共同组成约定有限合伙人与普通合伙人之间权利义务的完整协议。认购协议附件一般包括合格投资者问卷、认购者信息表、投资者自我声明表格等，由各有限合伙人自行填写。其中投资者自我声明表格系基金根据开曼群岛反洗钱条例、FATCA和CRS的约束而对投资人进行尽职调查程序所需的表格和文件。

（三）募集说明书（Private Placement Memorandum）

募集说明书作为基金募集阶段向潜在投资者提供的推介性材料，一般包括基金基本要素、投资策略及投资限制、基金的管理与运营、特定风险因素、特定利益冲突、认购条款与程序、赎回条款与程序、净资产估值政策程序、费用、基金年终财务报告、税务事宜、条款摘要等条款。

（四）投资管理协议（Investment Management Agreement）

普通合伙人可以根据需要聘请管理人，将其全部或部分权利授权给管理人以承担管理基金投资业务的职能。普通合伙人（代表基金）、基金将与管理人签署投资管理协议，约定管理人为基金提供投资管理服务并向管理人支付管理费。

（五）投资顾问协议（Investment Advisory Agreement）

管理人可以根据需要聘请投资顾问。管理人与投资顾问订立投资顾问协议，委托投资顾问就基金投资等管理事项向其提供咨询服务，并由管理人向投资顾问支付投资顾问费。

除上述主要基金文件外，普通合伙人还可根据需求签署行政管理协议、托管协议、募集代理协议和各类银行文件等，以聘任行政管理人、托（保）管人、募集代理人等为基金提供相关服务。开曼ELP组织形式的PE基金架构图简示如下：

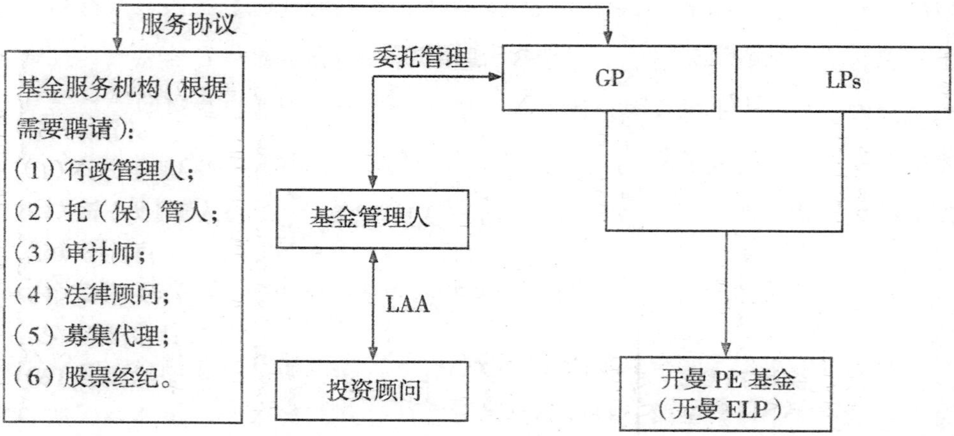

五、开曼群岛税收豁免政策

对于开曼 ELP、开曼 EC 和开曼 LLC，开曼群岛不征收任何公司税、资本增值税、所得税、预扣税、遗产税或继承税。此外，这些实体可以向开曼群岛申请颁发一份承诺书，承诺不对开曼 ELP 及其合伙人、开曼 EC 和开曼 LLC 就相关利润、收入或增值征收任何税收。该等承诺书有效期为自批准之日起 50 年（对于开曼 ELP 和开曼 LLC）或 20 年（对于开曼 EC）。

第三章

“一带一路”相关跨境投融资

浅析主权债务风险及相关法律问题

王湘红　曾李　贺园丁　李秉原*

改革开放以来，我国的企业及金融机构参与国际投融资业务的深度和广度不断扩大。在该类跨境投融资业务中，涉及诸多主权债务的项目。通常而言，主权债务主要分为主权贷款、主权债券以及主权担保。其中，主权贷款以及主权债券属于实际债务，主权担保属于或有债务。根据笔者的经验，在涉及主权债务的跨境项目中，为了防范相关法律风险，需要对主权债务人有针对性地开展一系列法律尽职调查，包括但不限于主权债务的义务人主体情况、主权债务的合法性以及主权豁免等相关问题。笔者在此旨在对主权债务的相关法律风险点作简要介绍，并就相关问题对跨境投融资项目的潜在影响进行初步探讨。

一、主权债务的概念及分类

（一）主权贷款

主权贷款是指以主权国家或经济实体区域及其中央银行、政府机构为借款人的贷款，其还款主要依赖主权政府信用。根据担保方式的不同，主权贷款分为纯主权信用贷款以及主权担保贷款。主权贷款一般用于支持借款人所在国家的基础设施、公路交通、水电通信、农业发展、教育卫生及能源等有利于促进借款人所在国家经济和社会发展的领域。

---

* 王湘红，奋迅·贝克麦坚时联营办公室，合伙人；曾李，北京市奋迅律师事务所；贺园丁，奋迅·贝克麦坚时联营办公室，律师；李秉原，北京市奋迅律师事务所。

（二）主权债券

主权债券是指主权国家作为发行人（通常由财政部、国库或政府/公共债务管理机构等在特定法域下有权代表该主权国家的法定主体所代表）所发行的债券。除在本国债券市场发行主权债券外，越来越多的主权国家也选择在国际或其他国家的债券市场发行主权债券。例如，随着我国境内债券市场的不断开放，近年来波兰共和国、大韩民国、葡萄牙共和国、匈牙利共和国、菲律宾共和国等主权国家均在我国银行间债券市场发行了主权熊猫债券。

（三）主权担保

主权担保指主权国家作为担保人，以向其他国家或国际金融机构进行的融资或以借贷为目的，以其主权向该等国家或国际金融机构提供的承诺到期付款或采取一定行为的担保[①]。主权担保属于或有主权负债，一般由一个国家的财政管理部门统一归口管理。也正因如此，一个国家提供主权担保必须要履行其国内法定程序。在跨境融资项目中，债权人为了缓释项目所涉及的商业风险和国别风险，除考量相关保险机构提供的保险产品（含商业险和政治险）外，由投资项目所在国政府提供主权担保也成为一种重要的担保方式。接受主权担保可能面临的法律问题是，由于主权担保构成一国政府的或有主权负债，因此一般情况下，一国政府对外出具主权担保都需要根据其国家法律的相关规定完成复杂的审批程序，如该等法定程序未适当履行，则主权担保的有效性可能会受到影响。

二、主权债务风险及相关法律问题

（一）主权债务风险的表现形式

就主权债务而言，其涉及的主要法律风险包括：

---

① Sovereign Guarantees, Multilateral Investment Guarantee Agency (MIGA), World Bank Group. https://www.nationalstandardfinance.com/news/sovereign-guarantees/.

1. 信用及违约风险

主权债务以义务人所在国的主权国家信用作为支持，通过义务人所在国的政府财政收入偿还贷款及债券本息或履行担保义务。如果主权义务人的财政收入情况受其国内及国际宏观政治、经济等形势、汇率水平、主权债务合计余额及其到期情况等因素的影响不能及时履行主权债务项下义务，则主权债务项下的债权人面临该主权债务的信用及违约风险。

2. 外债风险

对于一个主权国家而言，通常理解，其债务区分为内债和外债。其内债系指一国对本国居民的有偿还责任的负债，而外债系指一国以自己的主权为担保向国际社会所借来的债务（包括申请贷款及发行债券等）。如果一国的外债比重大幅度增加，导致其无力偿付主权债务，其货币大幅度贬值，可能会引发主权债务危机。

3. 合法合规性风险

主权债务的合法合规性风险主要涉及如下方面：

（1）程序风险。无论是向外借取贷款、发行债券还是对外出具主权担保，一国政府都需要根据其国家法律的相关规定完成复杂的审批程序。一般情况下，该等程序可能会涉及该国的国家元首、内阁、议会或其他有权机关对其产生某项主权债务的批准或适当授权等程序。如该等程序未能满足，则可能导致涉及主权债务的交易文件根据其所在国法律的规定无效。

（2）财政预算风险。主权债务的还款及履约来源一般而言为义务人所在国的财政收入。一般而言，如义务人不能将某项主权债务纳入其所在国的财政预算并履行必要的法定程序（如涉及），则主权债务债权人将面临履约来源不确定的风险。

（3）监管性风险。如主权债券发行利率超过发行人所在国法律规定的强制性利率上限而无法有效执行的风险［例如，波兰法律规定正常利息的年利率不得超过法定利率（即波兰央行公布的参考利率加3.5个百分点）的两倍，违约利息的年利率不得超过法定违约利率（即波兰央行公布的参考利率加5.5个百分点）的两倍］、发行人跨境支付主权债券本息的外汇管制风险等。

4. 主权豁免风险

在主权债务义务人所在国法律及政府立场允许或要求主张主权豁免的情况下，义务人可能针对由主权债务项下的债权人提起的针对义务人或其资产的法律程序主张主权豁免，从而使得主权债务项下的债权人无法通过诉讼或仲裁手段保障自己的权益。

（二）主权债务风险的缓释及救济手段

1. 前期尽职调查

针对上文所述风险，主权债务的债权人应关注主权债务主体借取外债的合法合规性等相关法律问题，包括但不限于特定借款主体是否为重债穷国、主权信用违约记录、国际评级、外汇管制措施、特定主权主体借取外债的国内法定流程、政府借取资金的用途是否与法规冲突等。此外，如涉及中国金融机构接受境外主权国家提供主权担保的情形，债权人应严格审查在特定法域下的相关主权担保的出具程序是否得到适当满足，以确保主权担保按照所在国法律规定的合法性、有效性和可执行性。

2. 国际救助

如出现主权债务违约，则一般债务人会向国际金融机构、国际组织及其他国家申请资金援助。例如，在2001年阿根廷债务危机中，阿根廷政府向国际货币基金组织（IMF）寻求应急贷款支持；在希腊债务危机期间，欧盟稳定机制（European Stability Mechanism）对希腊尽心了援助；以及在委内瑞拉主权债务危机期间，中国及俄罗斯对委内瑞拉进行了援助。

3. 债务重组

除国际救助外，主权债务人同时会寻求债务重组，即与债权人协商削减债务本金、降低利率及延长债务本息偿还期限等。例如，在迪拜债务危机发生后，迪拜世界（迪拜主权投资公司）与债权银行达成协议，延长还款期限，并对迪拜世界的贷款债务进行重组。在主权债券项目中，考虑到债券持有人通常较多的特殊性，为降低主权债券违约的难度，国际市场上通常主要通过债券持有人会议及上文提及的“集体行动条款（Class Action Clause）”作出债券持有人决议以修改相关债券条款并约束全体债券持有人。

4. 国际诉讼仲裁

如出现主权债务违约，一般而言，债权人可以依据贷款合同、债券发行条款等发行文件或主权担保相关条款的约定及相关适用法律的规定，向有管辖权的法院或仲裁机构针对主权债务义务人提起诉讼或仲裁程序以追偿债权或申请强制执行。

三、主权豁免原则及其适用

在主权债务违约的救济措施中，国际诉讼及国际仲裁是重要且常用的方式之一。在国际诉讼及仲裁的过程中，主权债务人是否享有主权豁免是争议双方必须面对的问题。

（一）国际上有关主权豁免的理论观点、条约及权利放弃

1. 国际上涉及主权豁免的理论观点及条约

目前，国际上关于主权豁免原则的理论主要分为两种，分别是绝对主权豁免理论（Absolute Immunity，以下简称“绝对豁免理论”）和限制主权豁免理论（Limited Immunity，以下简称“限制豁免理论”）。绝对豁免理论认为，一国不论其行为和财产的性质如何，在他国应享有豁免，除非该国自愿放弃豁免。而限制豁免理论则主张对外国国家的公法上的行为予以豁免，而对其私法上的行为不给予豁免。

目前，限制豁免理论的基本观点已逐渐得到越来越多国家和学者的接受，该原则也体现在最新的《联合国国家及其财产管辖豁免公约》（United Nations Convention on Jurisdictional Immunities of States and Their Property）（以下简称《公约》）（目前中国已签署《公约》，但全国人民代表大会常务委员会尚未批准，且《公约》未生效）中。

根据《公约》第十条至第二十条的规定，一国在因下列事项而引发的诉讼中，除非另有协议，不得向另一国原应管辖的法院援引管辖豁免：（1）商业交易；（2）雇佣合同；（3）人身伤害和财产损害；（4）财产的所有、占有和使用；（5）知识产权和工业产权；（6）参加公司或其他集体机构；（7）国家拥有

和经营的船舶；和（8）关于国家与法人或自然人之间的仲裁协定的效果。综上可知，通过对国家豁免的例外或限制的情形进行规定，《公约》采纳了限制豁免理论。

2. 主权豁免的主要内容及权利放弃

关于主权豁免，通常理解，这一原则主要包含三个方面的具体内容，即管辖豁免、司法程序豁免和强制执行豁免。管辖豁免是指未经一国同意，不得在国内法院对该国提起诉讼或将其财产作为诉讼标的物；司法程序豁免是指一国法院不得强制一个主权国家出庭作证或提交证据以及参加任何诉讼活动，未经其同意，不得对其财产采取诉讼保全措施；强制执行豁免是指，即使一国放弃了管辖豁免和司法程序豁免并在一项诉讼案中败诉，不经其同意也不得扣押其财产，不得强制执行判决。

在主权债务项目上，主权豁免原则的主要内容可具体体现在：（1）是否可被诉；（2）是否受限于任何法院、法庭或其他裁决机构的管辖权以及该法院、法庭或其他裁决机构的法律程序文件的送达和诉求；（3）是否受限于任何禁制令、强制执行令或土地收回令；（4）是否受限于针对其财产的任何抵销、扣押或执行或判决或仲裁裁定的强制执行等。

由于主权豁免应是主权国家所享有的权利，因此，主权豁免是可以通过明示或默示的方式予以放弃的。但一般认为，国家为主张其豁免权而出庭阐述立场并不构成豁免的默示放弃；对于管辖豁免的放弃并不意味着对执行豁免的放弃；执行豁免的放弃必须另行明示作出。

（二）主权豁免原则对跨境投融资项目的潜在影响

近年来，我国的金融机构通过出口买方信贷、跨境并购贷款等跨境贷款（含银团贷款）为境外借款人提供了大量的融资支持，为跨境投融资项目建设的资金融通发挥了重要的作用。在此过程中，主权豁免原则对于跨境投融资项目以及作为债权人的中国金融机构的潜在影响不容忽视。

为保护贷款行的利益，国际贷款合同中通常包含主权豁免条款，要求借款人放弃其在相关法域下所可能享有的任何主权豁免。鉴于各国法律制度不同，对于国际融资交易而言，借款人能否放弃主权豁免或者能在何种程度上放弃主权豁免取决于其本国法律的规定，即借款人只能/只愿在其本国法律允许的范围内放弃其可能享有的主权豁免。

四、结语

综上所述，本文主要结合笔者的项目经验，简要分析了主权债务的具体形式、相关法律风险及其对跨境投融资项目的影响。前述均为重要且复杂的法律问题，中国企业和金融机构在开展涉及主权债务的各类跨境投融资业务过程中，有必要对当地国法律进行充分的调查研究，评估相应的法律风险，并寻求专业团队的意见，找到适合的解决方案，最大限度地保障自身的权益。

境外投资法律风险刍议

——以“一带一路”相关国家为例

鲍治　窦春源*

自20世纪90年代末至21世纪初期，中国企业境外投资的浪潮随着中国与全球经济活动的交互融入兴起并发展，许多企业，尤其是国有企业扬帆出海，在贸易、资源开发、工农业生产及加工、工程承包、交通运输、金融保险、医疗卫生、旅游及餐饮业等多个领域以并购、增资、合作新设等方式进行境外投资。

2013年，习近平主席提出“一带一路”倡议；2015年3月28日，国家发展改革委、外交部、商务部联合发布了《推动共建丝绸之路经济带和21世纪海上丝绸之路的愿景与行动》。在“一带一路”倡议下，中国企业的境外投资被推向了一个新的高潮。根据商务部于2018年统计的数据，在对外直接投资方面，2018年1~12月，我国对外全行业直接投资8591.4亿元人民币，同比增长2.1%（折合1298.3亿美元，同比增长4.2%）。其中，我国企业共对“一带一路”相关的56个国家进行了直接投资，投资额合计156.4亿美元，同比增长8.9%，占总额的13%。①

“一带一路”倡议背景下的境外投资与此前的境外投资有着一定的区别，

---

* 鲍治，奋迅·贝克麦坚时联营办公室，合伙人；窦春源，北京市奋迅律师事务所，顾问。

① 商务部对外投资和经济合作司：《2018年1—12月我对“一带一路”沿线国家投资合作情况》，载“中华人民共和国商务站网站”（http：//www.mofcom.gov.cn/article/tongjiziliao/dgzz/201901/20190102829086.shtml）2019年1月22日，最后访问时间：2019年11月22日；《2018年我国对外全行业直接投资简明统计》，载“中华人民共和国商务站网站”（http：//www.mofcom.gov.cn/article/tongjiziliao/dgzz/201901/20190102829082.shtml）2019年1月22日，最后访问时间：2019年11月22日。

其主要是围绕基础设施建设而开展，且投资东道国涉及东南亚、中亚、西亚、非洲的众多国家，其中绝大多数为发展中国家。在该种情况下，投资者更需要注重境外投资的法律风险。本文以“一带一路”倡议下的境外投资为出发点，对于可能涉及的相关法律风险进行概括性总结，以期能够为投资者在着手具体投资前提供概括性的认识。

一、境外投资之法律风险概述

境外投资的主要法律风险，概括而言，主要在于以下几方面：

（一）东道国法律环境

东道国的法律环境，是投资者在进行境外投资时最需要关心的内容，其具体法律制度对于整个交易有着举足轻重的影响，甚至决定了投资者是否会实施该项投资。尽职调查如何开展、投资结构如何设计、交易对价如何支付等，均受到东道国法律环境的限制。

东道国法律环境是对于东道国各方面法律制度的概称，具体而言，涉及外国投资者在东道国境内进行投资的法律制度，主要包括东道国的资本准入制度、投资促进政策、劳动法律制度、外汇管理制度以及环保法律制度等。

（二）境内监管审批

境内投资者在进行境外投资时，需要向商务部、发改委、外管局等境外投资监管机构申请核准/备案，履行相关境外投资手续。由于境外投资手续所需时间较长，且存在一定程度的不确定性。因此，境内监管审批风险也是投资者应注意的环节。

（三）交易结构设计

交易结构的设计与东道国具体法律规范、境内监管审批、尽职调查的结果等紧密相连。前述各项因素决定了一项境外投资的具体交易结构应如何设计。例如，是进行资产收购还是股权收购，具体收购标的在哪一层级，是否设立离岸项目公司等。设计交易结构时如未能考虑完善，后续可能在公司运营、投资退出时造成极为棘手的问题。

（四）政治风险

政治风险对于“一带一路”倡议下的境外投资而言，是投资者尤其需要注意的内容。由于“一带一路”国家多为发展中国家，法制环境欠佳，因此政治风险的防范尤为重要。政权更迭、法律政策变更、国有化征收等，任何政治风险的发生对于海外投资者而言都将会是沉重的打击。

（五）合规风险

本文中所提及的合规风险，特指被投资企业在反垄断、反腐败、反洗钱、数据监管等方面的潜在合规问题可能导致的风险。前述领域的监管是全球范围内的监管，潜在的违法行为可能会导致极高的罚金，如欧盟对于反垄断相关违法行为的罚金，美国对于反腐败相关违法行为的罚金，均是极为高昂的，有些处罚甚至会牵涉企业高管的个人责任，需要投资者予以警惕。

二、东道国法律环境研究

如此前所述及，东道国法律环境，是指东道国在资本准入、投资促进、劳动、环保及外汇管理等方面的法律制度及政策实践。除前述五个方面外，虽然东道国其他方面的法律制度亦会对投资者的投资产生影响，但由于其影响力有限且并非普适，因此并未作为重点在本部分予以探讨。

（一）资本准入制度

资本准入是指外资能够在何种程度上进入东道国的何种领域开展营业活动。类似于中国的外资准入监管措施，各东道国亦对于本国内外资能够进入何种行业、能够以何种方式开展该行业的营业活动进行了限制。

类似于中国政府对于某些行业要求外国投资者仅能以中外合资的方式进行投资，“一带一路”的沿线东道国，对于外资进入国内行业也有着特定的要求。

例如，南非所颁布的一系列黑人经济振兴政策，以《广义基础上的黑人经济振兴法案》（Broad－Based Black Economic Empowerment Act）为基础，要求在相关企业中黑人持有的股权不得低于一定的比例。又如，越南的外资准入政策规定，一家外国企业对银行可持有的股比上限为25%，银行的总外国投资股本上限为30%，总理可以根据具体情况放弃这些上限。外资在国有企业中的所有权比例也受到限制。除某些特殊情况外，越南还禁止进口超过10年的旧设备和技术。

如果投资者在投资前未能对于东道国的相关法律制度有所研究和了解，则东道国的某些特殊规则和限制性要求可能会对于整体的投资可行性考虑及投资结构设计产生不利影响。

（二）投资促进政策

投资促进政策也应是投资者考虑的一个重要方面，投资促进政策的具体方式、内容、金额可能会影响甚至决定投资者的投资地区、投资形式、投资额等。以津巴布韦为例，其设置了多个经济特区，不同特区侧重于鼓励外资投资不同的行业，如布拉瓦约特区的皮革和纺织制造业，鲁盘尼（Lupane）的化工制造业等。津巴布韦政府为经济特区的外资企业提供多方面的优惠政策，包括税务减免、投资者有权汇回100%的资金和利润、外籍人士和投资者允许自动获得工作和居住许可、投资者允许借贷海外资金而无须储备银行的批准等。[①]

（三）劳工政策

东道国的劳工政策是投资者需要注意的另一重要问题。许多东道国的劳动法对于劳动者的工作时长、休假制度、最低工资水平、员工保险等进行了规定，直接影响着投资者的用工成本，从而影响到项目的成本。此外，有些东道国还对于本国人的雇佣比例有着最低要求，如泰国相关的劳工法律规定，企业注册资金在1亿泰铢以上者，每输入1名外国人员需雇用4名当地劳工；企业注册资金在1亿泰铢以下者，每申请1名外籍人员需雇用5名当地劳工。对于某些

① 详情请见津巴布韦宏观经济规划和投资促进部编撰的《2017年津巴布韦投资手册》，第13页至第15页。

东道国，如其对劳务派遣等相关用工形式有特别规定，投资者亦需要遵从该种规定，并考虑该种规定对于项目可能产生的影响。

劳工政策方面还需要投资者予以关注的是，由于劳工问题涉及员工的切身利益，仅遵守东道国劳工相关法律法规是不够的。尤其是在项目落成后的生产运营过程中，劳工问题经常会成为较大的隐患。因此，除遵守当地相关的劳工法律法规外，投资者还应多加了解当地劳工政策、风俗等用工实践，尽量多方面切断劳工问题产生的源头。

（四）环保

“一带一路”倡议下的境外投资，如此前所述及，多为基础设施、能源矿产等类型的投资，环保是该种类型项目最为重要的监管环节。非洲大多数国家均颁布有完善的环境保护法律法规，制定有严格的监管程序。例如，以赞比亚矿业投资为例，每一个矿业项目在开工前必须完成该项目的环境影响评估。所有的赞比亚矿业企业每年都需要缴费获得和更新各类年度环保许可证，同时还需要向矿山安全局缴费获得年度运营许可证。

另以越南为例，目前，越南政府对环境保护日益重视，其国内工程开工前，都必须经过严格的环保核查，环保部门定期对企业的环保情况进行检查，不达标的企业须马上进行停工整顿并接受处罚。所有生产企业须安装污染控制和处理设备，以确保符合相关的环境标准。此外，越南对部分行业征收环保税，如原油开采需缴纳环保费10万越南盾（约合40元人民币）/吨；天然气开采需缴纳20万越南盾（约合80元人民币）/吨，环保费上缴中央财政，用于环保工作支出。[1]

（五）外汇管理

东道国的外汇管理制度主要从投资资金的汇入及投资收入的汇出两方面实质性地影响投资者在东道国的投资。“一带一路”各国外汇管理制度不尽相同。例如，在菲律宾，其对外商直接投资实行登记式管理，经菲律宾中央银行登记

① 详情请见创绿中心整理编撰的《东南亚国家环境法规体系简要梳理》，第18页。

注册的外商直接投资可凭相关单证从授权代理银行、授权代理外汇公司、外汇交易商或货币兑换商购汇。资本项下汇入、汇出汇款，须经过银行审核后方可办理。用于注册的投资款须以现汇形式汇入，不必兑换为菲律宾比索，但其他形式的外汇投资款须以现汇形式汇入并结汇。使用授权代理银行或授权代理外汇公司购汇资金进行直接投资资本与利润汇出，须在菲律宾中央银行登记。而在赞比亚等国家，所有资本项下的交易均无外汇限制，因此对于外商直接投资的资金流入流出均无监管限制。①

综上所述，无论是东道国的资本准入制度、投资促进政策，还是劳工、环保和外汇管理制度，均会对投资者在东道国的外商投资产生重大的影响。投资者在进行投资决策时，应考虑对东道国的法律环境做全面的调研，至少应重点涵盖以上几个方面，以确保投资决定的作出、投资结构的设计及未来的投资运营不存在重大法律瑕疵。

三、境内监管部门审批

对于中国投资者而言，其进行境外投资，根据相关法律法规的规定，需要由境外投资监管部门核准/备案，履行一系列的境外投资手续。概括而言，境内监管部门程序主要包括：

（一）发改部门核准/备案

根据发改委于2017年年底颁布的并于2018年3月1日实施的《企业境外投资管理办法》，境内主体直接或通过其控制的境外企业，以投入资产、权益或提供融资、担保等方式，获得境外所有权、控制权、经营管理权及其他相关权益的投资活动，均属于境外投资，需要向发改部门履行相应的核准/备案手续。

其中，境外投资涉及敏感国家或地区或涉及发改委颁布的敏感行业目录中的敏感行业的，如武器装备的研制生产维修、跨境水资源开发利用、新闻传媒

① 详情请参见国家外汇管理局“一带一路”国家外汇管理政策研究小组编译的《“一带一路”国家外汇管理政策概览2018》，第340页、第497页。

等，需要由国家发改委核准；其他不涉及前述敏感因素的项目，国家发改委或地方发改委实施备案管理。

（二）商务部门核准/备案

根据商务部于2014年颁布并实施的《境外投资管理办法》的规定，境内主体通过新设、并购及其他方式在境外拥有非金融企业或取得既有非金融企业所有权、控制权、经营管理权及其他权益的行为，构成境外投资，需要向商务部门履行相应的核准/备案手续。

其中，境外投资涉及敏感国家和地区的或者是涉及我国限制出口的产品和技术的行业、影响一国（地区）以上利益的行业的，需要由商务部核准；其他不涉及前述敏感因素的投资项目，由商务部或地方商务部门实行备案管理。

（三）外汇登记

根据国家外汇管理局发布的《境内机构境外直接投资外汇管理规定》（汇发〔2009〕30号）的规定，外汇局对境内机构境外直接投资及其形成的资产、相关权益实行外汇登记及备案制度。2015年，国家外汇管理局发布《关于进一步简化和改进直接投资外汇管理政策的通知》（汇发〔2015〕13号），规定由已经取得外汇局金融机构标识码且在所在地外汇局开通资本项目信息系统的银行直接办理境外投资外汇登记，外汇局通过银行实施间接监管。

（四）其他部门相关程序

除发改部门、商务部门及外汇部门的相关手续外，某些类型的项目/投资者还需要履行特定审批手续。例如，国有企业的境外投资，根据国资委于2017年1月7日发布的《中央企业境外投资监督管理办法》的规定，对中央企业的境外投资实行负面清单和年度投资计划管理。对于纳入年度投资计划的境外投资项目实行备案管理，对非主业投资项目和负面清单特别监管类项目报国资委审核，对于负面清单禁止类项目，中央企业一律不得投资。各地方国企则按照地方国资委的文件办理。

（五）相关风险

前述境内相关监管部门的审批对于境外投资的影响主要在以下两个方面：

第一种影响为时间方面的影响，各境内监管机构的审批手续均需要一定的时间，且复杂程度不一，如不提前妥善安排，很有可能会影响到项目进度和计划。

第二种影响在于，投资者未对需要哪些境内监管机构审批进行全面的梳理，遗漏了相应的监管审批/备案程序，或者是投资者为了避免境内监管审批时间对项目进度的拖延，而通过变更交易结构的方式规避监管审批/备案程序。在这种情况下，部分手续的缺失，如商务部门、发改部门手续的缺失，会导致投资资金无法汇出。此外，未能全面履行相关的手续，还可能导致后期在项目退出时，因为相关瑕疵而面临上市或者转让的障碍，增加投资者退出的困难程度。

因此，建议投资者在进行境外投资时，应根据交易具体内容对交易所涉及的境内监管审批手续和所需时间有全面妥善的预估，必要时与相关监管机构进行预沟通，以此为基础决定交易的细节架构和时间进度。

四、交易结构设计

交易结构的设计与众多的环节相关联，如东道国的资本准入制度、尽职调查的结果、境内监管的考量以及退出的便利程度等。未能妥善设计交易结构可能带来的问题是多方面的。

从资本准入的角度而言，以越南的法律制度为例，相关法律法规规定，境外机构和个人合计持有越南银行业企业的股份不得超过30%。[①] 根据该种规定，如投资者拟投资越南银行业企业，则在考虑投资交易结构时，首先必须考虑其所直接持有的股份比例最多仅为30%。如投资者拟取得更多权益，仅能考虑通过协议安排等其他形式。另外，一些国家的法律法规明确禁止外国主体取得土

① 详情请参见国家外汇管理局“一带一路”国家外汇管理政策研究小组编译的《“一带一路”国家外汇管理政策概览2018》，第490页。

地所有权，在该种情况下，投资者无法通过资产收购的方式直接取得土地所有权，仅能考虑通过股权收购的方式进行投资。不了解当地的法律法规，从而导致交易结构的设计不妥，将会对投资带来根本性的不利影响。

尽职调查的结果也会在一定程度上影响到交易结构的设计。例如，与资产收购相比，股权收购的劣势在于债务等义务会随着股权一并转移至投资者，对于某些标的而言，如在尽职调查过程中发现其存在较为严重、复杂的债务问题，在可行的情况下，资产收购显然是更为稳妥的方式。又如，尽职调查过程中发现某一收购范围外的资产/企业可能与标的资产/企业存在极为重要的关联关系，如重要原材料供应、重要分销渠道、重要知识产权授权等，则需要考虑能否在交易结构设计时，将与前述企业达成长期安排作为交易的一个重要环节或者直接将前述资产/企业纳入标的范畴。未能妥善考虑尽职调查结果的交易结构设计，最终可能会严重损害到投资者的利益。

相较于前两种情况，境内监管对于交易结构的影响并非十分普遍，但亦有可能导致交易结构的更改。例如，根据境外投资相关法律法规的规定，境内主体控制的境外企业进行投资，如境内主体提供资金或担保的，亦构成境外投资，需要履行相关监管机构的核准/备案手续。在该种情况下，如有实力，境内企业可能会选择由境外主体以自筹资金直接进行投资，境内主体不提供任何资金/担保，以避免境内监管机构较长的核准/备案程序可能给投资带来的问题。

退出问题是交易结构设计相关风险最为集中的点，因为在交易结构设计初期，往往难以预测后续的情况发展，很多投资者均未能未雨绸缪地为便利退出而相应设计交易结构。很多投资者在投资初期，为了便利，往往以境内主体或者有其他业务、实际运营的境外主体作为投资主体，直接持有标的公司的股权。在后续退出时，该种结构往往会导致很多问题，如东道国某些特殊行业的直接股权转让需要相关政府部门的审批，且直接股权转让需要承担较高的税负等。如果能在投资初期设立离岸 SPV，通过转让离岸 SPV 的股权实现退出，则前述问题能得到有效解决。

五、政治风险

“一带一路”沿线国家多为发展中国家，经济发展水平有限，部分国家甚至政局动荡，投资的政治风险较高。任何政治性变化对于投资者的投资都有可能造成极大的影响，从法律法规的变化到政府换届，从政权更迭到发生战争，其中，军事政变、战争、资产国有化等是其中最为极端的几种类型。

对于该类风险的防控，首先，在投资前，投资者需要对东道国的政治风险级别有清晰的了解和合理的预估。一些著名的政治风险研究机构均会定期发布全球性的或者针对某个特定国家的政治风险分析报告，世界银行也有特定的部门每年发布全球投资的风险评估，并就一些涉及政治风险的大型投资项目作出案例分析。此外，中国社会科学院世界经济与政治研究所也会每年发布中国海外投资国家风险评级，均是投资者可以参考的依据。

除对于东道国政治风险的合理预估外，在投资实施的过程中，还应着重考虑投保海外投资保险。例如，中国出口信用保险公司的海外投资保险业务，其能够为投资者及金融机构因投资所在国发生的征收、汇兑限制、战争及政治暴乱、违约等政治风险造成的经济损失提供风险保障，承保业务的保险期限不超过 20 年。其承保的风险包括征收、汇兑限制、战争及政治暴乱以及东道国政府或其他相关主体违约等。

世界银行下属的多边投资担保机构（Multilateral Investment Guarantee Agency，MIGA）亦可以为会员国的投资者向发展中国家的会员国进行投资的政治风险予以担保。其承保的政治风险主要有四类：货币汇兑险、政府征收险、战争及内乱险、政府违约险。

六、合规风险

合规风险往往是投资者在境外投资过程中极易忽略的一点。广义上的合规风险极为广泛，可以包含东道国的法律环境、投资者的境内监管审批等方面，但此处的合规风险为狭义的合规，仅指包括反垄断、反腐败、反洗钱、数据监管等方面的合规问题。这些方面的合规监管重点并非东道国的监管机构，而是全球范围内的。

以反腐败为例，美国的《反海外腐败法案》（Foreign Corrupt Practices Act，FCPA）在全球范围内实施长臂管辖。2015 年至 2019 年 6 月因违反 FCPA 受处罚的公司，一半以上为非美国企业。在实践中曾有案例，相关交易各方以及交易各项因素均与美国无关联，但仅因为交易选择了以美元支付对价，从而受到FCPA管辖，由此可见FCPA管辖范围的宽泛。FCPA处罚力度也极大，2015年至2019年6月，非美国企业因违反FCPA受处罚/和解金额总计达46.6亿美元，针对个人也有着极为严厉的处罚措施。

正是由于其管辖范围之宽泛、处罚之严厉，投资者在进行境外投资时，更应该关注标的企业在该方面的合规性，必要时可以对于标的企业进行专门的合规尽调，以确保其不存在重大的合规风险，避免在投资完成后因为标的企业的合规问题遭受巨大的损失。

七、结语

本文仅以“一带一路”国家的特殊法律制度和投资环境为例介绍了投资者在境外投资时可能遇到的各方面问题和风险。但该种问题和风险的介绍并非穷尽式的，仅是结合实践经验对最重要的若干方面的总结，以期对投资者有所助益。投资者在境外投资时，可能会遇到各种类型的法律问题，建议投资者一定要未雨绸缪，业务团队与内外部法律团队应紧密合作，实现法律团队的及早介入。投资者应对于法律风险有所预判、有所防范，确保法律团队的全程参与，妥善应对处理，以将法律风险导致的损失控制在最小范围内。

浅析项目融资放款前提条件的设置与审查

陈晓平　曾李　李秉原　刘怡畅*

项目融资中的融资关闭（Financial Close）通常是指所有项目文件以及融资文件均已签署，且贷款人所要求的首次放款前提条件均已满足或被豁免。放款前提条件的设置是项目融资中的重要环节，对借贷双方均具有重要意义。在复杂的跨境项目融资中，放款前提条件文件通常会囊括上百份文件或证书。对这些文件或证书进行审核并出具放款前提条件满足确认函是贷款人律师的重要工作之一。本文结合本律师团队在跨境项目融资上对放款前提条件的谈判及审核心路，浅析项目融资中放款前提条件的设置与审核要点。

一、放款前提条件的设置

根据项目进度安排以及融资方的信贷要求，项目融资中会安排融资文件签署条件、融资文件生效条件以及放款前提条件。其中，放款前提条件可分为首次放款条件（Conditions Precedent to Initial Utilization）及进一步放款前提条件（Further Condition Precedent）。对于一些重要的但基于各种原因无法在首次放款前满足的条件，贷款人在综合评估了这些条件的风险后，如认为风险可控，可能会同意将这些条件设置为贷后落实条件（Conditions Subsequent），且通常会约定最终完成的时间或者将该条件作为后续提款的条件。

放款前提条件通常所包括的主要条件如下：

---

* 陈晓平，北京市奋迅律师事务所，高级顾问；曾李，北京市奋迅律师事务所；李秉原，北京市奋迅律师事务所；刘怡畅，北京市奋迅律师事务所，律师。

(一) 首次放款前提条件

首次放款前提条件的全部满足（或被豁免）预示着贷款人信贷风险即将开始，也意味着借款人有权根据贷款合同的约定要求提款。此外，如首次放款前提条件未能在约定的时间满足，进而可能无法在相关东道国政府要求的融资关闭时间内实现融资关闭，则可能进一步影响项目进度及项目文件的效力。如根据某项目所在地政府所签发的支持函（Letter of Support），相关项目的融资关闭通常需要在该国政府签发支持函后 9 个月内完成，如融资关闭未能及时实现，项目公司或者项目发起人需要向该国政府申请融资关闭的延期，且需要增加履约保函[①]金额、延长履约保函的期限及采取其他措施；更进一步，如融资关闭未按照支持函约定的日期（包括延长后的融资关闭日期）实现融资关闭，可能会导致项目文件的终止。因此，设置既可达到对贷款人授信风险合理控制，又能兼顾项目进度及安排的首次放款条件，对于借贷双方而言极其重要。

通常项目融资的首次放款条件会涵盖从主体到项目方方面面的条件，具体而言：

1. 项目主体相关文件

主要指借款人、担保人及其他增信措施提供人的登记文件、章程及内部决议等。整体来看，借贷双方通常不会在该部分条件上有过多争议。

2. 融资文件

根据项目融资结构，通常融资文件会包括贷款协议、发起人支持协议、完工担保、账户协议、动产或不动产抵质押协议、股权质押协议、账户质押协议、项目文件权益转让协议、保险权益转让文件、直接协议及费用函等。

需要说明的是，在首次放款前提条件中列举的融资文件并不一定是全部融资文件。以中国企业“走出去”项目为例，中国出口信用保险公司（以下简称“中信保”）签发保单需要以中国企业的海外投资项目获得国家发展和改革委员会（以下简称“发改委”）（或省级政府发展改革部门）、商务部（或省级商务

① 指项目公司/项目发起人向项目所在地政府提供的无条件、不可撤销的银行保函，用于担保项目公司按照支持函所规定日期实现融资关闭的责任与义务。

主管部门）的核准或者备案以及外汇登记文件为前提，且根据《关于大型出口信贷及出口信用保险项目的报批程序（修订稿）》的规定，对于大型出口信贷及出口信用保险项目［指承保金额在3亿美元以上（含3亿美元）的大型成套设备出口项目及对外承包工程项目］，需要商务部会同外交部、财政部报国务院审批。因此，中信保签发保单的时间和流程相对较长。在本律师团队曾经办的越南某项目上，中信保保单及保险权益转让文件被列入了第二次提款条件。

3. 项目文件

以电站项目为例，项目文件通常包括购电协议、执行协议、EPC合同、燃料供应协议、供水协议、运维协议、土地购买/租赁协议、保险/再保险合同、保单及政府保函（如有）等。需要说明的是，有些项目文件会签署补充协议或变更协议，该等补充协议或变更协议也需被明确列为项目文件。此外，由于大多项目融资发生在项目建设阶段，项目尚未开始运营，项目公司在首次提款前可能还未签署运维协议或者未购买运营期保险，因此这部分项目文件可相应设置为贷后落实条件。

4. 项目及融资所涉及的审批及登记文件

办理及完成项目及项目融资所涉及的相关法域项下的审批登记是为了确保项目合法合规、融资及担保的合法性、有效性及可执行性以及资金流动（尤其是资金跨境流动）的顺畅性。项目及融资所涉及的审批登记文件需根据所适用的法律法规来设置及确定，一般借贷双方对所需获得的这些审批登记文件本身无较大争议，但受限于实操情况，有些审批登记文件可能会取得地比较晚，因此在这部分文件的谈判上，借贷双方可能更多集中在相关审批文件的提交时间上，如是否可相应设置为贷后落实条件，有的借款人也会提出在“可行的时间”提供。相关审批及登记文件具体分析如下：

（1）中国法下所涉及的相关审批及登记文件

根据发改委于2017年12月26日发布的《企业境外投资管理办法》（中华人民共和国国家发展和改革委员会令第11号）、商务部于2014年9月6日发布的《境外投资管理办法》（中华人民共和国商务部令2014年第3号）及国家外汇管理局（以下简称“外管局”）于2015年2月13日发布的《国家外汇管理局关于进一步简化和改进直接投资外汇管理政策的通知》（汇发〔2015〕13

号），中国境内企业境外投资需取得发改委（或省级政府发展改革部门）及商务部（或省级商务主管部门）的核准或者备案，并在境内投资主体注册地银行办理直接投资外汇登记。需要提示的是，从税务优化、资金便利划转等因素考量，境内投资企业可能会搭建多层海外投资架构，根据相关中间层公司的行业、投资金额及是否涉及从境内出资等不同情况，也可能会涉及发改委（或省级政府发展改革部门）及商务部（或省级商务主管部门）的核准、备案或者报告。此外，如涉及国企或央企境外投资的，还需国有资产管理委员会（以下简称“国资委”）的审核或国家出资企业的决策并需向国资委申办产权登记。

此外，根据《国家发展改革委关于推进企业发行外债备案登记制管理改革的通知》（发改外资〔2015〕2044 号）、《跨境担保外汇管理规定》（汇发〔2014〕29 号）、《跨境担保外汇管理操作指引》（汇发〔2014〕29 号）及《中国人民银行关于全口径跨境融资宏观审慎管理有关事宜的通知》（银发〔2017〕9 号）等相关法律法规以及具体项目融资的结构，跨境项目融资交易可能会构成中国法下的外债及内保外贷，进而可能相应需要：（a）事先取得发改委的外债备案登记，（b）在融资合同签约后但不晚于提款前 3 个工作日，向外管局资本项目信息系统办理跨境融资情况签约备案，及（c）在担保合同签署后 15 个工作日内到所在地外汇局办理内保外贷签约登记手续。

（2）项目所在地法及其他相关法域所涉及的审批登记

以燃煤电站项目为例，根据项目所在地法，燃煤电站项目通常需要取得发电许可、环评批复、电费批复、运煤许可、土地登记、爆破性物质使用许可、危险物质排放许可、关于主权担保的预算审批等。

对于外汇管制国家，如根据巴基斯坦的法律法规，当地项目公司从境外借款、开立外汇账户需要取得巴基斯坦央行的批准；项目公司以项目资产为项目融资提供抵质押的，应按照当地的规定去证券与交易委员会（Securities and Exchange Commission of Pakistan）等部门办理相应的担保完善手续。如涉及中间层公司股权质押的，也应按照中间层股东所在地的法律及其他域外法律（如适用）办理相应的股权质押登记。

综上可以看出，在跨境项目融资交易下，项目以及融资所涉及的相关审批及登记较多。通常情况下，贷款人会在项目评审阶段聘任相应法域项下的律师对项目的合法合规性及融资结构的可行性进行充分的尽职调查及风险披露。

5. 账户合法开立证明文件

项目融资决定了贷款人为了保护自己，必须合理地监管并控制项目现金流。而账户是贷款人对项目现金流进行监管及控制的有效载体。在跨境项目融资中，通常会开立放款账户、收入账户、运维账户、税收账户、偿债准备金账户、运维准备金账户、还款账户、赔款账户、分红账户等一系列账户。贷款人通常会要求借款人在首次放款前完成前述账户的开立并办妥相关账户的监管或质押（分红账户除外）。此外，如上述第4条第（2）项（项目所在地法及其他相关法域所涉及的审批登记）中所述，如开立相关账户需要取得当地央行或者其他部门批准或许可的，贷款人也会将开户批准作为首次放款的前提条件。

6. 中介机构文件

常见的中介机构出具的文件包括：可行性研究报告、保险顾问报告、技术顾问报告、环评报告、建设进度、建设预算及运营预算、审计报告、财务模型、法律意见书等。前述中介机构文件，分别从不同角度分析了项目的可行性、可融资性及合法合规性等。通常情况下贷款人会要求借款人提供令贷款人满意的前述中介机构的文件并将此作为首次放款的前提条件。

（二）进一步放款前提条件

在项目融资中，常见的每次放款条件包括：没有违约（Default）、陈述与保证仍真实、没有出现资金短缺（funding shortfall）、债股比满足约定比率、提款资金与项目进度匹配、项目进度与建设进度计划相匹配等。进一步放款前提条件的条款数量虽然看起来不是很多，但因为需要在每次放款前均满足，且与项目进度等直接关联，从借款人的角度出发，其要充分预测项目未来进度及可能会出现的问题，提前与贷款人沟通，对确实无法达到的指标或情形予以适当排除，以便后续顺利提款。

二、放款前提条件的收集及审查

与放款前提条件的设置相比，放款前提条件的收集、审查工作，需要的是借贷双方及其律师的细致性、条理性以及积极应对可能会出现的各种问题的能力。此外，跨境项目融资下放款前提条件的收集及审查是个相对漫长的工作。笔者结合经办这类工作的经验分享一二。

（一）有效收集放款前提条件文件

1. 制作放款前提条件文件清单

项目融资的放款前提条件的数量较多，准备及提供的时间间隔往往很长（尤其是所涉及的各种政府审批，故很难把握具体时间），且通常需要发起人、借款人、借款人律师、保险顾问、技术顾问等多方分头负责准备及提供。同时，放款前提条件还需要贷款人、贷款人境内外律师进行审核并确认满足贷款人的要求。在该过程中也伴随着各方多轮的意见与修改。在此情况下，制作一份详细的放款前提条件文件清单（通常情况下，该提款前提条件清单会包含条款序号、前提条件文件的名称、负责方、文件状态以及相关方意见等）就显得非常必要。这样可以使项目各方保持在同一进度上，便于随时跟进放款前提条件文件的收集进度，也方便各方反馈对放款前提条件文件的意见或问题。

2. 统一放款前提条件文件的编号及命名

为便于检索、传递及审核放款前提条件文件，建议可在放款前提条件文件工作开始之前各方将放款前提条件如何编号及命名确定下来。

（二）审慎审核放款前提条件文件

1. 及时与境外律师确认

跨境融资项目中放款前提条件的设置会较多涉及项目所在地的主体或审批，因此需与项目当地律师密切配合。在收到相关放款前提条件文件之后，项目牵头律师应第一时间转发相关法域下的律师进行确认。以巴基斯坦某项目为例，涉及巴基斯坦主体签署的合同，其签字需两位 21 岁以上的男性见证人进行见证。如巴基斯坦律师未能及时确认并导致上述形式不完善，则该合同不能在巴基斯坦法下被视为有效签署，也就无法实现放款前提条件的满足。

2. 注意文件的时效性

受项目所在国的审批进度、借贷双方内部审批流程或其他因素的影响，项目融资中放款前提条件文件的收集过程往往需要几个月甚至一年的时间。在此期间，很多文件会涉及多轮的修改或更新。这就对律师在文件时效性的把握上提出了较高的要求。在项目融资中，笔者的做法是通过 Excel 表格的形式，对所有文件的日期进行记录。一旦有任何更新，则相应在表格中进行标注，避免出现任何一项放款前提条件文件过期的情形。

3. 关注文件的细节

放款前提文件非常多，在审核的过程中很容易忽视一些细节问题。在笔者经办的跨境融资项目中，当地政府出具了一份批文，该批文主要内容没有任何问题，但签发日期由于政府的疏忽而写错了。这就导致事实逻辑出现了问题。考虑到项目融资的期限常常为 10 年以上，在这个期间内会发生政府官员的更迭以及借贷双方经办人员的变更，则在贷后管理过程中，前述问题可能会成为一个无人能说清楚的潜在问题。对此问题，如何在当下解决而不留有任何后患。

在笔者审核放款前提条件文件时，除对文件本身内容的关注外，笔者还会留意：相关文件的签发时间、签署主体（包括是不是授权人签署、签字与签字样本是否一致、公章是否正确、见证人是否签署等）、多页文件页码的连续性、文件是否完整清晰等。

（三）及时应对及妥善解决各种突发情况

在放款前提条件审核中，可能随时会产生各种新问题，各方应积极妥善地解决相关问题。以某境外项目为例，贷款协议在签署后进行了两次变更。根据项目所在国法律的规定，其境内主体与境外贷款人签署的贷款协议需要在该国央行进行注册，该注册也是首次放款的前提条件之一。该注册需要在贷款协议签署完毕后进行，且在注册后，贷款协议的任何变更需获得该国央行的批准。据此，就后续两次变更均需获得该国央行的批准。但由于贷款协议第二次变更时间较晚，取得该国央行对第二次变更批准的时间可能会晚于政府拟定的融资关闭时间。据此，借贷双方重新审视及评估了第二次变更事项的风险，认为可在实现融资关闭后再签署贷款协议的第二次变更协议，该问题据此得到妥善解决，该项目顺利实现了融资关闭。

三、结语

综上所述，本文主要结合笔者所经办的跨境融资项目经验，从实操角度分析了跨境项目融资中放款前提条件的设置、收集及审核。放款前提条件对借贷双方均具有重要意义，放款前提条件是借贷双方的谈判要点之一。跨境项目融资中的放款前提条件具有一定的共性，但因不同项目具有不同的特点，借贷双方可结合具体项目的特点而设置契合相关融资项目的放款前提条件。此外，在放款前提条件的收集及审核之前，事先制作一份放款前提条件清单将对后续提款前提条件的收集及审核工作起到事半功倍的作用。

浅议跨境项目融资的现金流控制和账户设置

王湘红　陈晓平　李秉原*

项目融资作为一种金融产品发端于20世纪50年代，并于20世纪70年代被西方国家大量采用，主要用于矿产资源、能源、发电、交通运输等大型基础设施建设项目的债务融资。近年来，随着我国“一带一路”倡议的推动，中资银行逐渐建立完善内部操作流程和风险管理机制，大力推进并积极参与跨境项目融资业务。

项目融资是指以特定项目的未来收益为基础，由贷款人向该特定项目提供长期债务融资，对该项目现金流享有优先受偿权的融资方式①。项目融资的两个重要特点为：(1) 项目融资中，贷款人最重要的还款来源就是该项目的收入，项目建成后的收入必须足够覆盖项目自身的运营维护开支及偿还负债本息；(2) 项目融资为有限追索权融资或者无追索权融资。对于有限追索权的项目融资，在项目运营后，发起人将不再对项目承担任何责任②，项目公司资产是贷款人能够获得的几乎所有担保③。

项目融资的上述特点，决定了贷款人为了保护自己，必须合理地跟踪、监管项目现金流。本文旨在结合笔者近年来在跨境项目融资交易中的具体项目经验，对项目融资现金流控制进行初步阐述和分析，同读者一道探讨跨境项目融资账户设置的模式。

---

* 王湘红，奋迅·贝克麦坚时联营办公室，合伙人；陈晓平，北京市奋迅律师事务所，高级顾问；李秉原，北京市奋迅律师事务所。

① E. R. Yescombe, Principles of Project Finance, second edition, Elsevier, 2014, p. 5.

② 项目运营前，贷款人一般会要求发起人向其提供完工担保，并在成本超支等特殊情况发生时对项目公司承担发起人支持义务。发起人在建设期内还可能以自身的信用为项目公司申请开立信用证、备用信用证或保函。因此，大部分项目融资并非完全无追索权融资，而是有限追索权融资。

③ Stefano Gatti, Project Finance in Theory and Practice, Elsevier, 2008, p. 3.

一、项目融资中现金流控制概述

项目融资中的现金流（Cash flow）是指特定项目在一定时期之内资金的流入和流出。[①] 项目融资一般都需要巨额的资金投入，且通常面临着复杂多样的政治、经济、社会、法律和技术风险。发起人为了减轻自己的风险，自身投资一般只占项目总投资的20%—30%，其余部分为各种形式的外部融资，尤其是来自金融机构的贷款。为了确保项目能够如期建成，且建成后能够按计划运营并产生足够的收益归还贷款，贷款人一般会对项目现金流进行严格的管理和控制。

基础设施建设项目一般分为两个阶段，即建设期和运营期。建设期内最典型的项目收入包括发起人出资、贷款人贷款资金等，建设期内的项目支出主要包括建设成本支出和融资成本支出。

运营期内的项目收入主要包括项目公司根据项目购买协议（Off - take Agreement）、发电协议（Power Purchase Agreement）等取得的运营收入，除此之外，还包括保险文件项下的保险赔偿收入、其他项目文件项下的违约赔偿收入以及东道国政府根据政策法规或执行协议/特许经营协议等文件给予项目公司的补贴/退税收入等，运营期内的项目支出主要包括运营维护成本支出、还本付息、运维/偿债准备金、可能发生的违约/损害赔偿支出，以及满足条件时的股东分红等。

简言之，建设期和运营期内的主要项目现金流科目如下表所示：

表1　项目现金流科目

现金流科目	阶段	收入科目	支出科目
	建设期	股本金、贷款资金、发起人支持资金、保险及其他赔偿收入	税费、建设成本、融资成本、违约/损害赔偿
	运营期	运营收入、政府补贴、保险赔偿收入、违约/损害赔偿	税费、运维成本、还本付息、运维/偿债准备金、违约/损害赔偿、股东分红

① Andrew Fight, Introduction to Project Finance, Elsevier, 2006, p. 96.

为了在不同阶段实现有效管理项目现金流，贷款人一般会要求项目公司开立一系列的项目账户（Project Accounts）。融资文件（特别是账户协议）将对每个项目账户的资金来源、资金用途以及资金支出的时点和条件都进行明确的规定，现金池中的资金必须按照约定顺序及条件依次支出。根据融资文件的约定，项目的所有收入将都被归集到一个总的项目收入账户中，然后再依次流入不同且相互独立的其他项目账户以满足项目公司不同的用款需求。根据流入资金次序的不同，这些项目账户被分为高低不同的层级。在上层项目账户的用款需求被满足之前，不得向下层项目账户注入资金。通过这些规定，贷款人可以实现对项目现金流的分级控制，使得项目资金可以归集到现金池中，并依次有序地向下流出。项目的现金流动就像瀑布一样有序，因此也被称为“现金流瀑布”(Cash Flow Waterfall)。本文第三部分将着重介绍项目融资现金流瀑布的情况。

在项目的现金流控制上，发起人和贷款人处于相对不同的位置。发起人(及项目公司）一般希望能够尽可能地取得对项目现金流控制的主动权，确保在项目正常状态下用款的方便及项目在产生足够收益时能够按时向发起人分红，确保发起人能够及时退出并在最大可能范围内获取投资回报。而贷款人一般希望在合理满足项目公司用款方便的同时，最大限度地确保自身对项目现金流的控制权，特别是对大额支付、发起人分红等重大事项及违约事件等重大事件发生时对项目现金流的绝对控制权。现金流控制是项目融资的核心问题，发起人和贷款人一般会在律师、财务顾问等中介机构的协助下，就该问题开展长时间的谈判，并由律师将谈判结果落实在账户协议等融资文件中。

二、项目融资中现金流控制的实现方式

如本文第一部分所述，在项目融资中，贷款人通过设置项目账户，并通过融资文件具体条款对项目账户资金用途、支出条件和支出时点作出的具体规定，实现对项目现金流的控制。

在建设期内，项目公司可获得的收入十分有限，其主要资金来源为发起人的股本金投入及贷款人的贷款资金发放。股本金和贷款资金通常会放在资金归

集账户中[①]，其中贷款资金的发放需要满足贷款协议项下规定的各项放款前提条件。该资金归集账户内的资金支出主要用于支付建设成本，因此需要符合经贷款人批准的建设预算及项目文件的具体要求，且没有违约情形发生；此外，为配合放款，项目公司还应当向账户行及贷款行提交证明资金支付真实性的付款指令、工程量单及发票等文件。个别特殊的项目账户应当同时开立，以便归集或有收入（如保险赔偿收入等）。在商业运营日实现后，资金归集账户内的所有收入将被转入项目收入账户（Revenue Account）中，且运营期内所有的项目收入都将被归集到该项目收入账户中。

在运营期内，且在无违约事项发生之时，项目现金流的支出顺序一般如下：

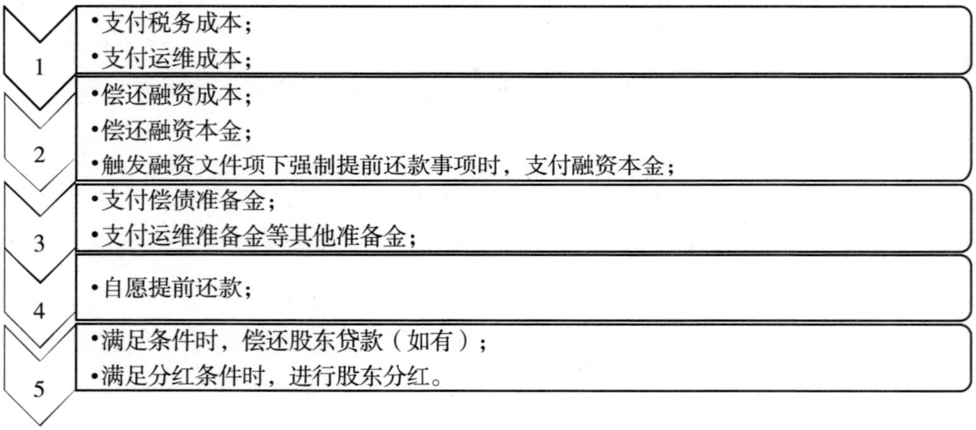

图1　运营期项目现金流顺序

除现金流瀑布外，融资文件（特别是贷款协议）下通常还会设置一些其他条款，用以对项目现金流进行控制，确保贷款人所提供的贷款在特殊情况发生时可以提前清偿。这类条款通常被称为现金归集（Cash Sweep/Cash Traps）条

---

① 该账户通常情况下叫“资金归集账户”（Collection Account）。有些贷款人为了测算项目公司债股比（Debt to Equity Ratio）的便利，或根据东道国的法律规定，贷款资金和股本金也可以分别放在独立的放款账户（Disbursement Account）和资本金账户（Equity Account）内。为了满足项目公司在东道国境内的用款方便，亦有可能将放款账户和资本金账户分拆为相互独立的在岸/离岸放款账户和在岸/离岸资本金账户。

款。这些条款包括（但不限于）[①]：

1. 超额现金流（Excess Cashflow）：该条款要求项目公司在收到超出预期的收入后，需要将超过一定限额的收入用于提前还款或存入偿债准备金账户。该条款在收入波动较大或易受燃料、原材料等大宗商品价格波动影响的项目中较为常见。类似安排之目的主要在于，贷款人希望在项目运营情况良好时能够采取提前收回贷款或增加准备金等缓冲措施，使贷款人能够尽快缩小风险暴露或增加准备金等缓冲，防止在经济下行期项目运营欠佳时直接暴露在风险之下。

2. 回补安排（Cash Clawback）：该条款要求发起人在项目公司出现特定情形时，需要将在该特定情形发生前已经从项目公司处取得的分红返还给项目公司。该条款在某些需要周期性大修保养的项目中较为常见，如公路、输电项目每隔一定期间就需要大修保养，如果不进行大修可能会对项目的寿命及正常运营都产生严重影响。通常在项目设计时很难预估大修所需花费的时间及成本。因此，贷款人通过回补条款，要求在项目进行大修并无法产生足够收入支付贷款本息，且项目文件项下东道国政府或购买方（Off－taker）又无义务在大修时承担大修费用或代为支付贷款本息时，发起人需以其所得分红为限，代为支付大修费用或代为还本付息。

三、跨境项目融资现金流控制的具体模式

针对跨境项目融资，如果具体项目在项目公司所在地及项目直接股东所在地均有资金流入及流出，在建设期和运营期有诸多的项目收入和支出资金科目，且资金的流动既涉及股本金的注入及分红款的跨境支付，又涉及贷款的发放及偿还、项目收入的归集及使用等，通常情况下贷款行可参考如下项目现金流瀑布图设置项目账户并监管现金流。

---

① 除本部分列举的两种安排外，国外实务界亦有著述对其他类似安排进行详细讨论。具体可参考 E. R. Yescombe, Principles of Project Finance, second edition, Elsevier, 2014, pp. 377－379; John Dewar, International Project Finance, law and practice, Oxford University Press, 2011, p. 185。

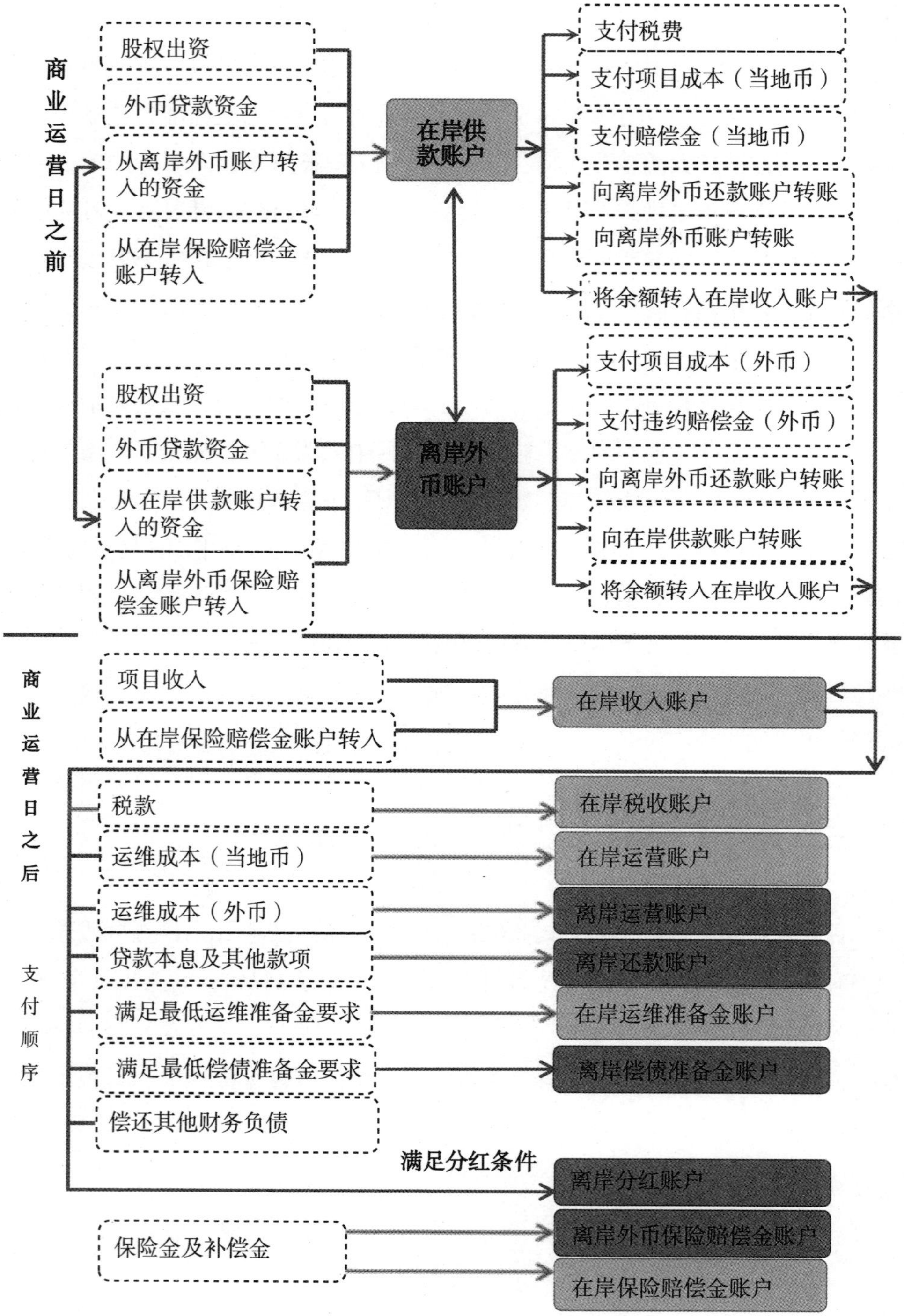
商业运营日之前
股权出资
外币贷款资金
从离岸外币账户转入的资金
从在岸保险赔偿金账户转入
在岸供款账户
支付税费
支付项目成本（当地币）
支付赔偿金（当地币）
向离岸外币还款账户转账
向离岸外币账户转账
将余额转入在岸收入账户
股权出资
外币贷款资金
从在岸供款账户转入的资金
从离岸外币保险赔偿金账户转入
离岸外币账户
支付项目成本（外币）
支付违约赔偿金（外币）
向离岸外币还款账户转账
向在岸供款账户转账
将余额转入在岸收入账户
商业运营日之后
项目收入
从在岸保险赔偿金账户转入
在岸收入账户
支付顺序
税款
在岸税收账户
运维成本（当地币）
在岸运营账户
运维成本（外币）
离岸运营账户
贷款本息及其他款项
离岸还款账户
满足最低运维准备金要求
在岸运维准备金账户
满足最低偿债准备金要求
离岸偿债准备金账户
偿还其他财务负债
满足分红条件
离岸分红账户
保险金及补偿金
离岸外币保险赔偿金账户
在岸保险赔偿金账户

图2　现金流瀑布图

根据上述项目现金流瀑布图，借款人应在相关的开户行开立并维持融资文件所要求的各个银行账户。各个银行账户的基本功能及账户内的资金流动情况为：

1. 在岸账户（在项目公司所在地银行开立的账户）：

（1）在岸供款账户，用于存放股权出资、贷款资金、保险赔偿金及补偿金，接收离岸外币账户划转的资金。在岸供款账户内的资金可用于支付项目商业运营日之前的税费、项目成本、项目合同项下的赔偿金、员工薪酬、融资成本。

（2）在岸税收账户内的资金用于支付税费。

（3）在岸收入账户，用于存放商业运营日后的项目收入、保险赔偿金及补偿金。在岸收入账户的资金用于支付在岸税费、运营费用、贷款本息、运维准备金、偿债准备金，并在满足分红条件时，可将在岸收入账户内的资金划转至分红账户。

（4）在岸运营账户，用于接收在岸收入账户及离岸运营账户所划转的资金。在岸运营账户内的资金用于支付项目运营成本。

（5）在岸运维准备金账户，用于存放运维准备金，并接收来自在岸收入账户所划转的资金。

（6）在岸保险赔偿金账户，用于存放在岸保险赔偿金。

2. 离岸账户（通常在项目公司股东所在地银行开立的账户）：

（1）离岸外币账户，用于存放股东出资、贷款资金和商业运营日前的项目外币收入、保险赔偿金及补偿金。离岸外币账户内的资金用于支付项目成本、项目合同项下的赔偿金、融资成本等。

（2）离岸还款账户，可接收来自在岸收入账户所划转的资金，并用于偿还贷款人的贷款本息。

（3）离岸外币还款准备金账户，在离岸还款账户资金不足以偿还贷款时，用于偿还贷款。离岸外币还款准备金账户内的资金通常应为下一期还款本息的金额。

（4）离岸运营账户，用于接受在岸收入账户划转的资金，并用于支付运维成本。离岸运营账户内的资金可划转至在岸运营账户。

（5）离岸外币保险赔偿金账户，用于收取境外保险赔偿金以及补偿及损害赔偿款。

（6）离岸分红账户（也可根据项目情况分别设立在岸/离岸分红账户），在满足相应分红条件时，将在岸收入账户内的资金划转至离岸分红账户。

通常情况下，根据贷款人的要求，除分红账户外，以上账户均受贷款人及账户行的监管，并被质押给贷款人。

四、开立项目账户所涉及的其他相关法律问题

（一）关于账户的有效开立

在项目融资中，相关账户承载着项目资金流转的重大作用，且通常项目融资中的账户较多。因此，项目账户的有效开立及维持对项目公司及贷款人都具有重大的意义。受限于不同法域下法律法规的规定，有些国家（尤其是外汇管制国家）对开立账户有较为严格的审批要求，如某些国家开立跨境资金流动账户需要事前取得央行的审批，否则会影响账户内资金的自由划转。

就此问题，笔者建议在开展跨境项目融资过程中，请相关法域下的执业律师就账户的开立以及账户资金能否自由划转问题出具专业的分析意见。

（二）关于账户行的选择

账户行主要负责监管相关账户内资金的使用，并根据贷款人及/或借款人的指示，对账户内的资金进行相应的划转及投资。通常情况下，贷款人会要求账户行提供如下职责：

1. 审核资金划转指令及相关证明文件，并相应划转资金；

2. 留存每一笔资金支付的相关材料；

3. 应贷款人请求随时向贷款人提供查询借款人受监管账户的对账单及资金支付相关材料的服务。

为此，在账户行的选择上，通常贷款人会要求账户行至少满足以下条件：

1. 熟悉账户开立地法律制度和金融监管规定；

2. 熟悉项目融资等融资模式项下复杂账户结构的监管做法，操作经验丰富，专业能力强；结算手段完备，汇路畅通，通信技术系统满足业务需求；

3. 没有严重影响银行自身正常经营管理的负面报道；

4. 未被国际主要国家或重要金融组织以及该项目涉及国家及地区列为受制裁的银行；

5. 满足一定的评级要求，如不得低于主要评级机构所评定的 A 级；

6. 与贷款人有良好的业务合作关系等。

此外，在某些项目上，贷款人也会有一些特殊的要求，如要求账户行不得为伊斯兰银行，因为伊斯兰银行不是按照传统商业银行模式，而是根据古兰经教义来运营管理，其在日常管理、利息支付、经营领域、风险控制和与贷款人关系等方面均与传统商业银行有所区别。如项目涉及离岸及在岸账户，贷款人也可能会要求在岸账户行和离岸账户行须为同一家银行的不同分支机构，以便于内部协调及确保资金的及时划转。

五、结语

本文主要分析及介绍了项目融资中现金流控制的意义以及实现现金流控制的有效手段，并结合笔者所经办的跨境融资项目经验，从实操角度分析了跨境项目融资中常见的账户、账户功能以及各个账户间资金流转的安排，以期通过合理的账户安排及现金流设置达到对项目现金流的有效监管。由于账户的有效设立及维护是进行账户监管的前提，跨境项目融资的相关参与方应关注账户开立是否需要相应的审批、账户内资金能否自由流转以及账户行是否具备充分的监管及结算能力等相关问题。

跨境商业地产收购项下的平行贷款项目法律实务分析

陈晓平 丁维骏*

本文中所提及的跨境商业地产收购项目主要指境外主体通过收购境内地产公司的境外母公司的股权，并进而间接控制境内地产的项目。考虑到融资的便利性及成本等因素，境外主体可能会更倾向于从境外贷款人进行融资。在地产融资项目中，最有价值的资产通常为房地产，但受限于境内不同地区不动产抵押登记部门的操作情况，境外债权人可能无法被登记为境内地产的抵押权人。为此，跨境平行贷款结构成为跨境商业地产收购项目下的一种常见的融资结构。本文拟结合项目实操经验分析跨境平行贷款融资文件组成、担保落实等相关的法律实务要点，以供交易相关方参考、探讨。

一、跨境平行贷款的基本交易结构

在跨境平行贷款结构项下，（1）境外借款人拟从卖方收购目标公司的股权，并间接持有境内商业地产；（2）境外借款人拟与境外贷款人签署贷款协议，从境外贷款人借款（以下简称“境外贷款”），主要用于支付收购目标公司的股权价款；（3）境内借款人与境内贷款人签署贷款协议，从境内贷款人借款（以下简称“境内贷款”），用于偿还现有的贷款（如有）、物业改造或支付经营所需等；（4）境内房地产通常会被抵押给境内贷款人用于担保境内贷款；及（5）境外贷款人和境内贷款人通常为同一家银行的境内外分行，境外贷款人和境内贷款人通过签署债权人间协议，约定违约事件发生前提下的贷款人行动模

* 陈晓平，北京市奋迅律师事务所，高级顾问；丁维骏，奋迅·贝克麦坚时联营办公室，律师。

式、对境内外贷款偿还顺序、境内抵押（尤其是房地产抵押）处置的限制等。

跨境平行贷款的基本结构如下：

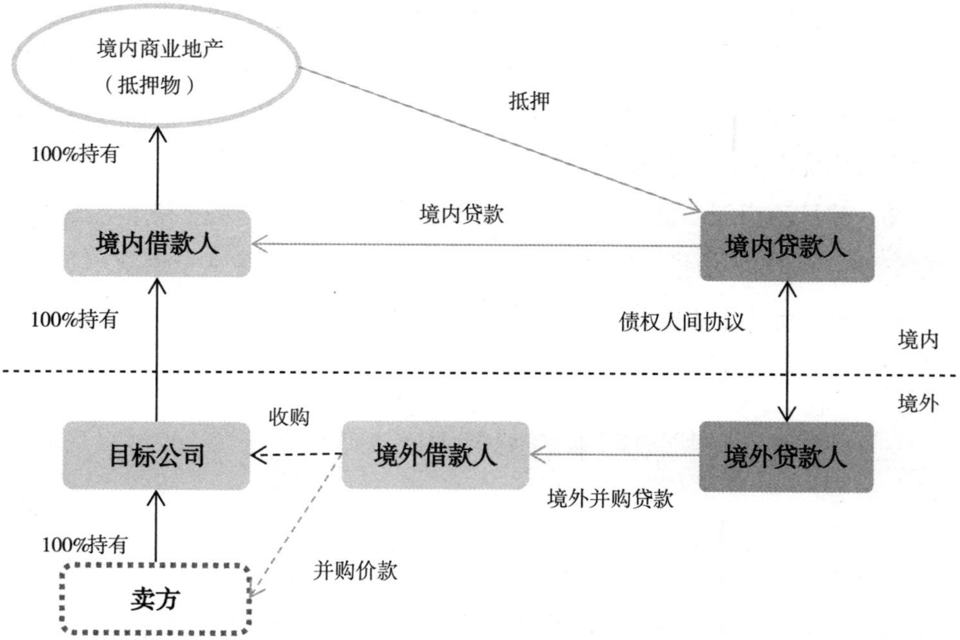

二、跨境平行贷款项下的债权人间协议

债权人间协议（Intercreditor Agreement，以下简称“ICA”）是境内外贷款人之间达成的协议，以平衡及兼顾境内外贷款人的权益。债权人间协议是跨境平行贷款交易下的重要文件，由境内贷款行、境内代理行、境内借款人、境外贷款行、境外代理行及境外借款人共同签署，其核心条款及相关安排主要包括：

1. 限制境内贷款行行动：在 Intercreditor Period（以下简称“债权人间期间”，即境外贷款被清偿完毕之前），除融资文件项下许可的付款行为及 ICA 许可的执行行为外，境内贷款行不得作出 ICA 禁止其从事的行为，例如，执行境内贷款、获得新增担保、债务抵销、购买境内债权等。

2. 限制境内外融资协议的修改：遵循的主要原则是融资文件的修改不可损害境外贷款行的权益。

3. 许可的执行境内贷款的行为：除义务人破产、法定期限履行执行程序、境外贷款行指示的行为等情况外，在债权人间期间，许可境内贷款行执行境内贷款的情形，ICA 设定的一个重要流程如下：

①自境内代理行通知发生违约（Standstill Period，以下简称“一致行动期间”）起，境内外贷款人共商解决方案或采取 ICA 许可的措施（包括：境外贷款行在补救期间/购买期间所采取的补救措施，如境外贷款行通过向境内借款人注资、受让境内债权、再融资等相关法律允许的行为）；

②一致行动期间届满后，如未达成或实现任何解决方案，则境内代理行（在多数境内贷款行的指示下）可执行目标物业不动产抵押或采取其他执行措施，所得价款将用于清偿境内融资文件项下债务。

三、跨境平行贷款项下的担保安排

（一）境外担保安排

在跨境平行贷款项目下，常见的境外担保文件主要包括借款人担保（Borrower Debenture）、境外借款人股权质押（Borrower Share Charge）、发起人保证（Sponsor Guarantee）及担保权益转让（Security Assignment）等担保文件，由于此类文件主要为境外法律问题，在此不作赘述。

需要说明的是，通常目标公司持有的境内借款人的股权将会被质押给境外贷款人，以担保境外贷款。由于该股权质押是境内公司的股权质押，因此将在如下境内担保安排中予以详述。

（二）境内担保安排

在跨境平行贷款项目下，境内担保一般涉及境内房地产抵押、股权质押、物业租金应收账款质押等担保措施。

1. 房地产抵押

房地产抵押包括国有土地使用权抵押、建筑物抵押和在建建筑物抵押，当债务人不履行义务时，银行作为债权人，有权依法以抵押房地产处置价款优先受偿。在商业地产收购项目下，最有价值的抵押品应为境内房地产，因此房地产抵押为境内外贷款人均最为看重的担保措施。就房地产抵押而言，笔者理解应关注如下方面的问题：

（1）房地产抵押的法律可行性

《中华人民共和国物权法》（中华人民共和国主席令第62号，以下简称《物权法》）、《不动产登记操作规范（试行）》及其他相关法律法规中明确规定了禁止抵押的房地产。例如：

①土地所有权、海域所有权；

②耕地、宅基地等集体所有的土地使用权，但法律规定可以抵押的除外；

③学校、幼儿园、医院等以公益为目的的事业单位、社会团体的教育设施、医疗卫生设施和其他社会公益设施；

④所有权、使用权不明或者有争议的不动产；

⑤依法被查封的不动产；

⑥法律、行政法规规定不得抵押的其他不动产。

如相关交易中存在上述禁止抵押的房地产，借贷双方应提前及时沟通，设置其他替代性担保方案，以免因为房地产抵押无法落实而影响交易进度。

（2）抵押物上是否存在在先权利负担

①在先承租人

根据《最高人民法院关于适用〈中华人民共和国担保法〉若干问题的解释》（法释〔2000〕44号）的规定，“抵押人将已出租的财产抵押的，抵押权实现后，租赁合同在有效期内对抵押物的受让人继续有效”。即对于“出租在先，抵押在后”的房地产，原则上，抵押权的实现可能会受限于在先租赁合同的约定。因此，对于存在租赁关系的抵押房地产，建议要求抵押人（出租人）将本次抵押告知承租人，同时，抵押权人应与抵押人（出租人）、承租人签订协议或要求承租人出具相关书面声明，确保抵押权人行使抵押权时不受租赁行为的影响。

②在先的抵押或其他权利限制

为防止抵押人或者第三人以在先的权利向法院或者仲裁申请抵押权无效的情况，结合目前的担保法律及司法裁判规则，银行在设立抵押前应当履行合理的注意义务对不动产的基础情况进行尽调，包括但不限于对抵押人的涉诉、抵押物的权属等情况进行审查并留存相关证据。目前各地不动产登记中心就土地和房产的登记合并信息管理，银行应当事前向不动产登记中心调取抵押物的全套不动产登记簿用作存档。

（3）及时办理不动产抵押登记手续

不动产抵押登记的完成常作为境内贷款协议项下的首次放款条件。准确地掌握不同地区的不动产登记申请文件要求及操作流程将对整体的交易进度产生重要影响。

①提前与登记机关沟通，了解抵押登记的特定化要求

在登记申请前期，应当尽可能结合不动产的具体情况与相关不动产登记机关进行沟通，并有针对性地了解是否涉及特定化的申请文件。例如，根据某一个北京房地产平行贷款项目，由于借款人享受北京市政府的免缴土地出让金的优惠政策，不动产登记机关在收件后要求银行出具一份同意担保执行款项应当优先支付土地出让金的确认函后才可出具他项权证，为避免此类情况，尽可能前期实地咨询环节与不动产登记中心了解具体文件要求，并将相关安排纳入不动产抵押协议中，以免单独要求银行方面出具此类与担保履约相关的重要文件所涉及的流程及商业上的争议或者不确定性影响项目交易进度。

②受限于登记机关的操作，境内不动产可能无法抵押给境外贷款人

就不动产抵押权人是否可以为境外机构的问题，中国现行有效之《物权法》及《担保法》等法律法规并未禁止境内房地产企业将其自有不动产抵押（或二顺位抵押）给境外机构。但是，根据国土资源部于 2016 年 5 月印发的《不动产登记操作规范（试行）》，如将境内不动产抵押给境外机构，应当提交境外机构在境内设立分支机构或代表机构的批准文件和注册证明，这一规定在一定程度上限制了在境内没有分支机构的境外机构登记作为境内不动产的抵押权人。根据笔者经办不动产抵押登记的实操经验，不同地方的不动产抵押登记机关对于上述规定的理解和把握尺度并不相同，建议具体项目上提前向不动产抵押物所在地的抵押登记部门进行咨询确认。

③及时办理在建建筑物抵押权登记转建筑物抵押权登记

对于以在建建筑物抵押的融资，要关注对在建建筑物的持续投入形成的资产是否纳入了抵押资产。在建工程竣工后，应及时办理在建建筑物抵押权登记

转建筑物抵押权登记。

2. 股权质押

在跨境平行贷款交易中，境内借款人股权的质押常常作为境外贷款的担保品。由于境内借款人通常情况下为外商投资企业，完成股权质押登记在实操中可能需要较长时间，因此完成股权质押登记一般作为境外贷款项下的贷后落实条件，但境外贷款人仍会对股权质押登记的最终完成设定时间限制，如未在约定时间内完成该登记，可能造成借款人及出质人的违约。因此，准确地掌握不同地区的登记机关对申请文件要求及操作流程是借贷双方必须关注的重点。

（1）出质人是否合法持有出质股权

在股权质押合同中会对出质股权进行明确的描述，如出质人拥有哪家公司的股权、占有该公司股权的比例等。此外，如出质股权已经被冻结或者存在在先质押，则该情形将会限制股权的质押（或二次质押）。为此，需要提前对出质股权进行相应的尽职调查，如审核出质人提供的出质股权所在公司的基本文件，在国家企业信用信息公示系统中核查或者去相关登记机关现场核查。

（2）股权质押的设立—股权出质登记所需申请文件的公证认证要求

除一般性的申请表格、股东名册（持股证明）、股权质押合同、授权书等文件外，由于跨境平行贷款项目中，出质人及质权人通常为境外主体，相关登记机关可能会要求提交经公证认证的境外主体的注册文件、签署股权质押合同的授权文件及股权质押合同。香港公司文件的公证转递的时间通常为3—5天即可办结，但在其他境外国家的公司文件公证转递，因涉及外交认证流程，办理完毕全套公证认证流程需要1个月左右。因此，在项目时间进度安排及落实申请程序中应考量办理公证认证手续所需的时间。

需要说明的是，除非各方有特别约定/境外法域有特别强制要求，对于股权质押合同等相关法律文件，通常由授权代表签字（及盖章）即可认为法律文件生效，公证及认证手续通常不作为法律文书的生效要件。公证认证文件是登记机关为满足登记中核实主体设立、授权完备性等要素的重要文件。根据笔者经办股权质押项目的经验，不同地区的登记机关对于公证认证的文件内容及详尽程度有不同的尺度。整体来看，股权质押合同的境外签署方的注册文件和代表签署方签字的授权人的授权性文件（包括但不限于决议、授权书）是基本要求，部分登记机关要求如股权质押合同在境外签署，也应提交经公证认证的股权质押合同。如登记机关要求提供经公证认证的股权质押合同，应尽早确认相关公证流程是否需要签字人在公证人面前签署合同等需相关公司高管配合的手续，防止影响整体交易进度。

此外，关于股权出质方的授权签字人的选定，根据笔者之前的项目经验，由于市场监督管理局对股权质押登记主要进行形式性核查（即签署版股权质押合同的公司基本信息及签字人是否与工商系统登记的信息一致、境外质权人的注册文件及其签字人是否取得授权等），其仅认可工商系统里已登记备案的出质人的法定代表人作为签字人签署股权质押合同，如由其他人员代表出质人签署股权质押合同，可能面临被登记机关拒绝办理登记的风险；并且，即便在相关市场监督管理局可能会接受补充相关授权文件的情况下，补充额外的授权文件，也涉及境外公司出具文件需要办理公证认证的要求，进一步可能会导致此项担保落实所需要的时间被极大地延长。

3. 应收账款质押

在跨境平行贷款项目中，由于境内借款人的现金流主要来源于所持有的物业的租金收入，因此境内借款人在境内物业租赁合同项下的租金应收账款常常作为境内贷款的担保品。

（1）应收账款的合法有效性

在设立应收账款质押担保前，除对出质人的资信及其负债等信用情况进行必要调查评估外，还需要对应收账款做如下方面的尽职调查：

①应收账款的基本交易信息，包括应收账款的债务人、债务履行期限、目前履行情况等基础信息。从法律和财务角度进行核实应收账款是否真实存在，且覆盖本次担保的贷款金额比率。

②是否限制本次交易，审核应收账款的合同中是否限制转让及债权追索等影响应收账款质押的实现的限制性条款。

（2）应收账款质押的登记

我国《物权法》第二百二十八条规定，以应收账款出质的，当事人应当订立书面合同。质权自信贷征信机构办理出质登记时设立。这一条表明我国对应收账款质押采取了登记生效主义的立场，即一经中国人民银行征信中心（以下简称“征信中心”），应收账款质押即告设立。

根据2019年中国人民银行颁布的《应收账款质押登记办法》，应收账款质押登记由质权人或质权人委托的人办理。质权人办理应收账款质押登记的基本流程为：首先，注册为登记平台的常用户，此步骤可以由第三方中介机构或者合同当事人自行办理。其次，登录平台进行登记，填写出质人信息、质权人信息以及质押财产信息（如贷款合同号码、应收账款质押合同号码、应收账款的描述、登记期限等）。最后，上传质押财产附件（包括但不限于应收账款相关发票或合同）。上述《应收账款质押登记办法》取消了上传应收账款质押登记协议的形式要求。根据笔者的实务经验，由于征信中心不就应收账款质押合同内容进行实质性审查，依赖于上传信息者的自我约束，故上传合同的语言文本无强制性的要求，项目交易各方可基于交易情况及阅读习惯决定语言文本。

四、结语

房地产行业是资金密集型的领域，如何顺利取得银行等金融机构的融资是很多房地产投资者关注的重点，跨境房地产融资过程中涉及多领域的法律问题，包括融资结构的设置、担保的落实、外汇监管、与政府部门沟通协调等。作为金融律师，需要从项目结构设计、融资文件拟定、商业谈判及放款条件落实等方面提供专业的法律服务，以高效地推进项目完成融资关闭。根据以往的项目经验，就常见项目交易结构安排及所涉及的法律实务问题，笔者相应总结了上述实务性的介绍及建议，以期对市场上的交易各方有所裨益。

第四章

资产证券化（ABS）原理及前沿问题

基础资产真实出售的中国法标准探讨

——结合合肥中院关于平安凯迪专项计划之裁定书讨论

王剑钊　朴文一*

资产证券化①是指以基础资产所产生的现金流为偿付支持，通过结构化等方式进行信用增级，在此基础上发行资产支持证券的业务活动。近年来，随着立法的日趋完善和监管方式由审批制改为备案制，我国资产证券化的规模高速增长，产品创新层出不穷，资产证券化已成为我国多元化融资工具体系的重要组成部分。

基础资产是资产证券化的核心要素。基础资产应如何界定（尤其是未来收益类基础资产），基础资产如何实现真实出售（与原始权益人实现风险隔离），一直是资产证券化理论探讨和业务实践中的热点、重点和难点问题。安徽省合肥市中级人民法院（以下简称“合肥中院”）作出的（2018）皖 01 执异 43 号执行裁定书，为上述问题提供了宝贵的司法实践意见，其意义和影响远不局限于个案。本文结合上述裁定书，探讨基础资产真实出售的中国法标准。

---

* 王剑钊，北京市奋迅律师事务所，合伙人；朴文一，北京市奋迅律师事务所，合伙人。

① 我国现行监管模式下的资产证券化包括人民银行和银保监会监管的信贷资产证券化、证监会监管的企业资产证券化、银行间市场交易商协会实行自律管理的资产支持票据、银保监会监管的资产支持专项计划以及其他的非标资产证券化。如无特别说明，本文所称“资产证券化”系指《证券公司及基金管理公司子公司资产证券化业务管理规定》项下的企业资产证券化，但关于基础资产真实出售的原理及相关探讨同样适用于其他类型的资产证券化。

一、合肥中院裁定书蕴含基础资产真实出售的中国法标准

（一）案情及裁定简述

合肥中院在审理合肥科技农村商业银行股份有限公司大兴支行（以下简称“合肥科农行大兴支行”）与南陵县凯迪绿色能源开发有限公司（以下简称“南陵凯迪公司”）、凯迪生态环境科技股份有限公司（以下简称“凯迪公司”）金融借款合同纠纷一案中进行诉讼财产保全，作出（2018）皖01民初533号《民事裁定书》及（2018）皖01执保字第21号《协助执行通知书》，要求国网安徽省电力公司自2018年5月18日至2021年5月17日停止支付南陵凯迪公司应付电费及补贴3000万元。

深圳平安大华汇通财富管理有限公司（以下简称“平安大华公司”）作为案外人对合肥中院冻结南陵凯迪公司应收账款的行为提出书面异议，主张上述应收账款归属于平安大华公司而非南陵凯迪公司。平安大华公司提出异议称，2015年6月12日，平安大华公司作为计划管理人设立了平安凯迪电力上网收费权资产支持专项计划（以下简称“平安凯迪专项计划”），基础资产为包括南陵凯迪公司在内的三家原始权益人自2015年5月至2020年6月的电力上网收费权。就电力上网收费权转让事宜，南陵凯迪公司取得了国网安徽省电力公司的同意函。平安大华公司支付了基础资产购买价款，并就基础资产转让事宜在人民银行征信中心办理了应收账款转让登记和应收账款质押登记。2018年5月，因专项计划触发权利完善措施，平安大华公司已通知国网安徽省电力公司将南陵凯迪公司上网电费和补贴直接支付至专项计划账户。因此，要求解除对南陵凯迪公司在国网安徽省电力公司应收账款的冻结。

合肥科农行大兴支行辩称，案涉的3000万元电费及补贴不属于平安凯迪专项计划，理由包括：（1）平安大华公司没有完全按照《基础资产买卖协议》支付购买价款；（2）电费收入在划入专项计划账户后才归属于平安凯迪专项计划，在到账前仍归属于南陵凯迪公司所有；（3）电力上网收费权不包括国家补贴。

合肥中院经审理认为：

首先，争议的焦点在于平安大华公司对冻结的3000万元应付电费及补贴是否享有权利及如果享有权利，则享有何种权利。合肥中院认为：依据《基础资产买卖协议》等专项计划文件，平安大华公司以支付11亿元对价的方式，受让取得包括南陵凯迪公司在内的三家原始权益人自2015年5月至2020年6月因生物质发电上网而应当取得的电费、可再生能源补贴、调峰及停机补偿等一切相关现金收入债权。平安大华公司与南陵凯迪公司之间形成的是债权转让关系而非质押担保关系。平安大华公司办理的应收账款转让登记符合双方交易的实质，而平安大华公司在受让债权后，又将自己设定为该债权的质权人的行为无效。

其次，关于合肥科农行大兴支行的抗辩，合肥中院认为：（1）平安大华公司已支付基础资产购买价款，虽然没有完全依据《基础资产买卖协议》的约定支付，但交易双方并无异议；（2）不能以资金归属界定电力上网收费权的归属；（3）专项计划文件中对电费收入的界定中包含了补贴。

综上，合肥中院认为（2018）皖01民初533号《民事裁定书》及（2018）皖01执保字第21号《协助执行通知书》要求国网安徽省电力公司停止支付对南陵凯迪公司的应付电费及补贴损害了平安大华公司的合法权利，裁定中止对上述应付电费及补贴的执行。

（二）合肥中院裁定书裁判要点总结

合肥中院（2018）皖01执异43号执行裁定书裁判要点可概括总结为：

1. 原始权益人与计划管理人之间依据基础资产买卖协议进行的电力上网收费权买卖交易实质为债权转让而非质押担保；

2. 基础资产现金流尚未划转至专项计划账户，并不影响基础资产归属于专项计划，不能以资金归属界定基础资产的归属。

二、基础资产真实出售的中国法标准探讨

笔者认为，合肥中院的裁定在肯定原始权益人与计划管理人之间基础资产买卖的法律实质之余，蕴含了基础资产真实出售的中国法标准。

（一）“真实出售”问题的本土化厘清

资产证券化“真实出售”的概念诞生于美国，我国法律并没有相应的概念和规定。在探讨真实出售的中国法标准前，有必要先将“真实出售”进行本土化厘清，阐明其在我国法律语境下的含义。笔者认为，基于资产证券化的相同原理，在我国法律语境下，基础资产“真实出售”要求：基础资产权属发生有效变更，即特定目的载体（在企业资产证券化中为证券公司或基金管理公司子公司资产支持专项计划，以下简称为“专项计划”）合法有效取得并拥有基础资产，原始权益人被第三方债权人追索或破产，基础资产不会作为原始权益人的资产被追回用于偿还其债务。

（二）基础资产真实出售的中国法标准

笔者认为，实现基础资产的真实出售需要满足两个法律条件：一是计划管理人代表专项计划与原始权益人签署的基础资产买卖协议合法有效；二是基础资产依据基础资产买卖协议有效转移至专项计划，使专项计划合法取得和拥有基础资产。

1. 基础资产买卖协议合法有效

基础资产买卖协议是专项计划取得基础资产的法律依据，因此其合法有效是基础资产真实出售的法律基础。为确保基础资产转让合同的合法有效，除合同经当事方有效签署等一般性要求外，需特别关注的要点为：

（1）基础资产的法律界定应清晰明确

首先，基础资产法律属性的界定应有明确的法律依据，而不能脱离法律任意创造，避免被认定为基础资产不存在而导致基础资产买卖协议无相应标的物，属于“名为买卖实为借贷”。基础资产的权利类型包括债权、信托受益权、物权等。对于未来收益类基础资产，实践中经常采用收费权或收益权的表述，建议进一步阐明收费权或收益权的法律属性和内容。在平安凯迪专项计划文件中，基础资产界定为“原始权益人由于从事生物质发电而依照相关法律法规和合同约定而享受的自专项计划成立之日[①]上月起至2020年6月期间获得电费收入所

① 2015年6月12日。

对应的电力上网收费权”，并进一步对“电费收入”作出定义：“基于基础资产产生的，由国网湖南省电力公司、国网安徽省电力公司、国网湖北省电力公司根据法律法规和其与原始权益人签署的《并网经济协议》《购售电合同》等合同的约定应当向原始权益人支付的全部现金回流款，包括但不限于电费、可再生能源补贴、调峰及停机补偿等产生的一切相关现金收入。”基于此，合肥中院将电力上网收费权的属性认定为电费债权，认为原始权益人南陵凯迪公司与计划管理人平安大华公司之间为债权转让关系而非质押担保关系。

其次，基础资产范围的界定应清晰明确，包括时间的起止以及现金流的类别。平安凯迪专项计划文件中的“电费收入”定义明确列举了可再生能源补贴，合肥中院据此没有支持合肥科农行大兴支行“电费收入不包括补贴”的抗辩理由。

（2）基础资产转让对价应公允

基础资产转让对价应公允，避免基础资产转让交易有被撤销的风险。《民法典》第五百三十九条规定：“债务人以明显不合理的低价转让财产、以明显不合理的高价受让他人财产或者为他人的债务提供担保，影响债权人的债权实现，债务人的相对人知道或者应当知道该情形的，债权人可以请求人民法院撤销债务人的行为。”《企业破产法》第三十一条允许破产管理人请求人民法院撤销受理破产申请前一年内债务人无偿转让财产或以明显不合理的价格交易财产的行为。资产证券化业务中，资产支持证券的规模、期限与基础资产产生的现金流相匹配，基础资产转让对价有专业中介机构出具的现金流预测报告或资产评估报告作为参考，可有效避免专项计划以明显不合理低价取得基础资产的情形出现。平安凯迪专项计划中，专项计划支付基础资产购买价款的情形是合肥中院认定专项计划取得基础资产的重要依据之一。

2. 基础资产实现有效转移

基础资产应可依据基础资产买卖协议有效转移至专项计划，原始权益人基础资产交割义务履行完毕，具体需注意：

（1）基础资产具有可转让性

首先，基础资产应具有可转让性，不属于专项计划无法取得的资产。例如，特许经营权虽为财产性权利，但其取得和转让均有程序性限制，对受让方的资质和运营能力有一定要求，具有一定的专属性，专项计划不具有受让特许经营权的资质条件，因此特许经营权本身不适宜作为基础资产（替代方案为，以拥有特许经营权的项目公司的股权作为基础资产）。

其次，基础资产转让限制及权利负担解除。如果基础资产受合同约定限制转让或附带其他权利负担，则在该等限制或权利负担解除前，基础资产无法转让和交割。例如，发电企业与电网公司之间的《购售电合同》中可能约定，未经一方同意，另一方不得向第三方转让合同项下全部或部分的权利或义务。依据合肥中院裁定书，平安凯迪专项计划中，2015 年 3 月 25 日，国网安徽省电力公司出具了《国网安徽省电力公司关于电力上网收费权进行资产证券化相关事宜请示的复函》（皖电函〔2015〕29 号），同意南陵凯迪公司转让其电力上网收费权。

（2）基础资产完成交割程序

基础资产应根据法律规定或合同约定完成交割程序，使得专项计划取得基础资产。对于在未来交割的基础资产，如专项计划支付购买价款时尚未形成但是已经界定在基础资产范围内的资产，或循环购买的基础资产，只有在交割完成后才能实现真实出售。物权类基础资产，应根据动产交付、不动产登记等规定进行交割；债权、信托受益权等基础资产，应根据基础资产买卖协议的合同约定进行交割，例如约定基础资产购买价款支付完毕即完成基础资产交割。基础资产交割完成后，专项计划取得基础资产，基础资产产生的现金流当然归属于专项计划，而不应以基础资产现金流是否划转至专项计划账户为判断依据。合肥中院在裁定书中即明确指出，不能以资金归属界定电力上网收费权（基础资产）的归属。但是，提示注意，如专项计划并不直接收取基础资产现金流，而是聘请资产服务机构代收基础资产现金流并定期转付给专项计划的，应注意基础资产回收款在资产服务机构账户内期间，存在与资产服务机构资产混同的风险。

在专项计划取得和拥有基础资产后，如专项计划存续期涉及原始权益人向专项计划回购基础资产或资产买卖协议解除而双方分别返还基础资产和购买价款，则涉及基础资产由专项计划向原始权益人交割的问题。从保护资产支持证券投资者利益角度出发，应注意在资产买卖中约定原始权益人支付回购价款或返还购买价款完成前，专项计划仍保有基础资产的权属。

（三）其他对认定基础资产真实出售有帮助的事项

在合肥中院的裁定书中，还体现出其他对于认定基础资产真实出售有所帮助的措施。该等措施虽然并不至于直接决定基础资产真实出售与否的判断，但在条件允许的情况下，建议在交易设计时予以重视：

1. 基础资产转让登记

基础资产买卖协议为计划管理人与原始权益人双方之间的协议，为使基础资产的转让具有对抗第三人的效力，建议在条件允许的情况下对基础资产的转让进行登记公示。对于债权类基础资产，可在人民银行征信中心办理应收账款转让登记；对于信托受益权类基础资产，可在信托受托人处进行信托受益权转让登记；若以不动产直接作为基础资产，则更应注意不动产所有权转让需经登记方可生效。

2. 权利完善措施

资产证券化实践中，经常在基础资产转让后，并不通知债务人或变更款项支付路径，而由原始权益人同时担任资产服务机构负责收取和转付基础资产回收款。在原始权益人发生风险的情况下，基础资产现金流可能面临被原始权益人的其他债权人截断的风险。因此，设置权利完善措施，在发生风险事项后通知债务人直接将基础资产款项支付至专项计划，将起到重要的风险缓释作用。平安凯迪专项计划中，即发生了原始权益人的其他债权人通过法院冻结基础资产回收款的情况，而平安大华公司则通知国网安徽省电力公司将南陵凯迪公司上网电费和补贴直接支付至专项计划账户。

三、结语

综上所述，笔者认为合肥中院的裁定肯定了资产证券化交易中原始权益人与计划管理人之间基础资产买卖关系的法律实质，填补了这一领域的司法实践空白，其意义之重大和影响之深远，远远超越平安凯迪专项计划个案本身，对我国资产证券化的健康持续发展具有里程碑式的意义。结合合肥中院的裁定，笔者认为基础资产真实出售的中国法标准为：

1. 基础资产买卖协议合法有效，应特别关注基础资产的法律属性和范围界定清晰明确及基础资产转让对价公允。

2. 基础资产实现有效转移，应特别关注基础资产具有可转让性及基础资产完成交割程序。

基础资产与原始权益人的“断舍离”

——资产证券化“真实出售”“破产隔离”“风险隔离”问题探析

王剑钊 朴文一 郭源*

在资产证券化中，基础资产的“真实出售”、“破产隔离”和“风险隔离”是被重点关注和广泛探讨的话题。在本文中，笔者将尝试厘清“真实出售”、“破产隔离”与“风险隔离”的概念和法律要求，并分别论述未来债权、既有债权和应收账款这三类债权作为基础资产时，与原始权益人“断舍离”的差异。

一、“真实出售”、“破产隔离”与“风险隔离”概念厘清

资产证券化“真实出售”和“破产隔离”的概念诞生于美国，对我国资产证券化而言属于舶来品。自然规律、数学原理等是没有国界的，但是因各国法律不同，法律是有国界的。在我国资产证券化的语境下探讨“真实出售”和“破产隔离”时，需要注意将其本土化为我国法律下的概念。

“真实出售”要求特殊目的载体（以下简称“SPV”，包括资产支持专项计划、特殊目的信托、特殊目的公司等形式）合法有效取得基础资产，原始权益人或发起机构（以下合称“原始权益人”）破产或被第三方债权人追索时，法律上，实现“真实出售”的基础资产不会被追回用于偿还原始权益人的债务。“真实出售”应当从 SPV 的角度，确认 SPV 是否取得了基础资产，这一点在我国资产证券化语境下也是如此。

“破产隔离”要求 SPV 远离破产的风险，一方面 SPV 本身应注意运营和负

* 王剑钊，北京市奋迅律师事务所，合伙人；朴文一，北京市奋迅律师事务所，合伙人；郭源，北京市奋迅律师事务所，律师。

债限制而不破产，另一方面原始权益人破产时也不将 SPV 并入破产财产的范围导致 SPV 被清算。在我国资产证券化的语境下，SPV 并非企业形式，因此并不适用《企业破产法》，“破产隔离”往往探讨的是基础资产与原始权益人、管理人（或受托人）、投资者等资产证券化参与主体之间的“风险隔离”，即基础资产是否受到上述主体破产等风险的影响。其中，基础资产与原始权益人的“风险隔离”问题，与“真实出售”问题密切相关。

二、“真实出售”的中国法标准

对于基础资产“真实出售”的中国法标准，笔者在《基础资产真实出售的中国法标准探讨——结合合肥中院关于平安凯迪专项计划之裁定书讨论》中进行过详述，总结为：

1. 基础资产转让合同（买卖合同或信托合同）合法有效

第一，基础资产的法律界定应清晰明确，不能脱离法律任意创造，避免被认定为基础资产不存在或无法确定，属于“名为转让实为借贷”（买卖合同情形下）或导致特定目的信托无效（信托合同情形下）。

第二，如为买卖合同，转让对价应公允，避免交易有被撤销的法律风险。

2. 基础资产实现有效转移

第一，基础资产应为可以转让的资产，不属于不能转让或被限制转让的资产（如特许经营权）。

第二，基础资产根据法律规定或合同约定完成交割程序，使 SPV 取得基础资产。对于在未来交割的基础资产，如 SPV 支付购买价款时尚未生成但已界定在基础资产范围内的资产或循环购买的基础资产，只有在交割后才能实现“真实出售”。

三、基础资产与原始权益人的“风险隔离”

“真实出售”使得 SPV 合法有效取得基础资产，原始权益人破产或被第三方债权人追索时，法律上，实现“真实出售”的基础资产不会被追回用于偿还原始权益人的债务。"真实出售"是基础资产与原始权益人"风险隔离"的必要非充分条件，即"真实出售"是基础资产与原始权益人"风险隔离"的前提，但实现"真实出售"并不当然就达到了基础资产与原始权益人的"风险隔离"，"风险隔离"效果受到基础资产类型和回款路径的影响：

第一，对于法律上已经形成，原始权益人已经履约，产生预期现金流不依赖于原始权益人持续运营的基础资产，如贷款债权、应收账款等，"真实出售"后可以实现与原始权益人较好的"风险隔离"效果。但应注意，原始权益人同时担任资产服务机构负责代收转付资金的，存在资金混同风险，在无法区分基础资产回款与其他资金的情况下将影响基础资产与原始权益人的"风险隔离"效果。

第二，对于产生预期现金流依赖于原始权益人持续运营的基础资产，如供水、供电、供热等需要持续履约的双务合同债权，即使在"真实出售"后，仍然受到原始权益人运营情况（履行双务合同项下义务）的影响，无法达到完全的"风险隔离"效果（资产服务机构风险同上）。

第三，对于义务人为原始权益人，SPV 只能向原始权益人要求支付特定数额金钱的基础资产，无论该基础资产被冠以何种名称，均无法与原始权益人实现"风险隔离"。

上述"风险隔离"效果的区别与 SPV 的类型、基础资产转让系基于买卖还是信托关系无直接关联。

四、未来债权、既有债权和应收账款的"真实出售"与"风险隔离"

债权经历从无到有，从履行到消灭的发展过程，未来债权、既有债权和应收账款均是债权在特定时点、特定条件下的概念，同一个债权随着时间的推移和条件的达成而在上述概念之间转化。以下笔者以购售电合同为例，分析未来债权、既有债权和应收账款作为基础资产的"真实出售"及与原始权益人的"风险隔离"。

发电企业发电并向国家电网售电，购售电合同一年一签，约定次月末结算上月电费。专项计划的基础资产界定为原始权益人发电企业依据特定购售电合同享有的特定期间电费债权。其中，特定购售电合同包括2019年和2020年的购售电合同，特定期间为2019年1月1日至2020年12月31日。发电企业2019年1月已经依据购售电合同向国家电网发电售电，专项计划于2019年2月1日设立并在设立当日向原始权益人支付基础资产购买价款，资产买卖协议约定专项计划付款后即取得基础资产，享有基础资产的利益，承担基础资产的风险，在2019年2月1日这个时点，基础资产情况可细分为：

1. 应收账款：原始权益人在2019年1月已经按约定发电售电，2019年1月的电费债权形成应收账款。该应收账款依据资产买卖协议于2019年2月1日转让于专项计划并完成交割，实现“真实出售”。国家电网应于2019年2月末支付2019年1月的电费，不享有先履行抗辩权，该基础资产产生预期现金流不再依赖于原始权益人持续运营，2019年2月1日因“真实出售”而实现与原始权益人的“风险隔离”。

2. 既有债权：原始权益人与国家电网之间有已生效的2019年购售电合同关系，原始权益人对国家电网享有的2019年2月至2019年12月的电费债权为既有债权。该既有债权依据资产买卖协议约定在2019年2月1日转让于专项计划并完成交割，实现“真实出售”。但是，国家电网支付电费的前提是原始权益人先发电售电，基础资产产生预期现金流（国家电网按约定支付电费）依赖于原始权益人的运营，只有在原始权益人完成对应月份的发电义务后，该月份的电费债权转变为应收账款，才能实现与原始权益人的“风险隔离”。

3. 未来债权：原始权益人与国家电网之间尚未订立2020年的购售电合同，因此2020年的电费债权为未来债权。虽然资产买卖协议约定专项计划付款后即取得基础资产，但该基础资产只有在生成（2020年购售电合同生效，2020年电费债权形成既有债权）时才能完成交割和实现“真实出售”。在2019年2月1日，专项计划就2020年电费债权面对的风险除原始权益人不按约定发电外，还包括原始权益人无法签署2020年购售电合同进而导致基础资产无法如期形成和交割的风险。

4. 如果专项计划设立后，原始权益人作为资产服务机构代专项计划收取电费并转付给专项计划，那么专项计划还将承受基础资产回款与原始权益人资金混同或原始权益人截留款项的风险。

小结一下，假设按照惯常约定，专项计划在计划设立日支付基础资产购买价款，资产买卖协议约定付款则基础资产转让，那么应收账款、既有债权和未来债权实现“真实出售”和与原始权益人“风险隔离”的时间可概括为：

债权类型（专项计划设立时）	“真实出售”	“风险隔离”
应收账款	专项计划设立之日	专项计划设立之日
既有债权	专项计划设立之日	形成应收账款之日（如有）
未来债权	形成既有债权之日（如有）	形成应收账款之日（如有）
注：如原始权益人作为资产服务机构代收和转付基础资产回收款，则专项计划面临基础资产原始权益人资金混同或被原始权益人截留的风险。		

之所以上表中有“如有”，是因为未来债权、既有债权、应收账款作为基础资产时，专项计划面临不同的风险，未必都能最终实现“真实出售”和与原始权益人的“风险隔离”：

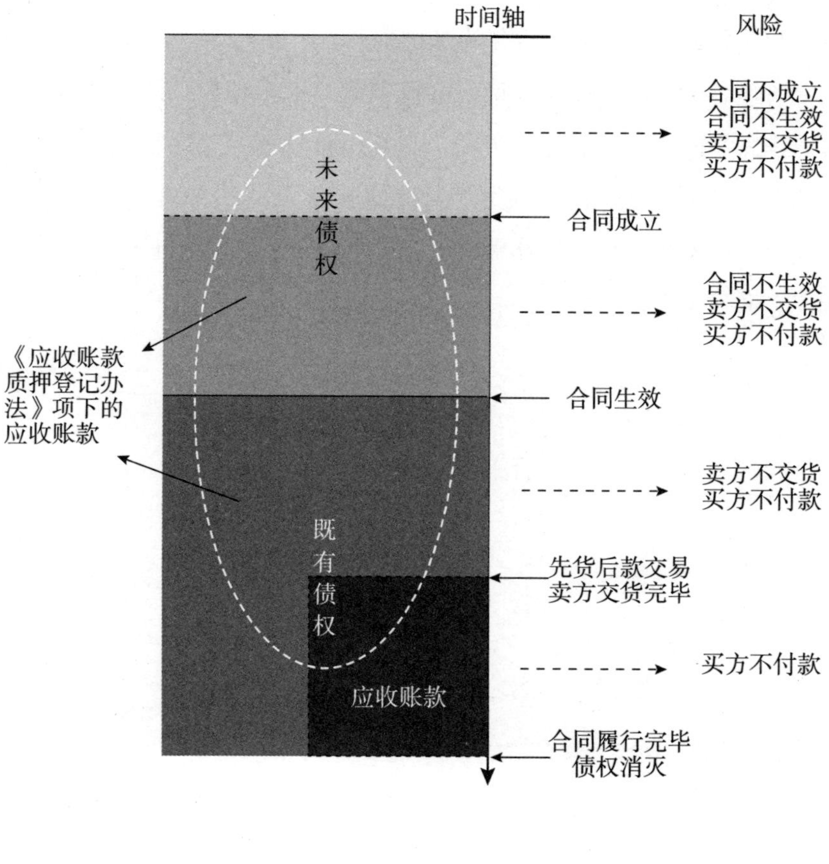

一个常见的问题是：未来债权为尚未形成的债权，其是否可以作为基础资产？笔者的理解是：

1. 未来债权是可以买卖的。其实在生活中，买卖还没有的东西并不稀奇，甚至在商业实践中屡见不鲜，如消费者在商场付款预订了尚未生产出来的新手机；如顾客在西装店付款定制了一套西装——是不是和专项计划付款向原始权益人订购未来债权一样？法律上并不限制买卖未来物或债权的交易，资产尚未形成并不影响资产买卖协议的效力，如果未能如期形成和交付，则由卖方承担违约责任。《民法典》在关于保理合同的规定中肯定了未来债权的可转让性。《民法典》第七百六十一条规定：“保理合同是应收账款债权人将现有的或者将有的应收账款转让给保理人，保理人提供资金融通、应收账款管理或者催收、应收账款债务人付款担保等服务的合同。”

2. 如果SPV为财产权信托结构（信贷资产证券化使用，资产支持票据常用），资产支持证券/票据是信托受益权的份额化表征，受益人取得信托受益权以委托人交付信托财产为前提条件，否则受益人不能享有受益权。因此，未来才能形成和交付的未来债权不宜作为基础资产。

综上所述，SPV通过买卖取得基础资产时，未来债权、既有债权和应收账款都可以作为基础资产，但是在实现“真实出售”和与原始权益人的“风险隔离”方面存在差异。在认清基础资产与原始权益人“断舍离”差异的基础上，是否接受或认可未来债权作为基础资产，应该是一个风控分寸和价值选择问题，而非法律上能与不能的问题。

SPV 资产究竟是谁的资产

——SPV 资产与管理人（或受托人）、投资者的风险隔离

王剑钊　朴文一　裴思亮*

在资产证券化中，基础资产的真实出售、破产隔离和风险隔离是被重点关注和广泛探讨的话题。在《基础资产与原始权益人的“断舍离”——资产证券化“真实出售”、“破产隔离”和“风险隔离”问题探析》中，笔者分析了基础资产真实出售的中国法标准和与原始权益人（或发起机构，即融资人）的风险隔离。SPV 从融资人处取得基础资产后，基础资产成为专项计划资产或信托财产（以下合称“SPV 资产”），但因为 SPV 并不是民事主体，所以 SPV 资产的归属仍然值得进一步探讨。本文笔者将分析 SPV 资产的归属及 SPV 资产与管理人（或受托人）、投资者之间的风险隔离。

一、我国资产证券化的基本法律关系

<table>
<tr><th></th><th>企业资产证券化</th><th>信贷资产证券化</th></tr>
<tr><td rowspan="2">融资人与管理人（或受托人）之间的法律关系</td><td>买卖关系</td><td>（财产）信托关系</td></tr>
<tr><td colspan="2">决定 SPV 取得基础资产的方式。但是，基础资产的真实出售及与融资人的风险隔离效果主要受到基础资产类型和回款路径的影响，不受 SPV 取得基础资产的方式的影响①。</td></tr>
<tr><td rowspan="2">投资者与管理人（或受托人）之间的法律关系</td><td>委托或（资金）信托关系</td><td>（财产）信托关系</td></tr>
<tr><td colspan="2">影响 SPV 资产的归属及 SPV 资产和管理人（或受托人）、投资者之间的风险隔离效果，具体见本文分析。</td></tr>
</table>

注：采用财产信托为发行载体的资产支持票据，法律关系与信贷资产证券化一致。

---

* 王剑钊，北京市奋迅律师事务所，合伙人；朴文一，北京市奋迅律师事务所，合伙人；裴思亮，北京市奋迅律师事务所，律师。

① 详细请参考《基础资产与原始权益人的“断舍离”——资产证券化“真实出售”、“破产隔离”和“风险隔离”问题探析》一文中的分析。

1. 企业资产证券化的基本法律关系

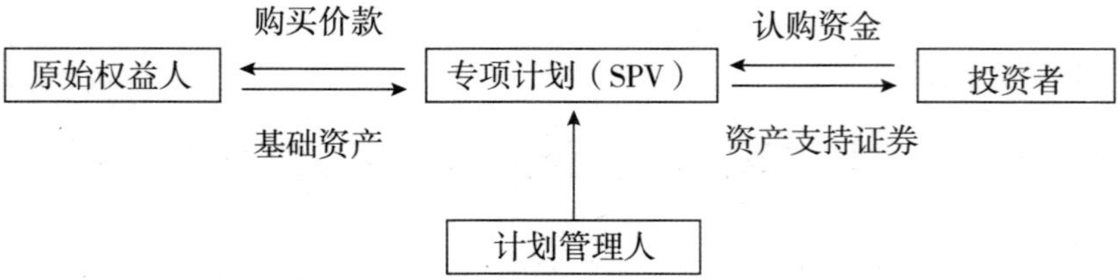

企业资产证券化中，原始权益人与SPV之间为买卖法律关系，原始权益人依据资产买卖合同，通过转让基础资产、收取基础资产转让价款获得融资；SPV依据资产买卖合同，支付基础资产转让价款并取得基础资产。

就投资者与管理人之间的法律关系，存在委托与信托两种观点：

（1）委托关系：此观点认为，投资者与管理人之间为委托代理法律关系，管理人受多个投资者委托而代理投资者向原始权益人购买基础资产，各投资者对SPV资产形成按份共有法律关系。《国务院办公厅关于〈中华人民共和国信托法〉公布执行后有关问题的通知》（国办发〔2001〕101号）规定：“人民银行、证监会分别负责对信托投资公司、证券投资基金管理公司等机构从事营业性信托活动的监督管理。未经人民银行、证监会批准，任何法人机构一律不得以各种形式从事营业性信托活动，任何自然人一律不得以任何名义从事各种形式的营业性信托活动。”《信托公司管理办法》第七条第二款规定：“未经中国银行业监督管理委员会批准，任何单位和个人不得经营信托业务，任何经营单位不得在其名称中使用‘信托公司’字样。法律法规另有规定的除外。”在法律法规没有明确规定专项计划为信托属性的背景下，证券公司和基金子公司不能从事营业性信托活动，可能也就不愿意明确宣称专项计划为信托属性，以避免被认定为未经批准经营信托业务（进一步讲，如果专项计划为资金信托，则构成集合资金信托计划）。

（2）信托关系：此观点认为，专项计划实际上是（资金）信托，投资者作为信托的委托人向管理人（作为信托受托人）交付认购资金作为信托财产，取得的资产支持证券为信托受益权的份额化凭证，投资者与管理人之间形成信托关系。近年来，认为专项计划为信托关系的观点有了更多论据。在2014年版《证券公司及基金管理子公司资产证券化业务管理规定》（以下简称《管理规定》）中，表述为“根据《证券法》、《证券投资基金法》、《私募投资基金监督管理办法》和其他相关法律法规，制定本规定”，并将专项计划须在设立前经证监会批准改为设立后报中国证券投资基金业协会备案。就特殊目的载体而言，随着上位法的变化及备案制的确立，专项计划在一定程度上有了契约式私募基金的属性，名称也由“专项资产管理计划”变为“资产支持专项计划”。依据中国证券投资基金业协会的《〈私募投资基金合同指引〉起草说明》，“契约型基金本身不具备法律实体地位，其与基金管理人的关系为信托法律关系，因此契约型基金无法采用自我管理，且需由基金管理人代其行使相关民事权利。”

2. 信贷资产证券化的基本法律关系

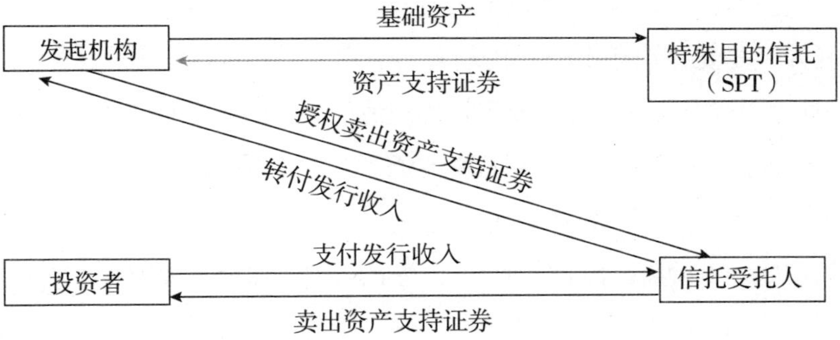

信贷资产证券化以信托为 SPV，发起机构与受托人之间为（财产）信托关系。发起机构依据信托合同，以基础资产作为信托财产设立自益信托，并取得信托受益权，SPV 则依据信托合同取得基础资产。需要强调的是，SPV 并非基于买卖取得基础资产，无须向发起机构支付基础资产买卖对价。

发起机构对其持有的信托受益权进行份额化并分级形成资产支持证券，授权主承销商和受托人向投资者卖出资产支持证券以实现融资。

投资者通过购买资产支持证券成为财产信托的新受益人，投资者与受托人之间形成（财产）信托的信托受益人与信托受托人之间的法律关系。

二、SPV 资产的归属

SPV 自融资人处取得基础资产后，基础资产成为 SPV 资产。但是，无论

SPV 的形式是专项计划抑或信托，均不属于民事主体，因此 SPV 资产究竟归属于哪个民事主体，需要进一步探讨：

1. 委托关系下，SPV 资产归属于投资者

企业资产证券化中，SPV 资产首先为资产支持证券认购资金，然后变为以认购资金买受的基础资产。投资者与管理人构成委托代理法律关系时，资产支持证券认购资金的性质为委托人（投资者）交与代理人（管理人）用于处理委托事务（购买基础资产）的资金，属于委托人（投资者）。管理人与原始权益人订立资产买卖合同购买基础资产，性质上为代理人（管理人）代委托人（投资者）购买资产，买得的资产也归属于委托人（投资者）。《民法典》第九百二十七条规定：“受托人处理委托事务取得的财产，应当转交给委托人。”（注，本条中的“受托人”是委托代理中的“代理人”的意思，并非《信托法》中的“受托人”）因此，投资者与管理人构成委托代理法律关系时，SPV 资产归属于作为委托人的投资者，各投资者之间依据持有的资产支持证券份额按份共有 SPV 资产。

2. 信托关系下，SPV 资产归属于受托人，但与受托人固有财产相区别

《信托法》第十四条第一款规定：“受托人因承诺信托而取得的财产是信托财产”，第十六条规定：“信托财产与属于受托人所有的财产（以下简称固有财产）相区别，不得归入受托人的固有财产或者成为固有财产的一部分。受托人死亡或者依法解散、被依法撤销、被宣告破产而终止，信托财产不属于其遗产或者清算财产。”因此，SPV 为信托时，SPV 资产（信托财产）归属于受托人，但与受托人的固有财产相区别。

三、SPV 资产与管理人（或受托人）的风险隔离

1. 企业资产证券化中 SPV 资产与管理人实现风险隔离

《企业破产法》第一百零七条第二款规定：“债务人被宣告破产后，债务人称为破产人，债务人财产称为破产财产，人民法院受理破产申请时对债务人享有的债权称为破产债权。”《管理规定》第五条第二款和第三款规定：“专项计划资产独立于原始权益人、管理人、托管人及其他业务参与人的固有财产。原始权益人、管理人、托管人及其他业务参与人因依法解散、被依法撤销或者宣

告破产等原因进行清算的，专项计划资产不属于其清算财产。”但存在一种担忧，即认为《管理规定》在效力层级上无法对抗《企业破产法》，因此管理人破产的情况下 SPV 资产可能被认定为管理人的破产财产。

对此，笔者认为可以从《企业破产法》本身着手进行分析，而非直接走向与《企业破产法》的对抗。《最高人民法院关于适用〈中华人民共和国企业破产法〉若干问题的规定（二）》（以下简称《破产法解释（二）》）第二条规定：“下列财产不应认定为债务人财产：（一）债务人基于仓储、保管、承揽、代销、借用、寄存、租赁等合同或者其他法律关系占有、使用的他人财产……”因此，如投资者与管理人之间为委托关系，管理人占有的 SPV 资产为其处理委托事务取得的财产，不应被认定为管理人的破产财产。

同时，如投资者与管理人之间为信托关系，可直接依据上文所述《信托法》第十六条的规定达到风险隔离效果。

综上所述，企业资产证券化中，无论投资者与管理人的法律关系为委托关系还是信托关系，SPV 资产均与管理人的固有财产相区别，在管理人破产时不属于破产财产，SPV 资产与管理人可实现风险隔离。

2. 信贷资产证券化中 SPV 资产与受托人实现风险隔离

与上述（资金）信托关系部分的论述相同，（财产）信托关系下，信托财产与受托人的固有财产相区别，受托人破产的，信托财产不属于受托人清算财产，信贷资产证券化能够实现 SPV 资产与受托人的风险隔离。

四、SPV 资产与投资者的风险隔离

相比于基础资产与融资人的风险隔离、SPV 资产与管理人（受托人）的风险隔离，SPV 资产与投资者的风险隔离问题被探讨较少。这或许是因为，融资人已通过资产证券化达到了融资目的，最关注风险的是作为风险最终承担者的投资者，他当然更关注 SPV 资产与其他主体的风险隔离，而容易忽视与自身的风险隔离。如果投资者是一个整体，那么讨论此问题的确没有太多实际意义，但同一资产证券化产品的投资者往往不止一家，当其中某个投资者破产时，是否会影响其他投资者的利益呢?

（一）企业资产证券化中SPV资产受投资者破产影响的实际可能性较小

1. 企业资产证券化中，SPV资产与投资者的风险隔离效果和投资者与管理人之间的法律关系认定相关：

委托关系下，投资者按份共有SPV资产。《物权法》第九十九条及《民法典》第三百零三条均规定：“共有人约定不得分割共有的不动产或者动产，以维持共有关系的，应当按照约定，但共有人有重大理由需要分割的，可以请求分割；没有约定或者约定不明确的，按份共有人可以随时请求分割，共同共有人在共有的基础丧失或者有重大理由需要分割时可以请求分割。因分割对其他共有人造成损害的，应当给予赔偿。”为了防止某一投资者要求分割SPV资产导致专项计划无法按原计划存续，《管理规定》第二十八条规定：“资产支持证券投资者不得主张分割专项计划资产，不得要求专项计划回购资产支持证券。”并且，专项计划的《标准条款》中往往也会重申这一要求，因此按照约定，某一投资者不得主张分割SPV资产。

但是，《破产法解释（二）》第四条第二款规定：“人民法院宣告债务人破产清算，属于共有财产分割的法定事由。人民法院裁定债务人重整或者和解的，共有财产的分割应当依据物权法第九十九条的规定进行；基于重整或者和解的需要必须分割共有财产，管理人请求分割的，人民法院应予准许。”据此，破产清算为共有财产分割的法定事由，某一投资者破产清算的情形将构成不分割SPV资产约定的例外；同时，在某一投资者破产重整或和解的情形下，如有必须分割SPV资产的理由，SPV资产理论上也可能被要求分割。

实际操作时，如某一投资者破产，其破产管理人选择分割SPV资产的，可能会造成资产支持证券价值贬损，并且流程也不便利。从保护破产人的债权人利益角度出发，破产管理人在二级市场转让资产支持证券或等待到期分配（如果距离到期分配时间较短）更为有利，缺乏必须分割SPV资产的理由。因此，SPV资产因某一投资者破产而必须被分割的实际可能性较小。

2. 信托关系下，SPV 资产是否属于投资者破产财产与投资者是否是唯一投资者相关

《信托法》第十五条规定："信托财产与委托人未设立信托的其他财产相区别。设立信托后，委托人死亡或者依法解散、被依法撤销、被宣告破产时，委托人是唯一受益人的，信托终止，信托财产作为其遗产或者清算财产；委托人不是唯一受益人的，信托存续，信托财产不作为其遗产或者清算财产；但作为共同受益人的委托人死亡或者依法解散、被依法撤销、被宣告破产时，其信托受益权作为其遗产或者清算财产。"

因此，如专项计划为资金信托属性，某一投资者破产时，其持有的资产支持证券属于该投资者的破产财产，但 SPV 资产不属于其破产财产，专项计划将存续；如果专项计划仅有唯一投资者，那么理论上存在专项计划终止、SPV 资产作为投资者破产财产的可能，但此时不涉及对其他投资者利益的影响，同时，在二级市场转让资产支持证券或等待到期分配（如果距离到期分配时间较短）可能是更有利于破产人的债权人的选择。

综上所述，企业资产证券化中，SPV 资产与投资者的风险隔离效果和投资者与管理人之间的法律关系认定相关。虽然 SPV 资产理论上可能受到某一投资者破产的影响，但因为资产支持证券本身具有流动性和公开的市场价格，当某一投资者破产时，在二级市场转让资产支持证券或等待到期分配（如果距离到期分配时间较短）即可保障破产人的债权人的利益，SPV 资产受投资者破产影响的可能性较小。

（二）信贷资产证券化中 SPV 资产受投资者破产影响的实际可能性较小

信贷资产证券化中，投资者为信托受益人，与上述专项计划为信托的情形类似，SPV 受投资者破产影响的可能性较小。

综合本文和《基础资产与原始权益人的"断舍离"——资产证券化"真实出售"、"破产隔离"和"风险隔离"问题探析》一文中的分析，笔者将我国资产证券化下基础资产的真实出售、破产隔离和风险隔问题简要总结如下：

	企业资产证券化		信贷资产证券化
融资人与管理人（或受托人）之间的法律关系	买卖关系		（财产）信托关系
基础资产的真实出售及与融资人的风险隔离效果	主要受到基础资产类型和回款路径的影响，不受SPV取得基础资产的方式（买卖或信托）的影响。		
投资者与管理人（或受托人）之间的法律关系	委托关系	（资金）信托关系	（财产）信托关系
SPV资产归属	投资者	管理人，但与管理人的固有财产相区别。	受托人，但与受托人的固有财产相区别。
SPV资产与管理人（受托人）的风险隔离效果	SPV资产与管理人（受托人）实现风险隔离。		
SPV资产与投资者的风险隔离效果	SPV资产受投资者破产影响的实际可能性较小。		

基础资产的特定化

——兼谈基础资产界定中的基本原理

王剑钊 朴文一 孙凯波*

“特定化”是资产证券化基础资产的必要条件之一。但是，何谓基础资产的特定化？基础资产特定化的意义何在？如何确认基础资产是否达到了特定化要求？基础资产达不到特定化要求时如何解决？在本期的资产证券化专题中，笔者将谈谈对上述基础资产特定化问题的理解。由于特定化问题属于基础资产界定问题的范畴之内，笔者也将同时分析基础资产界定中的一些基本原理。

一、何谓基础资产的特定化

基础资产的特定化问题，属于基础资产界定问题的范畴之内。笔者认为，基础资产的特定化应包括以下两层递进的含义：

（一）基础资产属于确定的权利类型

根据《民法典》，民事财产权利的权利类型包括物权、债权、知识产权、股权和其他投资性权利、法律规定的其他民事权利和利益。基础资产的特定化，首先应做到基础资产所归属的权利类型清晰明确。

民事权利类型有其体系，一些词语有特定的含义和适用范围，另一些词语在不同的语境中含义不同，因此应注意规范用语和“透过现象看本质”，避免

* 王剑钊，北京市奋迅律师事务所，合伙人；朴文一，北京市奋迅律师事务所，合伙人；孙凯波，北京市奋迅律师事务所，律师。

陷入概念不清引起的混淆。例如：

1. “基础资产的所有权”

“所有权”是物权的一种。《民法典》第二百四十条规定：“所有权人对自己的不动产或者动产，依法享有占有、使用、收益和处分的权利。”因此，如果基础资产本身不是物（事实上，基础资产通常不是物），基础资产便不存在“所有权”一说。例如，当基础资产为应收账款（属于债权）时，可以说“原始权益人拥有应收账款（债权）”“基础资产的权属转移”，而“原始权益人拥有应收账款所有权”或“基础资产的所有权转移”的说法是不规范的。

2. “财产和财产权利”

严格来说，“财产权利”和“财产”并不是并列的概念。“财产”有时指物，有时也指财产权利。例如，“某甲拥有很多财产，有房有车，还有应收账款”。说“某甲有房有车”，甲其实不拥有房子和汽车本身，而是拥有房子和汽车的所有权——以房子和汽车等财产为客体的物权；而对于应收账款“财产”，本身就是财产权利。

（二）基础资产有确定的要素

在确定基础资产所属的权利类型后，应根据对应的权利类型确定基础资产的要素。不同权利类型的基础资产，需要特定化的要素不同：债权类的基础资产，应明确债权人债务人分别是谁、基于什么交易产生的、金额多少、期限多长；物权类的基础资产，应明确物权的种类，且客体要细化到具体的标的物，达到此物和彼物的明确区分，而不能是泛泛的种类物或“一批货物”；股权类基础资产，应明确是哪个股东持有的哪个标的公司的股权，股权的比例是多少。要素的特定化达到什么程度可以满足基础资产特定化的要求，笔者在下文“基础资产如何特定化”中阐述。

二、基础资产特定化的意义

基础资产特定化的意义，在于确定基础资产的权利内容，使得SPV知道主张什么权利；在于识别基础资产对应的义务人，使得SPV知道取得基础资产后可以向谁主张权利；也在于锁定基础资产的范围，使得基础资产与原始权益人的其他资产相区别，SPV 可以区分基础资产产生的现金流和其他现金流——以上，也是基础资产实现真实出售和与原始权益人风险隔离的前提条件之一（必要而非充分条件）。

这里需要重点强调和解释的是，基础资产对应的义务人，不能是原始权益人本人。笔者采用反证的方式来论证这一问题：

求证：企业资产证券化中，基础资产对应的义务人不能是原始权益人

证明：假设企业资产证券化中，基础资产对应的义务人为原始权益人

∵ 计划管理人代表专项计划向原始权益人购买基础资产

⇒向专项计划交付基础资产前，原始权益人应拥有基础资产，原始权益人是基础资产的权利人

⇒基础资产的权利人和义务人均为原始权益人

∵ 权利义务归于一人的，权利义务消灭

∴ 原始权益人不拥有基础资产

得出矛盾，假设不成立，证毕。

求证：信贷资产证券化或 ABN 中，基础资产对应的义务人不能是发起机构

证明：假设信贷资产证券化或 ABN 中，基础资产对应的义务人为发起机构

∵ 发起机构以基础资产为信托财产设立财产权信托

⇒向信托交付基础资产前，发起机构应拥有基础资产，发起机构是基础资产的权利人

⇒基础资产的权利人和义务人均为发起机构

∵ 权利义务归于一人的，权利义务消灭

∴ 发起机构不拥有基础资产

得出矛盾，假设不成立，证毕。

民事主体无法拥有一个自己为义务人的权利，因为当权利人和义务人同为一人的时候，权利义务会消灭（以消灭为原则，并非绝对，笔者在文末列举了一些不消灭的例外情形，但基础资产不涉及例外情形，因此不影响上述证明）。基于这一法律原理，原始权益人/发起机构无法拥有一个自己为义务人的权利，然后以买卖/信托法律关系将其卖给/信托给 SPV。

如果基础资产被界定为“计划管理人和原始权益人在资产买卖协议中创设的，专项计划要求原始权益人交付其取得的特定回收款（现金流）的权利”，且专项计划不能（这里说的是，哪怕在进行权利完善等操作之后也不能）直接向回收款（现金流）的付款人要求付款，无论其被冠以何种称谓，都可以推导出两个法律后果：第一，基础资产的义务人为原始权益人［原始权益人履行义务以收到特定回收款（现金流）为前提条件，影响风险承担，但不影响义务人为原始权益人］，专项计划只能向原始权益人主张权利，基础资产与原始权益人的风险隔离无从谈起；第二，原始权益人可以基于合同约定为自己创设义务，但是，因为原始权益人无法拥有和交付自己为义务人的权利，这种情况下资产买卖协议项下的法律关系便不再是买卖关系了，而是“名为买卖实为借贷”，基础资产的真实出售也无从谈起。

产品设计中，经常由原始权益人担任资产服务机构，代收基础资产回收款并转付给 SPV。这样的安排与基础资产对应的义务人不能是原始权益人并不矛盾，反而是契合和一致的——正因为基础资产对应的义务人不是原始权益人，才需要原始权益人作为资产服务机构代为收取和转付基础资产回收款。如果原始权益人本人就是基础资产的义务人，那么他向第三人收款的行为就不是“代收”基础资产回收款了，因为第三人不是基础资产的义务人，支付的自然不是基础资产回收款；原始权益人向 SPV 履行的义务，也便不是基础资产回收款的“转付”义务，而是直接作为基础资产的付款义务人进行付款。

三、基础资产如何特定化

基础资产的特定化是通过基础资产的界定实现的，界定基础资产时，应明确基础资产的权利类型归属及要素信息。

（一）权利类型应在法律框架之内，不能脱离法律任意创设

如文首所述，《民法典》规定的民事财产权利的权利类型包括物权、债权、知识产权、股权和其他投资性权利、法律规定的其他民事权利和利益。基础资产的权利类型应在法律的框架之内，不能脱离法律任意创设权利类型。需要注

意的是，民事主体拥有约定债权债务具体内容的自由，这是在债权这一权利类型范围之内进行的约定，并不是创设了新的权利类型或者证明了民事主体有权自由创设权利的类型。即使在权利的具体内容上，也不是什么权利都可以由民事主体任意约定的，如物权领域就应适用物权法定原则，《民法典》第一百一十六条规定："物权的种类和内容，由法律规定。"

（二）权利要素的特定化是一定程度的特定化而非绝对的特定化

所有的权利都能或多或少特定化出一定的要素，但是权利要素的特定化达到什么程度才能满足基础资产特定化的要求，并没有一个泾渭分明的标准。

在常见的资产类型中，应收账款、贷款债权、融资租赁租金债权是特定化程度较高的基础资产，上述权利均为债权属性，权利人、义务人、权利内容（金额、期限、偿付安排）等清晰明确，且因原始权益人已经履行了主要义务，确定性较强。而对于需要原始权益人持续履约的未来收益类资产，如电费债权、房屋租金债权等，则或多或少面临部分要素无法完全提前确定的制约：电费债权有特定的债权人（发电企业）、债务人（电网公司）、一定程度上特定的权利内容（特定发电机组发电售电、现行的电价、结算周期），而具体的发电量往往无法提前确定（尽管可能有大致的发电计划），且电价也可能调整；房屋租金债权有特定的权利人（出租人）、义务人（承租人）、一定程度上特定的权利内容（特定的房屋、现行的租金标准、结算周期），但可能面临租金标准调整甚至承租人提前退租导致的不确定性。

因此，权利要素的特定化并不要求绝对的特定化，而是一定程度的特定化。笔者认为，从特定化的意义（目的）出发，为了实现基础资产的真实出售及与原始权益人的风险隔离（考虑到未来收益类资产的属性，不一定是买卖时即时实现的风险隔离，但不应是永远无法风险隔离），基础资产特定化应做到有可以确定或基本确定的、原始权益人以外的义务人，以及基本确定的可以向义务人主张的权利内容，以区别基础资产与其他资产、区分基础资产现金流与其他资产产生的现金流。在此原则下，基础资产的特定化必须结合权利类型和实际情况进行具体分析，这是企业资产证券化基础资产多样化这一客观情况提出的必然要求。

四、基础资产无法特定化——双SPV结构

对于特定化程度无法达到基础资产要求但又能产生可预测现金流的资产（例如，酒店收入可根据历史情况有效预测，但因住客的频繁变动无法特定出义务人范围），实践中探索出了双SPV结构（包括“信托+专项计划”结构、“委贷+专项计划”结构、双信托结构ABN等），将该等产生现金流的资产设置为底层资产并进行质押，而把基础资产转化为特定化程度较高的信托受益权或委贷债权，从而在操作层面解决了问题。对于双SPV结构，从不同的视角出发，存在不同的评价观点，但其屡屡使用证明了其重要的实用价值。

附：权利义务归于一人，权利是否消灭的分析

1. 合同债权权利义务归于一人，原则上权利消灭，损害第三人利益除外

大部分基础资产的权利类型归属于合同债权。《民法典》第五百七十六条规定：“债权和债务同归于一人的，债权债务终止，但是损害第三人利益的除外。”因此，就合同债权来说，权利义务归于一人时，原则上权利消灭。

可能损害第三人利益的例外情形举例：甲银行贷款给乙公司，后乙公司无法偿还贷款。甲银行发现乙公司享有对丙公司的应收账款，申请法院对该应收账款进行了保全。就该笔应收账款，即使乙公司进行了债务承担，同时成为债权人和债务人，如损害甲银行的利益，不形成权利消灭的后果。

2. 合同债权以外的权利，权利义务归于一人时权利是否消灭的分析

对于合同债权以外的权利，权利义务归于一人时权利是否消灭，我国法律并无明确规定。

就合同债权以外的其他债权（侵权之债、不当得利之债、无因管理之债）而言，应适用合同债权的原理。当然，基础资产中通常不会涉及侵权之债、不当得利之债或无因管理之债。

就其他权利类型而言，笔者认为同样应适用合同债权“权利义务归于一人时权利消灭，损害涉及第三人利益或法律另有规定为例外”的基本原理，并且应注意，有些权利对应的义务人不止一人。例如，物权领域，所有权为对世权，

所有权以外的其他人都是义务人，所以不会出现权利义务归于一人的情况；而对于抵押权，抵押人和抵押权人归于一人时，抵押权消灭。再如，公司股权，义务人可以包括公司及其他股东，因此上市公司回购本公司股票，并没有形成权利人和义务人归于一人的情形。

综上所述，笔者认为，权利义务归于一人时，以权利消灭为原则，损害第三人利益或法律另有规定为例外。基础资产不涉及该原则的例外情形，因此基础资产的义务人不能是原始权益人本人。

知识产权资产证券化原理及要点解析

王剑钊　朴文一　邓雪儿*

一、知识产权资产证券化概述

知识产权资产证券化，即利用知识产权及与之有关的未来现金流开展的证券化融资。在我国产业转型升级，由中国制造向中国创造努力的过程中，知识产权资产证券化有望发挥重要的战略作用。在此背景下，知识产权证券化被政策所鼓励，且已有实践操作。

2015 年 3 月 13 日，中共中央、国务院共同下发《中共中央、国务院关于深化体制机制改革加快实施创新驱动发展战略的若干意见》（中发〔2015〕8 号），提出“探索开展知识产权证券化业务”。其后，中共中央和国务院陆续出台关于海南省、自由贸易试验区、雄安新区、粤港澳大湾区及深圳建设社会主义先行示范区的指导意见、通知及发展规划，鼓励开展知识产权证券化被一再提及，丰富知识产权融资渠道，服务创新驱动战略刻不容缓。

颁布时间	文件名称	相关内容摘要
2018 年 4 月 11 日	中共中央、国务院关于支持海南全面深化改革开放的指导意见	鼓励探索知识产权证券化，完善知识产权信用担保机制。
2018 年 5 月 4 日	国务院关于印发《进一步深化中国（天津）自由贸易试验区改革开放方案》的通知	探索知识产权证券化业务。

* 王剑钊，北京市奋迅律师事务所，合伙人；朴文一，北京市奋迅律师事务所，合伙人；邓雪儿，北京市奋迅律师事务所，律师。

续表

颁布时间	文件名称	相关内容摘要
2018 年 11 月 7 日	国务院关于支持自由贸易试验区深化改革创新若干措施的通知	支持在有条件的自贸试验区开展知识产权证券化试点。
2019 年 1 月 24 日	中共中央、国务院关于支持河北雄安新区全面深化改革和扩大开放的指导意见	鼓励开展知识产权证券化融资和知识产权质押融资，建立健全知识产权质押融资风险分担机制。支持在雄安新区探索推广知识产权证券化等新型金融产品。
2019 年 2 月 18 日	粤港澳大湾区发展规划纲要（中共中央、国务院印发）	开展知识产权证券化试点。
2019 年 8 月 9 日	中共中央、国务院关于支持深圳建设中国特色社会主义先行示范区的意见	探索知识产权证券化，规范有序建设知识产权和科技成果产权交易中心。
2020 年 6 月 28 日	国务院关于做好自由贸易试验区第六批改革试点经验复制推广工作的通知（附件自由贸易试验区第六批改革试点经验复制推广工作任务分工表）	依托上海、深圳证券交易所构建知识产权证券化交易体系。根据知识产权数量、公司资产规模、利润水平、行业领先度等因素选取标的企业。对基础资产现金流的质量、稳定性、权属状况严格把关，试行将知识产权相关债权资产实现真实出售。

自 2015 年北京市开始试点知识产权融资租赁以来①，北京市文化科技融资租赁股份有限公司（以下简称“文科租赁”）于当年首次以知识产权融资租赁资产作为部分基础资产发行证券化产品，至 2018 年 12 月，首单完全以知识产权作为底层资产的知识产权标准化证券化产品“第一创业—文科租赁一期资产支持专项计划”获批；同月，“奇艺世纪知识产权金融资产支持专项计划”在上海证券交易所挂牌。在创新知识产权投融资产品，探索知识产权证券化的道路上，我国实现了从 0 到 1 的突破。进入 2019 年，“广州开发区专利许可资产支持专项计划”的出现，更是首创专利许可模式的知识产权证券化融资方式，知识产权证券化逐渐呈现出多样化发展趋势。本文旨在结合近年来知识产权证

① 2015 年 9 月 13 日，商务部与北京市人民政府联合印发《北京市服务业扩大开放综合试点实施方案》（京政发〔2015〕48 号），试点著作权、专利权、商标权等无形文化资产的融资租赁。

券化产品的发行经验，就知识产权证券化的原理及实操关注要点进行解析。

二、知识产权资产证券化案例分析

文科租赁系列证券化项目、爱奇艺供应链证券化项目和广州开发区专利许可证券化项目分别代表着已发行的三种不同的知识产权证券化融资模式，分别为融资租赁、供应链及实施许可模式，其均是在我国知识产权与企业资产证券化各自取得一定发展后结合而成的硕果，对推进知识产权证券化在我国的发展具有现实基础和积极意义。

（一）融资租赁模式——以第一创业—文科租赁一期资产支持专项计划为例

1. 项目概览

原始权益人/第一差额补足义务人	北京市文化科技融资租赁股份有限公司	
第二差额补足义务人	北京市文化投资发展集团有限责任公司	
基础资产	原始权益人依据融资租赁合同对承租人享有的租金请求权和其他权利及附属担保权益。	
租赁标的类型	专利权	2 笔
	著作权	8 笔
发行规模	7.33 亿元	
专项计划期限	2.5 年	
增信措施	优先/次级分层、差额支付承诺（文科租赁第一差额支付承诺、文投集团第二差额支付承诺）。	

2. 项目特点

从交易结构上看，文科租赁证券化项目以知识产权售后回租模式下融资租赁债权作为基础资产，现金流归集、期限安排、收益分配、结构化分层等诸多设计与传统大型设备融资租赁债权证券化产品并无二致，且亦需遵循交易所颁布的《融资租赁债权资产支持证券挂牌条件确认指南》及《融资租赁债权资产支持证券信息披露指南》。

但区别于传统的设备或汽车融资租赁债权证券化项目，该项目中融资租赁标的均为知识产权，具体为专利权及著作权，即承租人将其享有的专利权或著作权中可转让的内容①转让于文科租赁，再由文科租赁许可承租人使用，以形成对承租人的独立、稳定、可预测的融资租赁债权。

利用知识产权进行融资租赁，进而将融资租赁债权开展证券化融资，首创知识产权证券化融资模式，可以盘活存量资产，丰富知识产权融资方式，有利于创新企业融资，服务国家创新驱动战略。但值得注意的是，在司法实践当中，无形资产作为融资租赁租赁物的适格性不乏争议，可能给该类资产带来不确定性。

3. 延伸思考——知识产权质押贷款证券化的可行性

与融资租赁债权类似，同样具有较强融资属性的基础资产还有贷款债权。在知识产权融资租赁模式下，知识产权仍记在承租人资产负债表的资产中，负债端增加长期应付。而知识产权质押贷款模式的会计处理与融资租赁类似，对于承租人/借款人而言都是无法实现资产出表，并增加负债率的融资模式。

我国证券化市场中常见的贷款类基础资产包括：银行发放的银行贷款或委托贷款、信托公司发放的信托贷款及小额贷款公司发放的小额贷款。知识产权持有人可以其持有的知识产权向借款人进行质押融资，借取各类贷款，贷款人可以发放完毕的知识产权质押贷款开展证券化融资。

从证券化法律规则及实操案例来看，笔者认为贷款人以其持有的各类知识产权质押贷款开展证券化融资具备法律上的可行性。具体而言，银行可以其持有的银行贷款于全国银行间债券市场发行信贷资产证券化产品，委贷债权持有人及小贷公司可分别以委贷债权及小额贷款债权于证券交易所等市场开展企业资产证券化融资，而信托贷款往往由信托公司代表信托计划进行发放，信托计划的受益人可直接以其持有的信托计划受益权作为基础资产转让于专项计划开展证券化融资。

---

① 根据《著作权法》第十条的规定，著作权人可以全部或者部分转让其财产权部分。例如，复制权、发行权、出租权、展览权、表演权、放映权、广播权、摄制权、翻译权、汇编权等。人身权部分不得转让。例如，发表权、署名权、修改权、保护作品完整权。

（二）供应链金融模式——以奇艺世纪知识产权金融资产支持专项计划为例

1. 项目概览

原始权益人	天津聚量商业保理有限公司
核心债务人	北京奇艺世纪科技有限公司（“奇艺世纪”）
差额补足人	中证信用增进股份有限公司
牵头人/交易安排人	海南省科技厅/海南省知识产权局
基础资产	供应商/债权人因向核心债务人提供境内货物贸易、服务贸易（包含知识产权服务贸易，如电影、电视剧和综艺节目等版权许可使用）及其他服务等交易而对核心债务人享有应收账款债权及其附属担保权益。
发行规模	4.7 亿元
专项计划期限	2 年
增信措施	优先/次级分层、超额现金流覆盖、差额支付承诺。

2. 项目特点

爱奇艺供应链证券化项目是一单反向保理资产证券化产品。市场上常见的反向保理供应链产品结构的核心在于，由信用评级较高的主体作为核心企业对其子公司的应付账款进行债务加入，以此达到增信效果。而爱奇艺供应链证券化项目中基础资产对应债务人只有奇艺世纪，不存在核心企业进行债务加入的情形。囿于奇艺世纪等新经济企业的轻资产运营模式，其资产总量较小、主体信用评级相对较低，故为降低融资成本，爱奇艺供应链证券化项目中采用了外部主体进行差额补足的增信措施。

3. 延伸思考——其他保理业务模式下证券化的可行性

（1）正向保理

反向保理项目中，以债务人为核心开展相关业务，而在以债权人为核心的正向保理业务中，也存在证券化的业务机会。若拥有知识产权者享有出售或许可使用知识产权所产生的应收账款，或保理公司受让知识产权转让费/许可使用费应收账款，该等应收账款虽在合同标的、履约方式等事项上与工程或贸易类应收账款有所区别，但法律属性并无不同，因此具备作为基础资产的可行性。

该等知识产权应收账款资产证券化项目的挂牌转让及信息披露亦应满足交易所颁布的《企业应收账款资产支持证券挂牌条件确认指南》及《企业应收账款资产支持证券信息披露指南》的要求。

（2）池保理

区别于定保理业务中应收账款与保理融资款一一对应的关系，在池保理业务中，供应商可将其现在或将来产生的应收账款全部转让给保理商形成资产池，由保理商根据资产池情况核定最高保理融资额度并向其提供融资服务。

知识产权权利人亦可将其持有的多笔知识产权相关应收账款转让于保理商，保理商在该等应收账款金额内核定知识产权权利人的最高融资额度。根据已有的实操案例，笔者认为，亦可探讨保理商以其持有的对知识产权持有者的保理合同债权发行证券化产品的可行性。

（三）实施许可模式——以广州开发区专利许可资产支持专项计划为例

1. 项目概览

原始权益人	广州凯得融资租赁有限公司
差额补足人	广州开发区金融控股集团有限公司
基础资产	原始权益人依据专利许可合同自基准日起对专利客户享有的专利许可使用费支付请求权、损失赔偿请求权、其他权利及附属担保权益。
发行规模	3.01 亿元
专项计划期限	5 年
增信措施	优先级/次级分层、超额现金流覆盖、开发区金控差额支付承诺、开发区金控流动性支持。

2. 项目特点

广州开发区专利许可证券化项目是市场首单完全以专利许可使用费作为基础资产的证券化产品，更是首创了专利许可 + 反许可形成基础资产的交易架构。

在该等结构下，专利权人作为许可方将特定专利许可于原始权益人凯得租赁（作为被许可方）（以下简称“第一次专利许可”）使用，凯得租赁相应取得特定专利的约定权益及再许可权利，并根据约定一次性向专利权人支付第一次专利许可对应的专利许可使用费。凯得租赁（作为许可方）取得特定专利的约定权益及再许可权利后，将以独占实施许可专利的方式，将特定专利授予专利权人（作为被许可方）实施专利（以下简称“第二次专利许可”），专利权人相应取得基于该等特定专利生产专利产品的权利，并根据约定按季度向凯得租赁支付第二次专利许可对应的专利许可使用费。凯得租赁作为原始权益人以第二次专利许可项下对专利权人的专利许可使用费债权及其附属担保权益作为基础资产开展资产证券化融资。

因交易结构与融资租赁中售后回租模式具有一定相似性，有观点认为①，“虽然说这是一种新的交易模式，但是与融资租赁模式相比，有一种换汤不换药的感觉”。笔者认为，两种模式从交易的商业实质上看的确具有高度相似性，但从法律视角看属于两种法律关系，且专利许可 + 反许可模式的法律关系更值得推荐。原因在于，在司法实践当中，无形资产作为融资租赁租赁物的适格性存疑，存在被司法裁判机构认定为名为融资租赁实为权利转让和许可使用法律关系的风险。而我国法律法规对专利许可合同的订立和备案等均有明确规定，专利许可合同债权的确定性较高。且我国法律法规对专利实施许可的被许可人及再许可的被许可人资质并无限制，专利实施许可或被许可行为亦不属于限制经营或特许经营的范畴，故依据《民法典》第五百零五条②的规定，即使由融资租赁公司作为被许可人及再许可人亦不影响专利许可合同债权的有效性。因此，从法律关系的确定性来看，专利许可 + 反许可模式相较于知识产权售后回租具有一定优越性。

3. 延伸思考——融资租赁公司的可替代性

如前所述，我国法律法规并未对专利实施许可的被许可人资质以及再许可

① 陈勇：《知识产权 ABS 的三种交易模式》，https：//mp. weixin. qq. com/s? _ _ biz = MzU4NzY0Mzg-4NA = = &mid = 2247484184&idx = 1&sn = 63d970af5b37dd057f4feaf53d01f7a2&chksm = fde9ad9bca-9e248dbba70147f1b638e5d3a12309898776b9ee7b8052ef1ba555d6dcdc94c311&mpshare = 1&scene = 1&srcid = &sharer_ sharetime = 1570352280941&sharer_ shareid = fb856f58c24a597fe376333f25174b18&pass_ ticket = UGd%2F9T0swKu7F%2FyjQ75owI8UiuJyn3%2FAJUUlcrvC9sL3jz7gMf7yEqwbqqFfXBPh#rd，最后访问时间：2019 年 10 月 29 日。

② 《民法典》第五百零五条：“当事人超越经营范围订立的合同的效力，应当依照本法第一编第六章第三节和本编的有关规定确定，不得仅以超越经营范围确认合同无效。”

的被许可人及其资质予以明确要求或限制，亦未将专利实施许可或被许可行为纳入限制经营或特许经营的范畴，且基于《民法典》第五百零五条的规定，在不违反国家限制经营、特许经营以及禁止经营的情形下，合同不会因当事人超越经营范围而无效。故而，笔者认为，专利实施许可 + 反许可模式下由融资租赁公司作为被许可人及再许可人不影响专利许可合同债权的有效性，且原始权益人并非一定为融资租赁公司，亦可为其他一般性工商企业。

三、知识产权资产证券化实务要点解析

（一）证券化的路径选择

就我国知识产权证券化的路径选择而言，实操中存在多种基础资产可视需求选择适用，但需注意符合资产证券化的基本要求，即基础资产界定清晰，能够进行真实出售，并产生持续、稳定、与融资规模匹配的现金流。知识产权的许可费债权、知识产权转让形成的应收账款、知识产权质押担保的贷款债权、持有知识产权的项目公司股权等，均可以作为基础资产。笔者认为，上述基础资产类型可总结为下述三种模式。

其一为融资型债权模式。由具备提供融资服务资质的金融或类金融机构向知识产权持有人发放融资资金用于知识产权研发或其他日常经营支出，并将融资债权作为基础资产发行证券化产品。此模式下基础资产主要为：融资租赁债权、以知识产权质押担保的各类贷款债权。

其二为许可使用型债权模式。知识产权持有人可将其持有的专利权、著作权、商标权向第三人进行出售或许可使用，并以此形成的合同债权作为基础资产发行证券化产品。此模式下又可分为正向模式和反向模式，分别对应业务核心发起人为转让费/许可费的债权人还是债务人。基础资产主要为：知识产权转让费债权、许可使用费债权。

其三为股权模式。参考类 REITs 的交易结构，将持有知识产权的公司股权通过相应的结构设计转让于专项计划实现证券化融资。此模式下基础资产主要为：信托受益权、私募基金份额。底层现金流来源为对应知识产权经营收入。

（二）知识产权的转让、质押与许可的登记备案

1. 知识产权的转让

在证券化业务中，融资人往往需通过将知识产权或知识产权相关的基础资产转让于SPV实现融资。该等转让通常表现为合同债权或知识产权的转让，而两种不同权利类型的转让在法律上有着不同的要求。

（1）以知识产权为基础的合同债权转让

以知识产权为基础产生合同债权，并转让该等合同债权实现融资。此种模式现常见于我国知识产权证券化的实践中。根据《民法典》第五百四十五条和第五百四十六条的规定，除因债权性质、当事人约定或法律规定不得转让外，债权人可以将合同的权利全部或者部分转让给第三人。债权人转让债权，未通知债务人的，该转让对债务人不发生效力。

故在合同债权类基础资产的证券化项目实操中，应对基础资产相关的底层合同进行审阅和梳理，核查其中是否存在任何关于合同债权转让的禁止或限制性条款，如存在，则应根据该条款的规定，通过签署补充协议、获取同意函等方式修改原合同条款或取得有权主体对合同债权转让的同意。

因为不通知债务人不影响债权转让的有效性，在转让合同债权时是否选择通知债务人，可视项目具体情况而定。但出于对投资者利益的保护，建议设置权利完善机制，在发生基础资产质量下降或融资人信用评级下降等事件时，需通知相应的债务人及担保人债权转让事宜，并变更现金流划付路径。

（2）知识产权转让

根据我国法律规定，著作权、专利或商标的转让均需订立书面合同，其中，专利、商标的转让还需进行登记或公告方能生效。法律的具体规定如下：

《著作权法》第二十五条第一款规定：“转让本法第十条第一款第（五）项至第（十七）项规定的权利，应当订立书面合同。”

《专利法》第十条规定：“转让专利申请权或者专利权的，当事人应当订立书面合同，并向国务院专利行政部门登记，由国务院专利行政部门予以公告。专利申请权或者专利权的转让自登记之日起生效。”

《商标法》第四十二条规定：“转让注册商标的，转让人和受让人应当签订

转让协议，并共同向商标局提出申请。转让注册商标经核准后，予以公告。受让人自公告之日起享有商标专用权。”

故在涉及知识产权转让的证券化项目中，应着重关注其转让是否已订立书面合同，是否已完成登记或公告，以确保转让的有效性。

2. 知识产权的质押

《民法典》第四百四十条规定：“债务人或者第三人有权处分的下列权利可以出质……（五）可以转让的注册商标专用权、专利权、著作权等知识产权中的财产权……”《民法典》第四百四十四条第一款规定：“以注册商标专用权、专利权、著作权等知识产权中的财产权出质的，质权自办理出质登记时设立。”

符合法律规定的知识产权可以作为权利质押的标的，且知识产权属于《民法典》规定应当办理质权设立登记的出质权利，以知识产权进行质押应由各方签署质押合同，并至有关主管部门（对于著作权，指中国版权保护中心；对于专利，指国家知识产权局；对于商标，指国家知识产权局商标局）办理出质登记，质权自办理出质登记时设立。

故在涉及知识产权质押的项目中，为确保知识产权对主债权的担保效力，需着重关注出质登记是否已办理完毕。

3. 知识产权许可使用备案

根据我国法律规定，著作权、专利或商标的许可使用原则上需订立许可使用合同，且应该或可以办理备案手续。法律的具体规定如下：

《著作权法》第二十四条第一款：“使用他人作品应当同著作权人订立许可使用合同，本法规定可以不经许可的除外。”《著作权法实施条例》第二十五条：“与著作权人订立专有许可使用合同、转让合同的，可以向著作权行政管理部门备案。”

《专利法》第十二条：“任何单位或者个人实施他人专利的，应当与专利权人订立实施许可合同，向专利权人支付专利使用费。被许可人无权允许合同规定以外的任何单位或者个人实施该专利。”《专利法实施细则》第十四条：“专利权人与他人订立的专利实施许可合同，应当自合同生效之日起3个月内向国务院专利行政部门备案。”《专利实施许可合同备案办法》第二条：“国家知识产权局负责全国专利实施许可合同的备案工作。”

《商标法》第四十三条：“商标注册人可以通过签订商标使用许可合同，许可他人使用其注册商标……许可他人使用其注册商标的，许可人应当将其商标使用许可报商标局备案，由商标局公告。商标使用许可未经备案不得对抗善意第三人。”《商标法实施条例》第六十九条：“许可他人使用其注册商标的，许可人应当在许可合同有效期内向商标局备案并报送备案材料。”

笔者认为，上述规定并非效力性强制性规定，未进行备案不影响许可使用合同的效力。但如未进行相应的备案公示，当被许可人使用权受侵犯时，其寻求权利救济可能受到影响。故知识产权证券化项目的基础资产如为许可使用费债权的，为避免相应风险，均建议办理该等备案程序。

（三）租赁物适格性

无形资产作为融资租赁租赁物的适格性一直以来存在争议。《最高人民法院关于审理融资租赁合同纠纷案件适用法律问题的解释》第一条规定：“人民法院应当根据合同法第二百三十七条[①]的规定，结合标的物的性质、价值、租金的构成以及当事人的合同权利和义务，对是否构成融资租赁法律关系作出认定。对名为融资租赁合同，但实际不构成融资租赁法律关系的，人民法院应按照其实际构成的法律关系处理。”融资租赁的租赁物范围以物为限，且“租赁”为物权领域专有概念，权利并不以“租赁”获得使用权，而是经授权许可使用。最高人民法院在《最高人民法院关于融资租赁合同司法解释理解与适用》[②]中提到，商标权、专利权等知识产权为租赁物的融资租赁合同，一般不构成融资租赁合同关系，为权利许可使用或质押融资法律关系。但同时，商务部、北京市已出台相关政策[③]，支持“试点著作权、专利权、商标权等无形文化资产的融资租赁”业务。因此，关于知识产权融资租赁，现虽有行政部门的政策支持，但在法律关系认定上，最高人民法院认为应按照实际构成的法律关系处理（不

① 《民法典》第七百三十五条对融资租赁合同的界定与《合同法》第二百三十七条保持了一致。

② 最高人民法院民事审判第二庭编著：《最高人民法院关于融资租赁合同司法解释理解与适用》，人民法院出版社2016年版，第51—53页。

③ 同上。

会认定为合同无效），即权利转让+许可使用法律关系。

笔者认为，虽然售后回租的业务模式盘活了权利人的知识产权，但最高人民法院并不认为知识产权的融资租赁构成融资租赁法律关系，而认为构成权利转让+许可使用法律关系，该等业务模式具有法律关系上的不确定性。但需说明的是，知识产权融资租赁虽在司法实践中可能不构成真正的融资租赁法律关系，但融资租赁合同的效力应不受此影响，而是按照其实际构成的法律关系处理。《民法典》第一百四十六条亦体现出该思路："行为人与相对人以虚假的意思表示实施的民事法律行为无效。以虚假的意思表示隐藏的民事法律行为的效力，依照有关法律规定处理。"

（四）知识产权价值评估

知识产权售后回租和专利实施许可+反许可业务模式中，原始权益人向知识产权持有人放款时，均已委托资产评估公司对知识产权进行评估，目的在于确定利用该等知识产权可获得的融资规模。笔者认为，证券化的实质在于未来现金流的变现，故在以知识产权为核心的证券化产品中确定拟证券化的知识产权价值几何显得尤为重要。而实操中，知识产权的价值评估最重要的两点在于评估机构和评估方法的选择。

关于知识产权的评估机构，应选择具备知识产权评估经验及资产评估资质的机构。因我国尚未形成流动性较强的大规模知识产权交易市场，故知识产权可比交易价格较少，又具有无形性、专有性、地域性等特点，故丰富的知识产权评估经验在项目实操中显得尤为重要。

关于知识产权的评估方法，通常有市场法、收益法和成本法。笔者认为，在证券化项目中采取收益法为主更为可取。原因在于：知识产权所具有的专业性、多样性和排他性等特征，导致其较难在市场上获得可比的交易案例和价格，难以适用市场法；多数知识产权并非可再生、可复制的资产，无法合理计算其重置成本及相关贬值，不适用成本法；而收益法是对知识产权的未来收益进行适当的折现得出相应的评估值，这与证券化的核心原则较为匹配，故一般建议采用收益法。

四、结语

在我国实施创新驱动发展战略，大力发展自主创新企业、鼓励支持创新企业融资的背景下，知识产权证券化作为新兴融资渠道前景良好。考虑到不同企业主体资质、融资需求存在一定差异，且不同类型基础资产证券化的要求不尽相同，对于拟利用知识产权开展证券化融资的机构而言，应在充分了解各类融资路径的基础上，结合自身的实际情况及商业需求，作出恰当的选择。

双 SPV 的“是非功过”

——对资产证券化双 SPV 结构的思考

王剑钊　朴文一　王子谦*

双 SPV 结构（以下简称“双 SPV”）是我国企业资产证券化实践中由市场自发探索出的独具特色的交易结构。从第一单双 SPV 资产证券化产品“海印股份信托受益权专项资产管理计划”于 2014 年面世以来，双 SPV 展现了强大的生命力，已发展为企业资产证券化产品的常用结构之一。双 SPV 因何原因被广泛使用？它解决了哪些问题，又是否制造了新的问题和风险？在本文中，笔者将谈谈双 SPV 的“是非功过”。

一、双 SPV

双 SPV 是我国企业资产证券化实践中由市场自发探索出的独具特色的交易结构。资产证券化项目中至少有一个 SPV，对于企业资产证券化来说，SPV 为资产支持专项计划；对于资产支持票据和信贷资产证券化项目来说，SPV 通常为财产权信托；而双 SPV 顾名思义，有两个 SPV。最初的双 SPV 为“单一资金信托 + 专项计划”，交易结构见图 1。广义的双 SPV 还包括“财产权信托 + 专项计划”“委托贷款 + 专项计划”“私募基金 + 专项计划”以及双信托 ABN 等。“单一资金信托 + 专项计划”是运用最为广泛、最具有代表性的双 SPV，因此本文以“单一资金信托 + 专项计划”为例进行分析。

* 王剑钊，北京市奋迅律师事务所，合伙人；朴文一，北京市奋迅律师事务所，合伙人；王子谦，北京市奋迅律师事务所，律师。

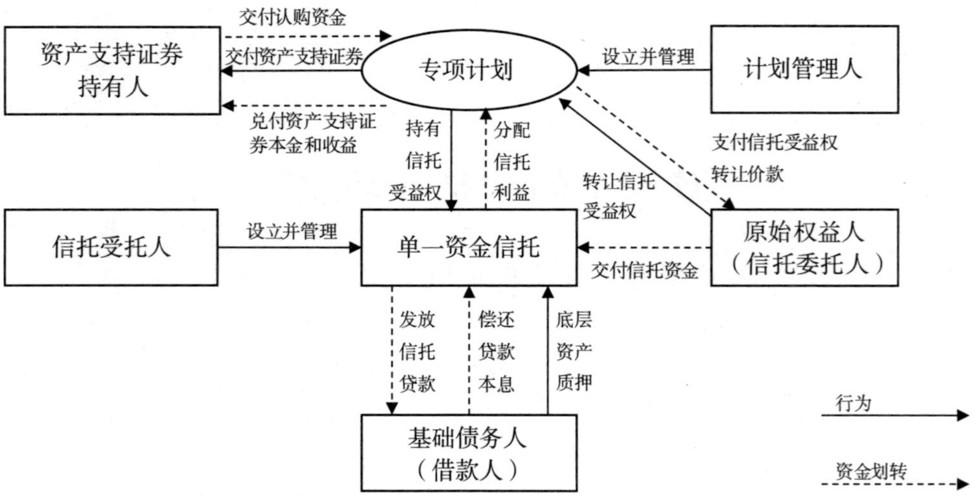

图 1 “单一资金信托 + 专项计划”交易结构图

二、双 SPV 的实践价值

双 SPV 较单 SPV 而言略显复杂。没有人愿意单纯为了“复杂”而承受交易结构复杂化带来的更高成本，而是为了以复杂交易结构增加的成本换取更大的收益。双 SPV 被广泛运用，是因为它犹如一位大侠，江湖救急，切实解决了企业资产证券化项目中的以下实操痛点问题，举例说明：

1. 资产特定化问题

如笔者在《基础资产的特定化——兼谈基础资产界定中的基本原理》中所述，特定化是基础资产必须满足的条件之一。以二房东长租公寓资产证券化项目为例，现金流来源是长租公寓运营方向租户出租长租公寓的特定期间的租金。实践中，运营方与租户签署的租赁合同期限通常为一年。如采用单 SPV，基础资产界定为特定租赁合同项下特定长租公寓特定期间的租金债权。为满足基础资产特定化要求，需要租金债权有特定的债务人，因此特定期间应以租赁合同期限即一年为限，规模仅能以一年的租金测算，相对较小。而一旦特定期间超过一年，则基础资产将包括尚未订立的租赁合同项下的租金债权，为未来债权，租户即债务人是何人无法确定，难以满足基础资产特定化的要求。执意以单

SPV 操作，将基础资产笼统界定为特定公寓收益权，则又面临收益权的法律属性界定问题。两难之际，双 SPV 显身手，一方面基础资产转变为量身定制的信托受益权，各项要素均可满足特定化要求；另一方面将特定公寓未来三年的租金债权依据《民法典》和《应收账款质押登记办法》予以出质为信托贷款提供质押担保，在实质上未改变现金流支持的前提下，延长了项目期限，扩大了融资规模。从投资者角度看，双 SPV 使得基础资产的界定清晰，基础债务人的还款义务确定，更有助于风险的控制，并且未改变资产支持的基本产品逻辑。

2. 底层资产的生成问题

CMBS 及类似项目中，底层资产为各类物业抵押贷款债权。由于我国对发放贷款有资质要求，因此从合法合规角度，有条件生成和持有物业抵押贷款债权的主体有限。由具有发放贷款资格的信托公司发放信托贷款，可为项目生成所需的物业抵押贷款债权。

另外，消费金融资产证券化中常见的 Pre - ABS 操作，也是发挥了信托生成资产和结构搭建的优势。具体而言，具有发放贷款资格的小额贷款公司受到杠杆率限制，资产规模有限；一些具有客源获取、数据和风险专业管理能力的金融服务机构或助贷机构更是不具有发放贷款的资格。此时，这些机构与资金方和信托合作，由 Pre - ABS 资金方出资设立资金信托，信托发放消费贷款，具有资产管理能力的机构以资产服务机构的身份输出专业的管理和服务能力，搭建完成了基础资产的完整架构。资金方向专项计划转让信托受益权，收取对价以回收资金。双 SPV 就像一座桥梁，使得各交易参与方以充分发挥自身优势的方式协作和互补，共同达成交易目的。

3. 房屋抵押登记问题

实践操作中，部分地区的房屋登记主管部门仅允许将银行、信托等具有发放贷款资质的机构登记为房屋抵押权人。企业资产证券化项目的管理人为证券公司或基金子公司，在接受房屋抵押增信时存在操作障碍，“送上门的肉吃不下去”。一筹莫展之际，又是双 SPV 雪中送炭，引入信托这一层 SPV，将抵押权办理在信托公司名下，使项目有了抵押权保障。目前，部分信托公司已取得专项计划管理人的试点资格，在房屋抵押登记方面，信托公司管理人相较于证券公司或基金子公司将具有一定优势。

2019 年 7 月 19 日，国务院办公厅印发《关于完善建设用地使用权转让、出租、抵押二级市场的指导意见》，提出“放宽对抵押权人的限制。自然人、企业均可作为抵押权人申请以建设用地使用权及其地上建筑物、其他附着物所有权办理不动产抵押相关手续，涉及企业之间债权债务合同的须符合有关法律法规的规定”。该指导意见正逐步落实到实操层面，已有项目直接将不动产抵押权办理在计划管理人名下。

三、对双 SPV 的质疑与思考

尽管双 SPV 解决了以上提及的问题，但质疑声也如影随形。以下选取一些质疑，谈谈笔者的思考。

1. 质疑一：底层资产包括未来收益类资产

质疑一：在一些双 SPV 项目中，底层资产在专项计划设立时包括依赖融资人持续经营的资产或尚未生成的资产，现金流存在一定的不确定性。如果在专项计划存续期间底层资产未能按照预期产生现金流，那么投资者利益将受损。

笔者的思考：应区分资产本身固有的风险和交易结构的风险。未来收益类资产依赖于融资人的持续经营，甚至包括尚未生成的资产，是该类资产本身的性质决定的，与采用何种结构无关，更非双 SPV 带来的风险。从投资者保护角度分析，如果以单 SPV 操作此类项目，一方面基础资产界定存在一定难度，另一方面需要由原始权益人或其他主体提供差额补足以缓释风险；而双 SPV 则一方面使得基础资产清晰明确，另一方面直接在资产信用上叠加了主体信用，即使底层资产未能按照预期生成，基础债务人仍然有信托贷款还款义务，甚至更有利于风险控制。

证监会于 2019 年 4 月发布的《资产证券化监管问答（三）》，将未来经营收入类资产证券化的监管和指导重点聚焦于资产属性及原始权益人的持续经营能力等事项，而没有纠结于交易结构的选择和限制，笔者认为抓住了问题的实质，可以有效控制业务风险。

2. 质疑二：资金混同风险

质疑二：双 SPV 中，底层资产为出质权利，并非像单 SPV 一样进行基础资产的转让，回收款仍属于融资人，与融资人的其他资金混同。

笔者的思考：在基础资产回收款由付款人直接划款至专项计划账户的情况下，单 SPV 不存在资金混同风险。但实践操作中，除反向保理供应链 ABS 等项目外，能采用这一划款路径的项目并不多见。尤其是需要使用双 SPV 的项目，往往依赖于融资人作为资产服务机构归集回收款。在融资人作为资产服务机构负责回收款归集转付的情况下，双 SPV 与单 SPV 在资金混同方面的法律风险差异并不明显。具体比较详见下表：

结构	基本安排	已经回款的部分	尚未回款的部分
单 SPV	原始权益人担任资产服务机构，负责归集基础资产回收款并定期向专项计划账户划转。	基础资产回收款划转至专项计划账户之前，回收款与原始权益人的其他资金混同。可通过提高向专项计划账户划转资金的频率而压缩资金混同时间，降低资金混同风险。	一般将原始权益人无法提供资产服务等情况设置为权利完善事件，管理人向基础资产的债务人发出通知，要求债务人直接付款至专项计划账户。但是，对于水费、取暖费等资产，管理人是否能真正实现直接向用户收费或找到替补资产服务机构，存在实操方面的疑问。
双 SPV	底层资产为出质权利，其回收款由基础债务人收取并定期向信托财产专户划转。	根据部分司法判例，需对已质押应收账款的回收款进行源头专户监管，即出质权利的债务人直接向监管账户支付回收款，回收款完全不与基础债务人的其他资金发生混同，质权人才能对出质权利回收款享有优先受偿权。但是，实操中很多项目的底层资产回款路径难以改变，无法做到债务人直接支付至专用监管账户，只能通过提高向信托财产专户划转资金的频率而压缩资金混同时间，降低资金混同风险。	《最高人民法院关于适用〈中华人民共和国担保法〉若干问题的解释》第一百零六条规定：“质权人向出质人、出质债权的债务人行使质权时，出质人、出质债权的债务人拒绝的，质权人可以起诉出质人和出质债权的债务人，也可以单独起诉出质债权的债务人。”因此，信托公司作为质权人可以直接要求出质权利的债务人向信托履行付款义务。但是，与单 SPV 类似，对于水费、取暖费等资产，信托直接向用户收费存在实操方面的困难。

3. 质疑三：规避监管的工具？

质疑三：双 SPV 成为规避监管的工具，使得某些不符合资产证券化基础资产条件的资产作为底层资产发行了资产证券化产品。

笔者的思考：《证券公司及基金管理公司子公司资产证券化业务信息披露指引》第十三条规定：“管理人或其他信息披露义务人应当根据不同的基础资产类别特征，依据穿透原则对底层基础资产的情况按照本指引第九条的规定进行信息披露。”证监会《资产证券化监管问答（一）》提到：“四、对于单一信托受益权进行资产证券化，请问有哪些关注要点？答：以单一信托受益权为基础资产，基础资产除必须满足现金流独立、持续、稳定、可预测的要求之外，还应当依据穿透原则对应和锁定底层资产的现金流来源，同时现金流应当具备风险分散的特征。无底层现金流锁定作为还款来源的单笔或少笔信托受益权不得作为基础资产。”《资产证券化基础资产负面清单》第八条列举的资产为：“最终投资标的为上述资产的信托计划受益权等基础资产。”可见，穿透原则是资产证券化项目审核和信息披露的基本原则之一，并不存在制度上的监管漏洞，以双 SPV 规避监管并不可行。尽管双 SPV 使得一些难以作为基础资产的资产以底层资产的形式实现了“曲线救国”，但仅限于形式层面，该等资产本身在实质方面是受到监管部门和市场认可的。双 SPV 并非神通广大的万能工具，对双 SPV 运用的监管也不是缺位的。

四、结语

笔者认为，双 SPV 是一种交易结构，交易结构是实现交易目的的工具。工具是中性的，运用之妙，存乎一心。一把菜刀在厨师手里可以做出美味佳肴，在歹徒手中就是伤天害命的凶器。同时，应区分资产本身固有的风险和交易结构的风险，否则双 SPV 则成了“背锅侠”。双 SPV 切实解决了企业资产证券化项目中的多个实操痛点问题，其被广泛运用的客观事实，从结果上也证明了双 SPV 的实践价值。

第五章

应收账款与保理融资

债权如生命，各阶段有不同的称谓

——未来债权、既有债权及应收账款概念分析

王剑钊　朴文一　王泽坤*

正如生命周期包含胚胎、未成年、成年、死亡等各个阶段，债权也经历从无到有，从履行到消灭的发展过程，未来债权、既有债权和应收账款均是债权在特定时点、特定条件下的概念，同一个债权随着时间的推移和条件的达成而在上述概念之间转化。

一、问题的提出

“这个项目的基础资产是电费债权，属于未来债权，不是应收账款。为了对抗第三人，要在人行征信中心做应收账款转让登记。”在资产证券化法律实务中，常会听到“未来债权”的概念，并且与应收账款一并提出，相关概念及二者的关系却让人困惑：

1. 未来债权是什么？

2. 未来债权与应收账款是并列关系吗？

3. 如果未来债权不是应收账款，为什么能做应收账款转让/质押登记？

本文旨在于合同之债的范围内厘清未来债权、既有债权和应收账款的概念、界限和关系，并从时间线角度论述债权的演变，回答上述问题。

* 王剑钊，北京市奋迅律师事务所，合伙人；朴文一，北京市奋迅律师事务所，合伙人；王泽坤，北京市奋迅律师事务所。

二、未来债权、既有债权和应收账款均是债权在特定时点、特定条件下的概念

“未来债权”顾名思义，是未来的债权，就是在某一时点还没有、但将来可能会有的债权，可分为两种情况：

1. 合同尚未订立，一方向另一方主张债权没有合同依据，换言之，即债权尚未存在，合同订立及债权设定的可能性系基于各方的历史交易情况而对未来的预测，正如可以通过受精卵已形成来预测一个生命将在未来诞生一样。

2. 合同已经成立，但属于附生效条件或附生效期限的合同，在合同成立至合同生效之间，债权的产生尚以合同生效条件成就或生效期限届满为前提。由于该债权的内容已通过合同的约定进行设定，其确定性较前一阶段有所增大。从债权的生命周期来看，也可以看作债权的胚胎已经形成，因此得以初窥它的形态，但另外由于它还没有做到真正意义上的“存在”，在这一阶段还不能依据它的内容来主张权利。

与未来债权相对应的概念是“既有债权”。如果在某一时点，合同已经成立并生效，那么合同当事人之间便应当按照约定履行各自的义务。此时，不论该合同项下一方享有的债权是否存在抗辩权，债权都是现实存在的，笔者将这种债权定义为“既有债权”，也可以分为两种情况：

1. 债权已经存在，但债权的实现仍然面对抗辩权。例如，买卖合同中约定卖方应先交货，买方在卖方交货后付款，那么卖方实现收款便以交货为前提条件。尽管卖方已经拥有货款债权，但如果卖方未交货就要求买方付款，买方可行使先履行抗辩权。在这一阶段债权已经事实上存在，但它也可能由于“未成年”而面临抗辩权的限制。

2. 在先货（服务）后款的交易中，卖方已经履行了交货义务，买方不享有付款的抗辩权，仅是合同约定的付款时间尚未届至，此时的既有债权达成应收账款。法律上，债权的实现不会面对抗辩权的阻碍，而仅需要等待履约时间的

届满（之所以强调“法律上”，是因为债权的真正实现还受到债务人信用风险、不可抗力等因素的影响）。此时的债权已经完全“成年”，应收账款作为既有债权的子概念，正如“成年”是生命诞生后的一个阶段一般。需注意并非所有类型的既有债权都能形成应收账款，而以先货后款为前提条件——在先款后货、一手交钱一手交货的交易中，不形成应收账款。

综上所述，正如生命周期包含胚胎、未成年、成年、死亡各个阶段，债权也经历从无到有，从履行到消灭的发展过程，未来债权、既有债权和应收账款均是债权在特定时点、特定条件下的概念，同一个债权随着时间的推移和条件的达成而在上述概念之间转化。以合同生效为标志，未来债权将转变为既有债权；先货后款交易中的卖方履行完交货义务后，其货款债权形成应收账款。

需要说明的是，在提到应收账款转让/质押登记时，应收账款的概念与上文“一方履行了在先义务，收款不存在法律上的抗辩权的债权”不同。《应收账款质押登记办法》第二条第一款规定：“本办法所称应收账款是指权利人因提供一定的货物、服务或设施而获得的要求义务人付款的权利以及依法享有的其他付款请求权，包括现有的和未来的金钱债权，但不包括因票据或其他有价证券而产生的付款请求权，以及法律、行政法规禁止转让的付款请求权。”可见，为保护应收账款转让/质押当事人和利害关系人的合法权益，《应收账款质押登记办法》项下的应收账款在时间范围上更广，包括未来债权和既有债权，但限于可转让的金钱债权。《民法典》关于保理合同的规定体现了对未来债权转让的肯定，第七百六十一条规定：“保理合同是应收账款债权人将现有的或者将有的应收账款转让给保理人，保理人提供资金融通、应收账款管理或者催收、应收账款债务人付款担保等服务的合同。”

未来债权、既有债权及应收账款之间的演进和关系见下图：

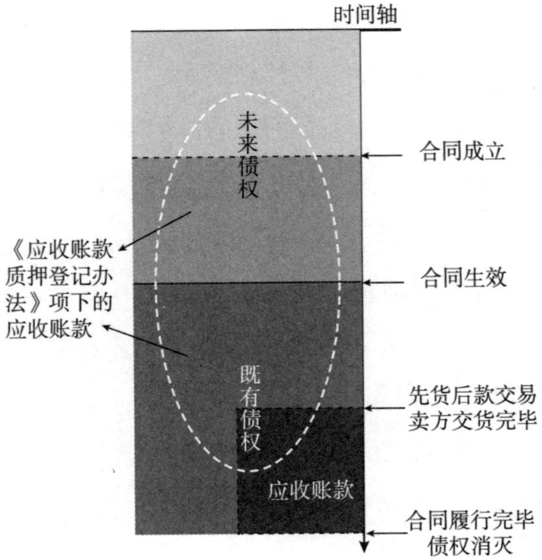

三、回到本文开始的例子

回到本文开始的例子，以发电企业与国家电网之间的购售电合同为例，发电企业发电并向国家电网售电，合同一年一签，约定次月结算上月电费。2018年12月1日，发电企业与国家电网签署了2019年度的购售电合同，双方约定该合同于签署时成立，自2019年1月1日起生效（附生效期限的合同），有效期至2019年12月31日，且合同中未约定关于债权转让或质押的限制。那么：

1. 在2018年12月1日之前，发电企业与国家电网尚未订立2019年度的购售电合同，发电企业2019年度的电费债权属于尚无合同关系，只能依据历史情况预测合同关系建立的未来债权；

2. 2018年12月1日至2018年12月31日，发电企业2019年度的电费债权内容可以依据已成立的合同确定，但因未到合同生效时间，属于合同尚未生效的未来债权；

3. 自2019年1月1日起至2019年12月31日止，发电企业与国家电网之间有已生效的购售电合同关系，发电企业对国家电网享有的2019年度电费债权为既有债权，尽管该债权的实现存在前提：发电企业需要先发电售电，国家电网才结算电费。如发电企业未发电售电，则国家电网有权拒绝结算和支付电费，即拥有先履行抗辩权；

4. 如果发电企业2019年1月已经依据购售电合同向国家电网售电，那么国家电网不拥有支付2019年1月电费的抗辩权，应按约定时间足额支付电费，发电企业2019年1月的电费债权形成应收账款；

5. 合同期限届满，发电企业按约定发电售电，国家电网按约定结算并支付了电费，购售电合同履行完毕，发电企业的债权消灭。

如参照《应收账款质押登记办法》第二条第一款的规定，上述第1项至第4项的电费债权，均属于《应收账款质押登记办法》项下可进行转让或质押登记的应收账款。又如，《企业应收账款资产证券化业务尽职调查工作细则》第二条第二款规定："本细则所称应收账款，是指企业因履行合同项下销售商品、提供劳务等经营活动的义务后获得的付款请求权……"在不考虑基础资产具体类型的前提下，仅处于上述第4项阶段的债权属于该条款规定的应收账款。

保理融资相关法律问题简析

王湘红　陈晓平　李秉原*

保理，简而言之，就是卖方将自己出卖货物或服务的应收账款转让给保理商并从保理商处获得融资的行为。保理属于舶来品，最原始的保理业务可追溯到五千年前的巴比伦时代，当时人们已会用未偿的应收账款换取现金，这可见于古代巴比伦人、腓尼基人及罗马人之间的贸易中。现代意义上的保理业务于19世纪末首先在美国得以运用，之后在欧美各国得到了缓慢的发展，直到20世纪70年代才开始迅猛发展。国内保理业务开展较晚，但经过多年国内实践，各市场参与者和司法实务人员都已经进行了一定的探索和实践，2020年5月28日，第十三届全国人民代表大会第三次会议审议通过了《中国人民共和国民法典》（以下简称民法典），并将于2021年1月1日起施行。《民法典》正式通过法律的形式将保理合同作为典型合同之一确定下来。本文中笔者尝试对保理业务的相关法律问题简要分析。

一、保理融资不同于借款

（一）保理融资与借款的法律关系不同

根据原中国银行业监督管理委员会（以下简称“原银监会”）于2014年4月10日发布的《商业银行保理业务管理暂行办法》（以下简称《暂行办法》）（中国银行业监督管理委员会令2014年第5号）第六条的规定，保理业务是指

* 王湘红，奋迅·贝克麦坚时联营办公室，合伙人；陈晓平，北京市奋迅律师事务所，高级顾问；李秉原，北京市奋迅律师事务所。”

“以债权人转让其应收账款为前提，集应收账款催收、管理、坏账担保及融资于一体的综合性金融服务”。根据《暂行办法》的规定，以应收账款合法、有效转让为前提的银行融资服务构成保理融资。

《中华人民共和国合同法》（以下简称《合同法》）第一百九十六条及《民法典》第六百六十七条规定：“借款合同是借款人向贷款人借款，到期返还借款并支付利息的合同。”由此可知，借款法律关系的核心是借款人向贷款人借款，并到期向贷款人偿还本金及利息。借款法律关系本质是一种借贷双方融资关系。相对而言，保理关系则比借款关系更为复杂。根据原银监会《暂行办法》第六条的表述，保理关系是一种集债权让与、催收、担保和融资于一体的综合性多边法律关系。

综上所述，保理融资以真实的基础交易为基础，以应收账款转让为前提，以基础交易项下债务人对应收账款的偿还为第一还款来源；而借款则不存在应收账款转让，且还款来源主要是借款人的资金及收益。

（二）司法实践中对保理融资和借款区别对待

各级法院在审判实践中也认识到了保理融资和借款的不同之处。最高人民法院于 2015 年 12 月 24 日发布的《当前商事审判工作中的若干具体问题》第七部分“关于保理合同纠纷案件的审理问题”中强调，保理业务是“以债权人转让其应收账款债权为前提，集应收账款催收、管理、坏账担保及融资于一体的综合性金融服务”“保理合同属于新的案件类型，保理法律关系的实质是应收账款债权转让，涉及三方主体和两个合同，这与单纯的借款合同有显著区别，故不应将保理合同简单视为借款合同。”最高人民法院进一步强调，由于《合同法》未就保理合同作出专门规定，因此保理合同应属于无名合同。

天津市高级人民法院于 2014 年 10 月 27 日发布的《关于审理保理合同纠纷案件若干问题的审判委员会纪要（一）》（津高法〔2014〕251 号）第二条规定，“保理法律关系不同于一般借款关系。保理融资的第一还款来源是债务人支付应收账款，而非债权人直接归还保理融资款。”天津市高级人民法院同样强调，保理合同为无名合同，而非借款合同。

综上所述，我国法院系统的审判指导意见认为从法律性质上来看，保理融资并不等于借款，保理融资法律关系也与借款法律关系有很大不同。因此，《合同法》中关于借款合同的相关规定不能直接适用于保理合同。保理合同不属于借款合同，而属于“无名合同”。处理保理合同纠纷时，应适用《合同法》总则的相关规定，并尊重各方在保理合同中的约定。未来，在《民法典》正式施行后，则应当直接适用《民法典》中关于保理合同的相关规定。

二、未来应收账款是否可叙作保理业务

（一）应收账款的定义

根据中国人民银行于2017年10月25日颁布并于2019年11月22日修订的《应收账款质押登记办法》（中国人民银行令〔2019〕第4号）的规定，“本办法所称应收账款是指权利人因提供一定的货物、服务或设施而获得的要求义务人付款的权利以及依法享有的其他付款请求权，包括现有的和未来的金钱债权，但不包括因票据或其他有价证券而产生的付款请求权，以及法律、行政法规禁止转让的付款请求权。”即应收账款应可分为现有应收账款和未来应收账款两大类。根据《商业银行保理业务管理暂行办法》（中国银行业监督管理委员会令2014年第5号），未来应收账款是指合同项下卖方义务未履行完毕的预期应收账款（以供货合同为例，供货合同尚未签署及生效或者供货合同已经签署及生效，但供货方尚未根据供货合同的约定完成供货义务，货物购买方支付货款义务的前提条件未全部满足）。相应地，现有应收账款是指在应收账款转让时，基础合同已签署且生效，并且该等基础合同项下付款履行前提条件已完全满足的应收账款（以下简称“现有应收账款”）。

（二）中国法下未来应收账款不得用于叙作保理业务

在《国际保理通用规则》和国际保理实践中，都承认未来应收账款债权转让的效力，即在一揽子转让型（whole turnover）保理中，债权人可与保理商在保理协议中明确，将未来对某特定债务人的所有应收账款债权均转让给保理商，并不再就具体应收账款债权签署任何证明转让的文件。但我国《商业银行保理

业务管理暂行办法》第十三条明确规定："商业银行不得基于未来应收账款等开展保理融资业务。"因此，我国商业银行在叙作保理业务时，务必确保每笔保理融资所对应的应收账款均不是未来应收账款。如果商业银行提供的是一揽子转让型保理，则有必要与基础交易的债权人在保理协议中明确在未来应收账款成为现有应收账款之时，商业银行方可受让该部分应收账款并相应放款。实际操作中，每笔新的应收账款都要有单独的转让文件和通知债务人手续。《民法典》第七百六十一条虽然已经明确将"将有的应收账款"列入了保理业务的范围，但《民法典》对"将有的应收账款"的具体含义未作明确定义。笔者认为，出于保护交易安全和稳定性的角度，"将有的应收账款"应至少满足商务合同已经签署、债务人已经确定且双方待履行权利义务已经明确等条件，使"将有的应收账款"可以被特定化。但是，鉴于《商业银行保理业务管理暂行办法？仍然有效，我们认为商业银行仍不得在中国法下针对未来应收账款开展保理业务。在国际保理情况下，如何通知债务人可遵循债务人所在国家法律规定，但如果保理融资在存续期间，所对应的实际应收账款（包括融资后才产生的应收账款）若没有法定转让和逐笔通知债务人的手续，商业银行可能会被质疑其操作的合规性。

三、应收账款转让的要件

（一）应收账款转让的生效要件

保理融资是以应收账款转让为前提，而应收账款转让的实质是指与应收账款相关的全部权利及权益的转让。债权转让指不改变债权关系的内容，通过合意债权人将其享有的债权转让给受让人。债权转让的双方当事人是出让人（基础交易的债权人）和受让人，债务人并不是债权转让中的当事人，但由于债权的转让直接关系到债务人清偿的对象，因此债务人是与债权转让存在利害关系的第三人。由于债权的转让在出让人和受让人之间进行，债务人和其他第三人一般无从知晓，在这种情况下，如果不以适当的方式使债务人了解债权让与的事实，债务人的利益可能受到侵害，因此法律确定了债权转让通知制度。《合同法》第八十条规定，债权人转让权利的，应当通知债务人。未经通知，该转让对债务人不发生效力。[①] 严格按照本条文义解释，在我国法下，应收账款转让采“意思主义”，即应收账款转让合同生效时，应收账款在出让人及受让人之间即发生转让效力，唯转让通知至债务人时，转让方对债务人产生效力。该转让通知应由出让人向债务人发出，且无须债务人的确认或承诺。

综上所述，如果应收账款的转让不通知债务人，则保理商无权直接要求债务人向其履行支付义务。从商业银行风险防控的角度出发，不将应收账款转让通知债务人可能会导致其后续无法直接向债务人追偿，增加追偿风险。在目前所经办的大部分保理融资项目中，保理商均会要求出让人承担向债务人通知应收账款转让的义务。

（二）应收账款转让不登记不影响应收账款转让的效力

《应收账款质押登记办法》明确规定应收账款转让与应收账款质押的登记机构皆为中国人民银行征信中心的登记公示系统。需要明确的是，根据《物权法》第二百二十八条的规定应收账款质押自应收账款在（信贷征信机构）办理出质登记时设立，该条规定仅适用于应收账款质押登记，并不适用于保理交易中的应收账款转让登记情形，且目前我国也无法律法规明文规定，保理合同需应收账款转让登记才生效，不登记不产生法律效力，故应收账款转让是否登记不影响保理关系的成立、生效。

此外，在《民法典》正式施行前，法律并未赋予应收账款转让登记对抗第三人的效力，因此其并非确定债权转让优先顺序的法定依据。在实践中，法院一般亦不以应收账款转让登记作为判案依据。例如，上海市二中院认为：“首先，央行登记系统系根据《物权法》等规范性法律文件，为应收账款质押登记之目的而设；其次，应收账款转让登记无法律法规赋予其法律效力。从相关规定表述看，央行登记系统对债权转让登记的定位为‘公示服务’，且央行登记系统对债权转让登记并不作实质性审查，故与应收账款质押登记不同，债权转

---

① 《中华人民共和国民法典》第五百四十六条项下对于债权转让的规定与《合同法》第八十条的规定基本相同。

让登记于央行登记系统不发生强制性排他对抗效力。"[①] 故笔者倾向于认为与应收账款质押登记不同，债权转让登记于央行登记系统不发生强制性排他对抗效力。但是，鉴于《民法典》第七百六十八条明确赋予了应收账款转让登记对抗第三人的效力，因此，在《民法典》正式施行后，应收账款债权人就同一应收账款订立多个保理合同，致使多个保理人主张权利的，已经登记的先于未登记的取得应收账款。

四、结语

保理业务有其自身的特点和优势。但与贷款融资相比，其交易结构较为复杂，在我国市场上开展时间较短，因此市场参与主体应当特别关注相关的法律问题，并关注现有法律的更新和新法的颁布、施行，以规避可能遇到的法律风险。

---

① 参见某银行分支机构与某公司等合同纠纷上诉案裁判文书［（2012）沪二中民六（商）终字第147号］。

银行开展在线供应链融资可能涉及的法律风险及应对之策

王湘红 陈晓平 李秉原 李柏慧*

近几个月以来，新型冠状病毒肺炎疫情在国际上进一步蔓延，对我国的经济发展和金融稳定产生了一定的影响。为应对新型冠状病毒肺炎疫情，帮助中小企业进一步复工复产，国务院及工业和信息化部（以下简称“工信部”）、银行和保险监督管理委员会（以下简称“银保监会”）等部委分别出台了相应的政策，鼓励积极运用供应链融资、商业保理等融资方式加强对中小企业的融资支持，银行业金融机构要加大对产业链核心企业金融支持力度，优化产业链上下游企业金融服务。与传统的银行信贷业务相比，供应链融资利用核心企业的影响力为核心企业供应链上下游的供应商、分销商、零售商等中小企业提供融资服务，有助于解决中小企业融资困境。基于对在线供应链融资服务相关业务模式和流程的了解，笔者在此将在线供应链融资业务的相关法律风险点进行归纳并提出应对措施，为银行开展在线供应链融资服务业务过程中法律风险的防范提供参考建议。

一、在线供应链融资的定义及性质

国内实务界一般认为，“供应链融资”系指金融机构以核心客户为依托，以真实贸易背景为前提，运用自偿性贸易融资的方式，通过应收账款转让登记、

* 王湘红，奋迅·贝克麦坚时联营办公室，合伙人；陈晓平，北京市奋迅律师事务所，高级顾问；李秉原，北京市奋迅律师事务所；李柏慧，奋迅·贝克麦坚时联营办公室，律师。

第三方监管等专业手段封闭资金流或控制物权，对供应链上下游企业所提供的综合性金融产品和服务。供应链融资不同于传统的银行信贷业务，其以供应链体系为前提，以真实交易为基础，为供应链上的企业提供融资服务。

在线供应链融资业务是以线下供应链融资业务结合互联网技术、大数据技术和金融科技等最新信息技术成果发展而来，其以在线供应链融资服务平台为依托，通过在线电子交易平台连接核心企业、供应商以及融资银行或保理商等金融机构来完成融资服务。

如同线下供应链融资业务，在线供应链融资业务也是基于真实的贸易背景开展的融资活动，以应收账款转让融资/保理融资、应收账款质押融资、预付款融资、订单融资等为具体业务模式。其中，应收账款转让融资/保理融资是供应链融资的最重要融资模式之一。各在线供应链融资服务平台以应收账款转让融资/保理融资为核心，创设应收账款电子凭证（以下简称“应收账款电子凭证”），实现了应收账款的线上拆分和多级转让。

二、在线供应链融资的主要模式

目前，国内市场上常见的在线供应链融资可以分为银行主导型在线供应链融资、电商主导型在线供应链融资和核心企业主导型在线供应链融资等模式。本文将基于目前市场上较为关注、发展较快的核心企业主导型在线供应链融资模式，对在线供应链融资业务模式的基本流程、可能涉及的法律风险和相关防范措施进行论述。

基于笔者的理解，一些核心企业主导型在线供应链融资服务平台已经通过业务创新，实现了应收账款的多次转让、拆分等，灵活实现了应收账款的融资价值。商业银行可作为融资机构，加入到该等平台中，提供融资服务。核心企业主导型在线供应链融资服务平台的基本业务流程大致如下：

（1）核心企业、供应商及银行均注册为供应链服务平台上的用户。

（2）核心企业作为采购方，向其一级供应商采购服务或货物，与一级供应商签订基础商务合同，并在平台上，向其供应商开具应收账款电子凭证，平台在应收账款电子凭证开立的过程中，承担一定的贸易背景审查义务。

（3）鉴于一级供应商对于二级供应商也存在商务合同项下的应付款项，一级供应商可将其持有的应收账款电子凭证及其项下应收账款作为对价转让给二级供应商，并依此类推，应收账款电子凭证可最终转让给 N 级供应商。

（4）当 N 级供应商存在融资需求时，N 级供应商可以将其持有的应收账款电子凭证项下的应收账款转让给银行，获得银行保理融资。

（5）核心企业对于持有应收账款电子凭证的持有方，履行到期付款的义务。

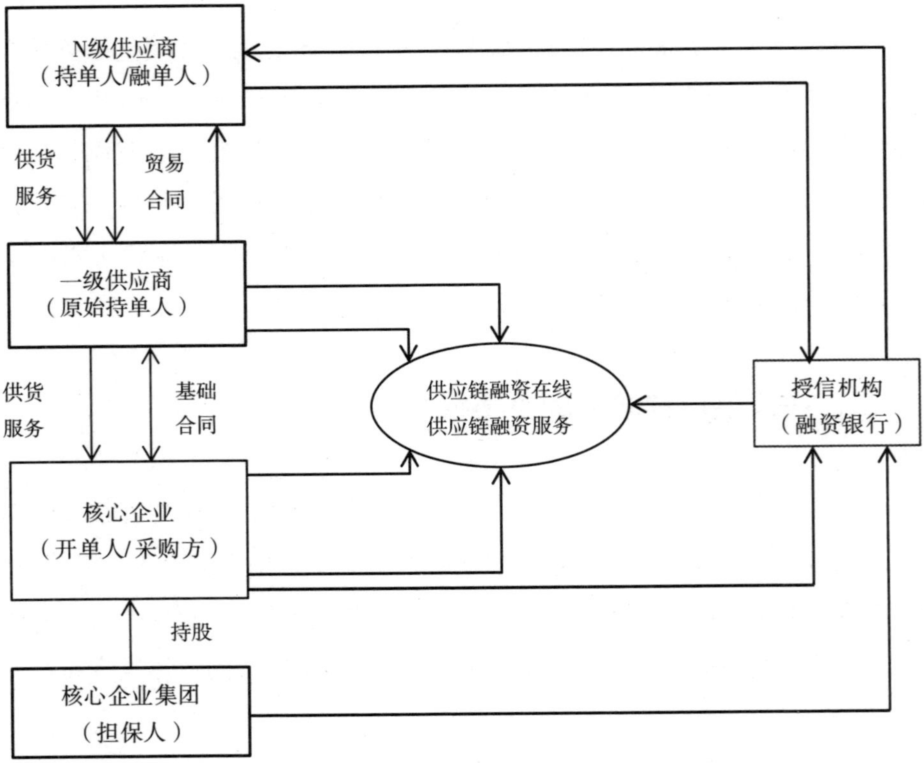

图 1 核心企业主导型在线供应链融资业务基本流程

（情形：N 级供应商作为融资申请人）

三、在线供应链融资的相关法律风险分析及应对措施

基于对相关在线供应链融资服务平台业务模式和流程的了解以及近年来银保监会等监管部门对供应链融资（含保理融资）业务市场参与主体所作出的部

分处罚案例，笔者认为，由于在线供应链融资业务相关参与主体多、交易速度快、法律关系复杂，因此在资金流转、基础交易的真实性及其审查、应收账款的重复融资和拆分转让、应收账款转让登记及/或电子签名的有效性等方面，可能会存在一定的法律风险，银行开展在线供应链融资交易时需要对此予以关注。

（一）服务平台可能存在违反无证开展支付业务的风险及应对措施

根据《中国人民银行非金融机构支付服务管理办法》（以下简称《非金融机构支付服务管理办法》），非银行金融机构必须取得人行颁发的“支付业务许可证”方可提供货币资金转移服务①。根据人行发布的《关于进一步加强无证经营支付业务整治工作的通知》及《关于规范支付创新业务通知》等相关文件，无证经营支付业务的主要认定标准包括以平台对接或“大商户”模式接入持证支付机构（如银行或经人行批准的非银行支付机构），留存商户结算资金，并自行开展商户资金清算，或以客户资金先划转至网络平台账户，再由网络平台结算给该平台二级商户②。

笔者认为，在服务平台控制资金流向模式下，服务平台直接从核心企业处收取资金，并承担应收账款电子凭证的最终资金划转和支付结算职责，行为上涉嫌从事人行禁止的无证开展支付业务，即以平台对接或商户留存商户结算资金，并自行开展商户资金清算，或以客户资金先划转至网络平台账户，再由网络平台结算给该平台二级商户，故可能会被人行认定为“无证经营支付业务”并进而面临一定的监管处罚③。

---

① 《非金融机构支付服务管理办法》（中国人民银行令〔2010〕第2号）第三条：“非金融机构提供支付服务，应当依据本办法规定取得《支付业务许可证》，成为支付机构。支付机构依法接受中国人民银行的监督管理。未经中国人民银行批准，任何非金融机构和个人不得从事或变相从事支付业务。”

② 《关于进一步加强无证经营支付业务整治工作的通知》（银办发〔2017〕217号）附件一第二条（无证经营支付业务主要认定标准）：“1. 以平台对接或“大商户”模式接入持证机构，留存商户结算资金，并自行开展商户资金清算，即所谓‘二清’行为；2. 从事其他收单核心业务，重点关注特约商户资质审核、受理协议签订等业务活动；3. 采取平台对接或“大商户”模式，即客户资金先划转至网络平台账户，再由网络平台结算给该平台二级商户；4. 为客户开立的账户或提供的电子钱包等具有充值、消费、提现等支付功能。”

③ 《非金融机构支付服务管理办法》第四十七条：“任何非金融机构和个人未经中国人民银行批准擅自从事或变相从事支付业务的，中国人民银行及其分支机构责令其终止支付业务；涉嫌犯罪的，依法移送公安机关立案侦查；构成犯罪的，依法追究刑事责任。”

基于上述分析，笔者建议在开展在线供应链融资业务时，应避免融资银行、应收账款卖方和核心企业之间关于融资款项发放、应收账款回笼和融资息费支付等资金往来通过供应链融资服务平台的账户进行并由供应链融资服务平台进行分配/结算，即供应链融资服务平台应避免直接向服务平台使用各方提供资金结算服务。

（二）虚假基础交易的风险及应对措施

近年来，供应链融资领域爆发的一些风险事件揭示了虚假贸易背景是供应链融资的一个主要风险点，其主要表现为基础合同双方伪造虚假合同、发票，或者是应收账款卖方伪造有关交易文件和应收账款骗取融资。笔者通过公开渠道检索发现，近年来行业较为关注的多起风险事件都与基础交易的真实性有关。因此，应收账款的真实性对融资银行开展相关供应链融资业务至关重要。

从业务监管角度而言，融资银行开展在线供应链融资业务如涉及保理融资则应当严格遵守《商业银行保理业务管理暂行办法》的相关规定。《商业银行保理业务管理暂行办法》对于融资银行叙做保理业务时应当遵守的业务审核义务、尽职调查范围、风险管理责任等进行了具体规定，强调融资银行在开展保理业务过程中，必须从严审查交易背景的真实性与合法性，确认相关基础交易及应收账款真实合理存在①。如果融资银行在开展保理业务时违反相关规定或没有尽到该等审核、管理责任，则将面临银保监会的相关处罚。2019 年 7 月 9 日，银保监会在其发布的《关于推动供应链融资服务实体经济的指导意见》中

---

① 《商业银行保理业务管理暂行办法》第十四条：“商业银行受理保理融资业务时，应当严格审核卖方和/或买方的资信、经营及财务状况，分析拟做保理融资的应收账款情况，包括是否出质、转让以及账龄结构等，合理判断买方的付款意愿、付款能力以及卖方的回购能力，审查买卖合同等资料的真实性与合法性。对因提供服务、承接工程或其他非销售商品原因所产生的应收账款，或买卖双方为关联企业的应收账款，应当从严审查交易背景真实性和定价的合理性。”第十五条：“商业银行应当对客户和交易等相关情况进行有效的尽职调查，重点对交易对手、交易商品及贸易习惯等内容进行审核，并通过审核单据原件或银行认可的电子贸易信息等方式，确认相关交易行为真实合理存在，避免客户通过虚开发票或伪造贸易合同、物流、回款等手段恶意骗取融资。”第十六条：“单保理融资中，商业银行除应当严格审核基础交易的真实性外，还需确定卖方或买方一方比照流动资金贷款进行授信管理，严格实施受理与调查、风险评估与评价、支付和监测等全流程控制。”及第二十九条：“商业银行应当将保理业务的风险管理纳入全面风险管理体系，动态关注卖方或买方经营、管理、财务及资金流向等风险信息，定期与卖方或买方对账，有效管控保理业务风险。”

进一步强调了金融机构在开展供应链融资业务时坚持交易背景真实原则，加强真实性审查，严防虚假交易、虚构融资、非法获利。

基于上述分析，为了最大限度地避免在开展在线供应链融资业务时所可能面临的基础交易真实性风险，笔者建议融资银行应按照《商业银行保理业务管理暂行办法》的相关要求，加强对基础交易和应收账款的审核工作，重点考虑对基础交易的交易背景、交易内容以及交易习惯等内容进行审核：一方面，考虑对基础交易合同中交易对象、价款、履约时间、权利义务等内容进行审核，确保基础交易合同与相关发票、单据相匹配，应收账款权属清晰，无权利瑕疵。另一方面，可以考虑通过税务机关网站、中国人民银行动产融资统一登记公示系统（以下简称“中登网”）应收账款质押登记公示系统等查询税务发票的真伪性以及应收账款有无重复转让或者质押等情况，必要时，亦可考虑到供应商或核心企业处进行核实或对交易货物进行检查。

（三）应收账款重复融资风险及应对措施

应收账款重复融资风险主要指，在在线供应链融资业务中，供应商（融资申请人）于线上平台进行在线供应收账款债权的流转及融资后，在线下依据纸质版合同进行应收账款的重复融资，或通过其他的线上供应链融资平台对同一基础交易进行重复融资。为了最大限度避免上述应收账款重复融资风险，笔者建议，融资银行在开展在线供应链融资业务时，应当重视并落实应收账款转让通知和应收账款转让登记。

1. 落实应收账款转让通知

由于在线供应链融资业务下相关协议及文件的签署及传递主要以在线电子化的方式作出，为了防止各方就线上应收账款转让通知是否有效送达产生争议，笔者建议融资银行可考虑在在线供应链融资业务相关协议中明确以下事项：

（1）各方同意应收账款卖方可以委托服务平台向应收账款债务人发送应收账款转让通知；及

（2）以线上形式（或系统消息形式）发送应收账款转让通知的，该等通知到达应收账款债务人的服务平台账户即视为该等通知已有效送达，无需应收账款债务人利用服务平台账户点击确认等进一步操作。

2. 落实应收账款转让登记

为了避免融资银行从应收账款卖方处受让应收账款后，应收账款卖方又以该等应收账款向其他金融机构申请重复融资，笔者建议融资银行可考虑在与应收账款卖方签署的《保理协议》中做出约定，融资银行可以自行或要求应收账款卖方及时在中登网上进行应收账款转让登记，并将该等登记的完成作为融资银行向应收账款卖方发放融资款项的放款前提条件。

此外，通过公开渠道，笔者了解到，目前已经有一些在线供应链融资服务平台通过技术手段做到了平台与中登网系统的直接连接（如平安银行 SAS 供应链平台、微众银行供应链金服平台、联易融供应链融资平台等）[①]，应收账款债权在供应链融资平台内流转、融资时，中登网都会做自动转让登记，以此避免债权重复抵押、重复融资的风险。鉴于在线供应链融资业务中，应收账款电子凭证多级流转、拆分流转的情况较为普遍，为了确保在线供应链服务平台线上应收账款转让链条清晰、可查，笔者建议相关服务平台在后续业务开展过程中，也可考虑将服务平台接入中登网系统，使得每次应收账款的转让、拆分都可在中登网系统上进行及时登记和公示，从而进一步有效防止应收账款重复融资等可能导致应收账款权属不清的情况发生。

（四）电子合同有效性的风险及应对措施

笔者理解，在线供应链融资交易的合同签署、信息传递以及应收账款电子凭证的开具和转让主要以在线电子化方式进行。

根据《民法典》的规定，当事人订立合同，有书面形式、口头形式和其他形式[②]。法律、行政法规规定采用书面形式的应当采用书面形式。当事人约定采用书面形式的，应当采用书面形式。同时，《民法典》也规定，书面形式是合同书、信件、电报、电传、传真等可以有形地表现所载内容的形式。以电子数据交换、电子邮件等方式能够有形地表现所载内容，并可以随时调取查用的

---

① 参见：《案例实操：平安银行如何做供应链应收账款服务（SAS）平台?》，https：//www.sohu.com/a/245700575_100183344；《微众银行——供应链金服平台》，https：//fintech.webank.com/scf/；《助力行业规范发展，联易融成功接入中登网二期系统》，http：//syblxh.org.cn/h-nd-1785.html，最后访问时间：2020年6月17日。

② 《民法典》第四百六十九条：“当事人订立合同，可以采用书面形式、口头形式或者其他形式。”

数据电文，视为书面形式[①]。

根据《中华人民共和国电子签名法》（以下简称《电子签名法》）的相关规定，符合《电子签名法》相关要求的使用电子签名、数据电文等形式的合同、单证等文书具有法律效力[②]。因此，借助供应链服务平台有效签署的电子合同，属于《民法典》规定的书面形式，其效力可以得到我国法律的承认。

一份完整有效的电子合同文件主要包括电子合同文件条款和电子签名两部分，其中电子签名需要满足《电子签名法》规定的相关标准方可构成“可靠的电子签名”并具有法律效力[③]。笔者注意到部分在线供应链融资服务平台采用了电子口令牌认证、CA 数字证书认证、Ukey 认证或区块链技术等用于电子数据和交易信息的认证和加密保护，且通过该等服务平台参与供应链融资交易的各方都在相关协议中明确承认该等电子签名的效力。

笔者注意到相关在线供应链融资服务平台的相关交易文件中约定了该等服务平台需及时维护网络平台、准确上传其收到的相关交易文件和信息，但没有规定服务平台因其自身技术原因或技术漏洞导致交易中断、交易信息泄露或者丢失、平台参与者身份被盗用等情形下如果给服务平台使用方带来损失时，服务平台应当承担的责任。鉴于相较于传统纸质文件或合同，数据电文及电子合同所涉及的相关加密、认证技术手段还在不断升级与完善过程中，为了最大程度避免因服务平台技术原因而导致的交易风险，建议融资银行可以考虑在与相关服务平台签署的相关协议中对相关服务平台的义务和责任进行进一步加强。

---

① 参见《中华人民共和国民法典》第四百六十九条 。

② 《电子签名法》第三条第一款、第二款：“民事活动中的合同或者其他文件、单证等文书，当事人可以约定使用或者不使用电子签名、数据电文。当事人约定使用电子签名、数据电文的文书，不得仅因为其采用电子签名、数据电文的形式而否定其法律效力；”第四条：“能够有形地表现所载内容，并可以随时调取查用的数据电文，视为符合法律、法规要求的书面形式。”

③ 《电子签名法》第十三条：“电子签名同时符合下列条件的，视为可靠的电子签名：（一）电子签名制作数据用于电子签名时，属于电子签名人专有；（二）签署时电子签名制作数据仅由电子签名人控制；（三）签署后对电子签名的任何改动能够被发现；（四）签署后对数据电文内容和形式的任何改动能够被发现。当事人也可以选择使用符合其约定的可靠条件的电子签名。”

结 语

在线供应链融资依托于现有成熟的线下供应链融资方式并结合最新金融科技发展成果，可以为企业，尤其是中小微企业经营中所遇到的融资难题提供更快捷有效的解决方案。融资银行在开展在线供应链融资服务时，需要就相关业务模式进行全面的分析，除了评估业务的商业风险外，也应当重点关注该业务所带来的法律风险，在业务流程、交易架构及风险分担等方面，进行充分的法律分析，并提前防范相关法律风险。

债务人进入破产程序后的应收账款受偿法律要点梳理

王剑钊　朴文一　吴志尧*

应收账款①作为债权人已履约、产生预期现金流不依赖债权人持续运营的资产，系保理和资产证券化业务非常青睐的资产类型。在应收账款保理业务和资产证券化业务蓬勃发展且尚有巨大增长空间的情况下，注意风险的识别和控制是专业中介机构的基本功和职责之一。本文将结合判例，梳理和讨论

* 王剑钊，北京市奋迅律师事务所，合伙人；朴文一，北京市奋迅律师事务所，合伙人；吴志尧，北京市奋迅律师事务所。

① “应收账款”这一概念并无统一的定义，比较有代表性的界定包括：

(1)《应收账款质押登记办法》(中国人民银行令〔2017〕第3号）第二条规定：“本办法所称应收账款是指权利人因提供一定的货物、服务或设施而获得的要求义务人付款的权利以及依法享有的其他付款请求权，包括现有的和未来的金钱债权，但不包括因票据或其他有价证券而产生的付款请求权，以及法律、行政法规禁止转让的付款请求权。本办法所称的应收账款包括下列权利：（一）销售、出租产生的债权，包括销售货物，供应水、电、气、暖，知识产权的许可使用，出租动产或不动产等；（二）提供医疗、教育、旅游等服务或劳务产生的债权；（三）能源、交通运输、水利、环境保护、市政工程等基础设施和公用事业项目收益权；（四）提供贷款或其他信用活动产生的债权；（五）其他以合同为基础的具有金钱给付内容的债权。”

(2)《商业银行保理业务管理暂行办法》(中国银行业监督管理委员会令2014年第5号）第八条规定：“本办法所称应收账款，是指企业因提供商品、服务或者出租资产而形成的金钱债权及其产生的收益，但不包括因票据或其他有价证券而产生的付款请求权。”第十三条第二款规定：“未来应收账款是指合同项下卖方义务未履行完毕的预期应收账款。”

(3) 财政部会计司编写组编著的《〈企业会计准则第22号——金融工具确认和计量〉应用指南(2018)》第四条第六款规定：“‘应收账款’。本科目核算以摊余成本计量的、企业因销售商品、提供劳务等日常活动应收取的款项。”

(4)《上海证券交易所企业应收账款资产支持证券挂牌条件确认指南》第二条第二款规定：“本指南所称应收账款，是指企业因履行合同项下销售商品、提供劳务等经营活动的义务后获得的付款请求权，但不包括因持有票据或其他有价证券而产生的付款请求权。”

为避免疑义，本文中所讨论的应收账款，与《上海证券交易所企业应收账款资产支持证券挂牌条件确认指南》中所述应收账款的界定一致，限于债权人已履行完毕合同项下义务、付款条件已满足（期限条件除外）的应收账款，不包括未来应收账款或基础设施收益权。

债务人进入破产程序后应收账款的受偿程序、受偿顺序等法律要点。

一、债务人进入破产程序后应收账款的受偿程序

根据《企业破产法》第二条、第七条、第一百零七条及《最高人民法院关于适用〈中华人民共和国企业破产法〉若干问题的规定（一）》（法释〔2011〕22号）第一条的规定，债务人破产情形包括：（1）债务人不能清偿到期债务且其资产不足以清偿全部债务；（2）债务人不能清偿到期债务且其明显缺乏清偿能力。在债务人出现上述任一情况后，经债务人、债权人或依法负有清算责任的人提出破产申请且人民法院裁定受理后，债务人进入破产程序。人民法院根据《企业破产法》宣告债务人破产后，债务人称为破产人，债务人财产称为破产财产，人民法院受理破产申请时债权人对债务人享有的债权称为破产债权。

（一）应收账款的一般受偿程序

1. 债权人应依据破产程序受偿且债务人的个别清偿无效

根据《企业破产法》第十六条和第四十四条规定，债务人进入破产程序后，债务人对个别债权人的债务清偿无效，应收账款债权人应依据破产程序行使权利。

2. 债权人应申报债权

根据《企业破产法》第四十五条、第四十八条第一款及第五十六条规定，债务人进入破产程序后，债权人应当在人民法院确定的债权申报期限内向破产管理人申报债权。债权人未在规定期限内申报债权的，可在破产财产最后分配前补充申报，但是，此前已进行的分配，不再对其补充分配。债权人未申报债权的，不得依照破产程序行使权利。

3. 债权人应根据重整计划、和解协议或破产财产分配方案受偿

根据《企业破产法》第九十二条、第一百条、第一百一十五条第一款和第三款的规定，债务人进入破产程序后，应收账款债权人应根据人民法院裁定批准或认可的重整计划、和解协议或破产财产分配方案受偿。

4. 破产程序的优先性

（1）破产程序优先于个别清偿诉讼

根据《最高人民法院关于适用〈中华人民共和国企业破产法〉若干问题的规定（二）》（法释〔2013〕22 号，以下简称《破产法司法解释二》）第二十一条、第二十三条及《最高人民法院关于印发〈全国法院民商事审判工作会议纪要〉的通知》（法〔2019〕254 号，以下简称《九民会议纪要》）第 110 条规定，债务人破产程序优先于债权人就债务人财产提起的个别清偿诉讼（以下简称“个别清偿诉讼”，其具体范围可参考《破产法司法解释二》第二十一条第一款规定[①]），具体为：

A. 对于债权人于债务人进入破产程序前提起的个别清偿诉讼，如债务人进入破产程序时该案件未审结，人民法院应当中止审理。

B. 对于债权人于债务人进入破产程序后提起的个别清偿诉讼，人民法院不予受理，同时告知债权人应当向破产管理人申报债权。

（2）破产程序优先于民事执行程序

“在同一财产之上不能同时并存两个性质冲突的执行程序，故破产程序启动后，有关债务人财产的其他执行程序应当中止。”[②] 结合《企业破产法》第十九条及《破产法司法解释二》第二十二条的规定，破产程序具有对一般债务清偿程序的排他性，优先于为个别债权人利益而对债务人财产进行的民事执行程序，债务人进入破产程序后，有关债务人财产的保全措施应当解除，执行程序（包括人民法院已经作出生效判决书或者调解书但尚未执行完毕的执行程序）应当中止，以保证对全体债权人清偿的公平。

此外，《破产法司法解释二》第五条规定：“破产申请受理后，有关债务人财产的执行程序未依照企业破产法第十九条的规定中止的，采取执行措施的相

---

① 《破产法司法解释二》第二十一条第一款规定：“破产申请受理前，债权人就债务人财产提起下列诉讼，破产申请受理时案件尚未审结的，人民法院应当中止审理：（一）主张次债务人代替债务人直接向其偿还债务的；（二）主张债务人的出资人、发起人和负有监督股东履行出资义务的董事、高级管理人员，或者协助抽逃出资的其他股东、董事、高级管理人员、实际控制人等直接向其承担出资不实或者抽逃出资责任的；（三）以债务人的股东与债务人法人人格严重混同为由，主张债务人的股东直接向其偿还债务人对其所负债务的；（四）其他就债务人财产提起的个别清偿诉讼。”

② 王欣新：《破产法》（第三版），中国人民大学出版社 2011 年版，第 58—59 页。

关单位应当依法予以纠正。依法执行回转的财产，人民法院应当认定为债务人财产。”因此，即使债务人进入破产程序后就应收账款进行偿付的执行程序未中止，债务人进入破产程序后的相关执行行为也将被回转，执行回转后的财产属于债务人财产，应收账款债权人仍应在破产程序中行使权利。

（二）个别清偿撤销及其例外

1. 可被撤销的债务人行为

《企业破产法》第三十一条规定：“人民法院受理破产申请前一年内，涉及债务人财产的下列行为，管理人有权请求人民法院予以撤销：（一）无偿转让财产的；（二）以明显不合理的价格进行交易的；（三）对没有财产担保的债务提供财产担保的；（四）对未到期的债务提前清偿的；（五）放弃债权的。”第三十二条规定：“人民法院受理破产申请前六个月内，债务人有本法第二条第一款规定的情形，仍对个别债权人进行清偿的，管理人有权请求人民法院予以撤销。但是，个别清偿使债务人财产受益的除外。”其中，与应收账款偿付相关的可被撤销的债务人行为主要包括：

A. 人民法院受理破产申请前一年内：

（a）债务人对没有财产担保的债务提供财产担保或为有财产担保的债务追加提供新的担保；

（b）对未到期的债务提前清偿。

B. 人民法院受理破产申请前六个月内，债务人的个别清偿行为。

案例 A. 齐星公司管理人诉国信公司破产撤销权纠纷案中，邹平县人民法院作出（2017）鲁 1626 民初 4302 号判决，认为：“2017 年 8 月 1 日，本院裁定受理电力公司、铝业公司的重整申请，上述电力公司、铝业公司对被告国信公司负有的债务设定财产抵押担保的行为发生在人民法院受理电力公司、铝业公司重整申请前一年内，该行为符合《中华人民共和国企业破产法》第三十一条第三项规定的情形，现原告作为电力公司、铝业公司申请重整的管理人，向本院申请撤销电力公司、铝业公司与被告国信公司的上述行为，本院应予支持。”

案例 B. 城投公司与电线厂管理人请求撤销个别清偿行为纠纷上诉案中，江苏省无锡市中级人民法院作出（2016）苏 02 民终 3798 号判决，认为：“在电线厂被裁定破产受理前六个月内，电线厂向城投公司个别清偿本案所涉的240万元时，电线厂已经存在不能清偿到期债务且资产不足以清偿全部债务的破产原因，现电线厂管理人诉请撤销电线厂对城投公司清偿240万元的行为，并由城投公司立即返还240万元，于法有据，予以支持。”

2. 可免于被撤销的个别清偿

（1）担保债务个别清偿

《破产法司法解释二》第十四条规定：“债务人对以自有财产设定担保物权的债权进行的个别清偿，管理人依据企业破产法第三十二条的规定请求撤销的，人民法院不予支持。但是，债务清偿时担保财产的价值低于债权额的除外。”因此，如CMBS（商业物业抵押贷款资产证券化）产品的借款人进入破产程序，在把控物业抵押率的前提下，借款人可以对债权人进行个别清偿而免于被撤销。

案例C. 绅士公司、红剑公司管理人请求撤销个别清偿行为纠纷案中，浙江省杭州市中级人民法院作出（2019）浙01民终1076号判决，认为：“《最高人民法院关于适用〈中华人民共和国企业破产法〉若干问题的规定（二）》第十四条规定，债务人对以自有财产设定担保物权的债权进行的个别清偿，管理人依据企业破产法第三十二条的规定请求撤销的，人民法院不予支持。但是，债务清偿时担保财产的价值低于债权额的除外。依前述法律规定，如债务人因债权人行使留置权而对相关债务进行清偿，不属于该法规定的可撤销的个别清偿范畴，应认可其效力。”

（2）履行生效法律文书或基于执行行为的个别清偿

《破产法司法解释二》第十五条规定：“债务人经诉讼、仲裁、执行程序对债权人进行的个别清偿，管理人依据企业破产法第三十二条的规定请求撤销的，人民法院不予支持。但是，债务人与债权人恶意串通损害其他债权人利益的除外。”本条所述“债务人经诉讼、仲裁、执行程序对债权人进行的个别清偿”应包括两种情形：

A. 判决书、调解书或者仲裁裁决书生效之后且未进入执行程序之前，债务人履行完毕生效裁判文书中确定的债务清偿义务形成的个别清偿。

B. 判决书、调解书或者仲裁裁决书生效后，债权人依法申请强制执行，债务人履行完毕债务清偿义务形成的个别清偿。

案例D. 远衡公司破产管理人等诉神州公司请求撤销个别清偿行为纠纷案中，重庆市第五中级人民法院作出（2016）渝05民初1190号判决，认为：“《最高人民法院关于适用〈中华人民共和国企业破产法〉若干问题的规定（二）》第十五条之规定‘债务人经诉讼、仲裁、执行程序对债权人进行的个别清偿，管理人依据企业破产法第三十二条的规定请求撤销的，人民法院不予支持。但是，债务人与债权人恶意串通损害其他债权人利益的除外’，该规定所述的个别清偿，即包括了在法院的民事调解书生效之后尚未启动执行程序之前，债务人主动履行生效裁判文书中的债务清偿所形成的个别清偿……在没有证据证明远衡公司与神州公司存在恶意串通损害其他债权人利益的情况下，该清偿行为不属于破产法规定的可撤销行为，即案涉两份《债权转让协议》不应予以撤销。”

（3）必要个别清偿

《破产法司法解释二》第十六条规定：“债务人对债权人进行的以下个别清偿，管理人依据企业破产法第三十二条的规定请求撤销的，人民法院不予支持：（一）债务人为维系基本生产需要而支付水费、电费等的；（二）债务人支付劳动报酬、人身损害赔偿金的；（三）使债务人财产受益的其他个别清偿。”

案例E. 高朋律师事务所等与中扬公司破产撤销权纠纷上诉案中，江苏省扬州市中级人民法院作出（2018）苏10民终562号判决，认为：“《最高人民法院关于适用〈中华人民共和国企业破产法〉若干问题的规定（二）》第十六条规定……对个别清偿使债务人财产受益的情形作了例外规定，个别清偿如果对于整个债务人财产来说是有利的，有利于保护全体债权人的权利，在这种情况下，个别清偿不得撤销。本案中，三叶公司向中扬公司清偿2万元后，中扬公司继续为三叶公司承运货物发生运费24337元，中扬公司继续为三叶公司承运货物，使三叶公司的销售合同得以履行，生产经营继续存续，使三叶公司财产受益，也有利于债权人整体利益。行使撤销权的目的是增加债务人的责任财产，追求破产财产的价值最大化，实现各债权人之间的公平清偿。上述使三叶公司获益的行为，不会对债权人造成不公，不应在撤销之列。”

二、债务人破产后应收账款的受偿顺序

人民法院根据《企业破产法》宣告债务人破产后，债务人称为破产人，债务人财产称为破产财产。应收账款在破产清算中的清偿顺位，将直接影响其得到清偿的比例乃至能否得到清偿。下面笔者将对不同类型的应收账款在债务人破产后的受偿顺序进行梳理归纳。

（一）破产财产的一般清偿顺序

《企业破产法》第一百一十三条对破产财产的一般清偿顺序作出了规定：

顺位	债权类型	范围
一	破产费用	（一）破产案件的诉讼费用。
		（二）管理、变价和分配债务人财产的费用。
		（三）管理人执行职务的费用、报酬和聘用工作人员的费用。
二	共益债务	（一）因管理人或者债务人请求对方当事人履行双方均未履行完毕的合同所产生的债务。
		（二）债务人财产受无因管理所产生的债务。
		（三）因债务人不当得利所产生的债务。
		（四）为债务人继续营业而应支付的劳动报酬和社会保险费用以及由此产生的其他债务。
		（五）管理人或者相关人员执行职务致人损害所产生的债务。
		（六）债务人财产致人损害所产生的债务。
三	职工债权	破产人所欠职工的工资和医疗、伤残补助、抚恤费用，所欠的应当划入职工个人账户的基本养老保险、基本医疗保险费用，以及法律、行政法规规定应当支付给职工的补偿金。
四	税收债权	破产人欠缴的除前项规定以外的社会保险费用和破产人所欠税款。
五	普通债权	如借款债权、货物买卖产生的应付款等。为避免疑义，根据特别规定可优先受偿的债权不在此顺位受偿，详见下文分析。

续表

顺位	债权类型	范　围
六	劣后债权	如破产受理前产生的民事惩罚性赔偿金、行政罚款、刑事罚金等惩罚性债权。①

（二）可优先受偿的债权类型及其受偿顺序

《企业破产法》虽规定了破产财产的一般清偿顺序，但该一般清偿顺序列明的债权类型并无法涵盖所有债权类型，尤其是对于一些特殊的债权类型，其清偿顺序甚至位于破产费用之前，以下进行列举和梳理。

1. 建设工程价款优先权

《民法典》第八百零七条②规定：“发包人未按照约定支付价款的，承包人可以催告发包人在合理期限内支付价款。发包人逾期不支付的，除按照建设工程的性质不宜折价、拍卖的以外，承包人可以与发包人协议将该工程折价，也可以申请人民法院将该工程依法拍卖。建设工程的价款就该工程折价或者拍卖的价款优先受偿。”该规定与《合同法》第二百八十六条规定一致。

《最高人民法院关于建设工程价款优先受偿权问题的批复》（法释〔2002〕16号，以下简称《工程款优先受偿批复》）第一条规定：“人民法院在审理房地产纠纷案件和办理执行案件中，应当依照《中华人民共和国合同法》第二百八十六条的规定，认定建筑工程的承包人的优先受偿权优于抵押权和其他债权。”第四条规定：“建设工程承包人行使优先权的期限为六个月，自建设工程竣工之日或者建设工程合同约定的竣工之日起计算。”根据《最高人民法院关于发布第15批指导性案例的通知》（法〔2016〕449号），最高人民法院审判委员会于其讨论通过并发布的“通州建总集团有限公司诉安徽天宇化工有限公司别除权纠纷案”中明确：“按照最高人民法院全国民事审判工作会议纪要精神，因发包人的原因，合同解除或终止履行时已经超出合同约定的竣工日期的，承包人

① 《全国法院破产审判工作会议纪要》（法〔2018〕53号）第28条规定：“……破产财产依照企业破产法第一百一十三条规定的顺序清偿后仍有剩余的，可依次用于清偿破产受理前产生的民事惩罚性赔偿金、行政罚款、刑事罚金等惩罚性债权。”

② 对应《中华人民共和国民法典》第八百零七条。

行使优先受偿权的期限自合同解除之日起计算。”

因此，在房地产纠纷案件和执行案件中，建设工程价款（以下简称“工程款”）可就对应工程优先于抵押权和其他债权受偿，但应在规定期限内行使。《企业破产法》及其司法解释、《工程款优先受偿批复》并未明确发包方进入破产程序后工程款是否仍可就对应工程优先受偿，但经检索，最高人民法院在相关判例中已明确发包方进入破产程序后工程款仍可就对应工程优先受偿。

案例 F. 万方公司破产管理人等诉兴泰公司建设工程施工合同纠纷案中，河南省高级人民法院作出（2014）豫法民三终字第 117 号判决认为，根据《合同法》第二百八十六条……兴泰公司有权从其承建工程折价或者拍卖的价款中优先受偿……工程款优先权的立法目的在于保护施工人的合法权益，正是由于施工人以自有资金的加工建设行为才使发包人建设工程价值增加，其优先权应该优于其它的普通债权人。最高人民法院作出（2015）民申字第 1527 号裁定，认为，兴泰公司……要求从其承建的工程折价或从拍卖的价款中优先受偿的意思表示是明确的，南阳万方破产管理人《关于提请债权人会议核查债权报告》（〔2011〕宛万电破管字第 10 号）内容中，也载明收到兴泰公司对于 140 余万元工程款享有优先权的申请，因此，二审判决认定兴泰公司享有优先受偿权不缺乏证据证明。

案例 G. 通州建总集团有限公司诉安徽天宇化工有限公司别除权纠纷案中，安徽省滁州市中级人民法院作出（2013）滁民一初字第 00122 号判决，确认原告通州建总集团有限公司对申报的债权就其施工的被告安徽天宇化工有限公司生产厂区土建、安装工程享有优先受偿权。宣判后，安徽天宇化工有限公司提出上诉。安徽省高级人民法院作出（2014）皖民一终字第 00054 号民事判决，驳回上诉，维持原判。最高人民法院于 2016 年 12 月 28 日发布的《最高人民法院关于发布第 15 批指导性案例的通知》（法〔2016〕449 号）列明的指导性案例中即包括了上述案例，供各级法院在审判类似案件时参照。

法律、行政法规并未明确规定受让取得的工程款是否仍可就对应工程优先受偿，且学术上和司法实践中对此亦有争议，相关判例、最高人民法院民事审判第一庭编著的《民事审判指导与参考》（2016 年第 1 辑/杜万华主编，以下简称《民事审判指导与参考》）及地方司法文件均对此有所论述：

观点一：支持受让取得的工程款仍可就对应工程优先受偿

《民事审判指导与参考》：“建设工程债权转让后，受让人也应享有优先受偿权。”

案例H. 西岳山庄与建发公司、三公司建设工程施工合同纠纷案中，最高人民法院作出（2007）民一终字第10号判决认为，法律、法规亦不禁止建设工程施工合同项下的债权转让，债权转让毋需征得债务人同意。根据《合同法》第八十条、第八十一条的规定，本院确认涉案债权转让合法有效，建发公司因此受让三公司对西岳山庄的债权及从权利……建设工程款具有优先受偿性质。建发公司基于受让债权取得此项权利。

地方司法文件A.《江苏省高级人民法院关于审理建设工程施工合同纠纷案件若干问题的解答》第二十条规定：“建设工程价款优先受偿权依附于工程款债权，承包人将建设工程价款债权转让的，建设工程价款优先受偿权随之转让……”

地方司法文件B.《广东省高级人民法院关于审理建设工程施工合同纠纷案件若干问题的指导意见》（粤高法发〔2011〕37号）第十五条规定：“承包人将建设工程施工合同约定的工程款债权依法转让，债权受让方主张其对建设工程享有优先受偿权的，可予支持……”

观点二：反对受让取得的工程款仍可就对应工程优先受偿

地方司法文件C.《河北省高级人民法院关于印发〈建设工程施工合同案件审理指南〉的通知》（冀高法〔2018〕44号）第三十七条规定：“建设工程价款优先受偿权与建设工程价款请求权具有人身依附性，承包人将建设工程价款债权转让，建设工程价款的优先受偿权消灭。”

地方司法文件D.《深圳市中级人民法院关于建设工程合同若干问题的指导意见》第三十一条规定：“承包人将其对发包人的工程款债权转让给第三人的，建设工程价款优先受偿权不能随之转让。”

《民法典》第五百四十七条第一款规定：“债权人转让债权的，受让人取得与债权有关的从权利，但是该从权利专属于债权人自身的除外。”该规定与《合同法》第八十一条第一款规定一致。笔者认为，工程款优先受偿权并不具有人身依附性，应随工程款债权转让。同时，实践中也应充分关注地方司法实践的不确定性，建议在保理合同、应收账款债权转让通知回执等文件中明确约定受让人随受让工程款债权一并取得工程款优先受偿权，为司法裁判机构探究当事人真实意思提供明确依据。

2. 以债务人特定财产担保的债权可就该特定财产优先受偿

《企业破产法》第一百零九条规定："对破产人的特定财产享有担保权的权利人，对该特定财产享有优先受偿的权利。"第一百一十条规定："享有本法第一百零九条规定权利的债权人行使优先受偿权利未能完全受偿的，其未受偿的债权作为普通债权；放弃优先受偿权利的，其债权作为普通债权。"

此外，《税收征收管理法》第四十五条第一款规定："税务机关征收税款，税收优先于无担保债权，法律另有规定的除外；纳税人欠缴的税款发生在纳税人以其财产设定抵押、质押或者纳税人的财产被留置之前的，税收应当先于抵押权、质权、留置权执行。"该等规定和《企业破产法》第一百零九条、第一百一十三条的规定并不完全一致。因此，以债务人特定财产担保的债权（以下简称"担保债权"）和对应担保物权设立前所产生的税收债权何者优先，学术上和实践中均有争议，相关判例如下：

观点一：支持担保债权优先

案例 I. 某银行绍兴越城支行等诉金宝利公司破产债权确认纠纷案中，浙江省绍兴市中级人民法院作出（2017）浙 06 民终 1119 号判决，支持担保债权优先，主要理由如下：

A. "《税收征管法》第四十五条规定的调整范围要宽于《破产法》第一百零九条、第一百一十三条规定的调整范围，后者对案涉争议焦点更具有针对性，相对具有特别规定的属性，应在本案中优先适用。"

B. "在破产背景下适用《税收征管法》第四十五条规定，将使得破产债权的清偿体系发生混乱……在破产背景下适用《税收征管法》第四十五条规定，如果税收债权金额大于抵押物变现金额，以抵押物变现金额为限的税收债权优先于破产费用、共益债务和职工债权清偿，超出部分则将劣后于破产费用、共益债务和职工债权清偿，税收债权在破产程序中的清偿顺序出现混乱。同时，在税收债权金额大于或者等于抵押物变现金额的情形下，抵押权将被消灭，有抵押担保的债权直接变为普通债权；在税收债权金额小于抵押物变现金额的情形下，抵押物变现款项清偿税收债权剩余部分仍应优先清偿有抵押担保的债权，客观上将减少可用于清偿破产费用、共益债务、职工债权的破产财产。税收债权的有无在很大程度上决定了有抵押担保债权能否优先清偿，同时对破产费用、共益债务、职工债权的清偿均将产生重大影响。另外，破产财产是否设立抵押权，在抵押物范围内将决定税收债权的清偿顺序，抵押权的设立最大受益人将是税务机关而非抵押权人。”

C. “《税收征管法》第四十五条规定属于《物权法》第一百七十条[①]规定的例外情形，但在本案中并不优先适用……《税收征管法》第四十五条规定属于该条款规定的除外情形。在企业正常经营时，符合条件的税收债权可以优先于有抵押担保的债权就抵押物进行清偿。但是，在企业进入破产程序后，《破产法》第一百零九条、第一百一十三条对税收债权与担保债权的清偿顺序再一次作出规定，该规定属于《物权法》第一百七十条除外情形之特殊情形。”

D. “税收债权的优先性在破产程序中应适当受限……一般情形下公益性权利应当优先保护，但公益性权利并非绝对优先于私利性权利，《破产法》第一百一十三条规定税收债权劣后于职工债权受偿，便是公益性权利的优先性在破产程序中受限的具体体现……当债务人进入破产程序，鉴于破产财产不足以清偿全部破产债务，税收债权人与担保债权人就抵押物而言形成零和博弈，此时强调税收债权的公益性，不具有说服力。关于税收债权的风险性，一般情形下税收债权的风险应当优先防范，所以《税收征管法》赋予税务机关可以采取税收保全、强制执行、纳税担保等多种有力税收保障措施。”

观点二：支持税收债权优先

案例 J. 大正公司与星宇公司破产债权确认纠纷案中，湖北省宜昌市猇亭区人民法院作出（2018）鄂0505民初550号判决，认为：“本案涉案债权抵押财产属于星宇公司的破产财产，只能依照企业破产法的相关规定处理。虽然本案中大正公司对星宇公司所有的土地使用权（宜市国用〔2011〕第190106629－8号）享有抵押权，但大正公司只能在星宇公司管理人对涉案抵押物变现后，扣除星

---

① 《物权法》第一百七十条规定：“担保物权人在债务人不履行到期债务或者发生当事人约定的实现担保物权的情形，依法享有就担保财产优先受偿的权利，但法律另有规定的除外。”该规定与《民法典》第三百八十六条规定一致。

宇公司在《反担保抵（质）押合同》缔结前所欠税款后就所剩余价款优先受偿。”

解决担保债权和对应担保物权设立前所产生的税收债权何者优先的问题，即处理《税收征收管理法》第四十五条第一款和《企业破产法》第一百零九条、第一百一十三条之间的冲突问题。《税收征收管理法》和《企业破产法》均由全国人大常委会制定，属于同位阶法律。对此，依据《立法法》特别规定优先于一般规定的法律适用原则处理：《税收征收管理法》是面向纳税人正常状态进行的税收征收管理所作的规定，属于一般规定；《企业破产法》是面向企业非正常状态（陷入破产程序）所作的规定，属于特别规定，优先适用《企业破产法》。(2017）浙06民终1119号判决即采取上述解释路径。并且，基于物权优于债权的基本原则及从避免破产债权的清偿体系发生混乱的角度出发，担保债权也应就担保物优于税收债权受偿。虽有该等法律分析，在最终结论以司法裁判机关意见为准、司法裁判机关意见又具有不确定性的客观情况下，接受担保时即充分关注债务人是否有欠缴税款的情形，防患于未然，实为上策。

3. 对职工债权的特殊保护

（1）职工债权 VS 担保债权

《企业破产法》第一百三十二条规定：“本法施行后，破产人在本法公布之日前所欠职工的工资和医疗、伤残补助、抚恤费用，所欠的应当划入职工个人账户的基本养老保险、基本医疗保险费用，以及法律、行政法规规定应当支付给职工的补偿金，依照本法第一百一十三条的规定清偿后不足以清偿的部分，以本法第一百零九条规定的特定财产优先于对该特定财产享有担保权的权利人受偿。”

《最高人民法院关于〈中华人民共和国企业破产法〉施行时尚未审结的企业破产案件适用法律若干问题的规定》（法释〔2007〕10号，以下简称《尚未审结破产案件适用法律规定》）第十四条规定：“企业破产法施行后，破产人的职工依据企业破产法第一百三十二条的规定主张权利的，人民法院应予支持。”《最高人民法院关于执行〈最高人民法院关于《中华人民共和国企业破产法》施行时尚未审结的企业破产案件适用法律若干问题的规定〉的通知》（法

〔2007〕81 号）第六条规定：“人民法院审理企业破产案件适用企业破产法第一百三十二条和《规定》第十四条时，应当注意以下几个问题：（一）企业破产法第一百三十二条仅适用于企业破产法公布之日前所欠的职工权益，形成于企业破产法公布之日后所欠的职工权益不属本条适用的范畴，该部分职工权益只能从破产企业已经设定担保物权之外的其他财产，或者担保物权人明确放弃行使优先受偿权后的已设定担保物权的财产中受偿；（二）企业破产法公布之日前形成的职工权益，在按照正常清偿顺序无法得到清偿时，才可从已经设定物权担保的财产中受偿。在债务人尚有其他财产可以清偿时，不得先行从已经设定物权担保的财产中清偿；（三）在企业破产法公布之日前所欠的职工权益，依法以设定物权担保的财产进行清偿的情况下，对于企业破产案件中因按照正常清偿顺序无法实现的破产费用、共益债务以及职工的其他权益不得优先于担保物权人受偿。”

《企业破产法》于 2006 年 8 月 27 日发布，对于 2006 年 8 月 27 日（不含该日）之前形成的职工债权，其按照正常清偿顺序无法得到清偿的部分，可优先于担保债权就对应特定财产受偿；对于 2006 年 8 月 27 日（含该日）之后形成的职工债权，担保债权就对应特定财产优先于该等职工债权受偿。相关地方司法文件也有明确规定。

地方司法文件 E.《江苏省高级人民法院民二庭关于妥善审理破产案件、维护经济社会稳定若干问题的讨论纪要》（2009 年 1 月 7 日实施）第四条第四款第三项规定：“破产法第一百三十二条的规定不能适用于 2006 年 8 月 27 日之后发生的职工债权。2006 年 8 月 27 日前后破产企业均有职工债权发生，破产企业仍有未设定担保物权财产的，该财产先清偿发生在后的职工债权，再清偿发生在前的职工债权，清偿不足部分，发生时间在前的职工债权可以从设定担保物权的财产中优先受偿。该财产被设定多个担保物权的，在各担保物权人之间按照债权比例分担对职工债权的清偿损失。”

（2）司法实践对特殊职工债权的优先保护

《企业破产法》及最高人民法院已对职工债权和担保债权的优先顺序作出了明确规定，《企业破产法》公布之日前所欠职工债权才能适用《企业破产法》第一百三十二条规定予以优先保护，但在地方司法实践中，部分案例对《企业破产法》公布之日后所欠工人工资（尤其是农民工工资）给予了优先于担保债权的保护，相关案例如下：

地区	案号	法院
广东	（2015）茂中法民二终字第 25 号	广东省茂名市中级人民法院
	（2014）佛中法执复字第 16 号	广东省佛山市中级人民法院
	（2018）粤 0304 执异 139 号	广东省深圳市福田区人民法院
	（2015）中中法民一终字第 689 号	广东省中山市中级人民法院
	（2018）粤 01 民终 19003 号	广东省广州市中级人民法院
重庆	（2014）渝高法民申字第 01128 号	重庆市高级人民法院
	（2014）渝二中法民异初字第 00001 号	重庆市第二中级人民法院
	（2010）渝二中法民终字第 1467 号	

笔者将上述法院的裁判理由总结归纳如下：

A. 生存权优先。工人工资是基于劳动合同关系产生的、维持劳动者生存权的特种债权，作为工人维持自身和家庭成员生存的需要，事关工人个体和建筑工人群体共同和普遍的生存权，涉及人民群众生存生活与社会稳定。“《中华人民共和国宪法》第三十三条第三款规定‘国家尊重和保障人权’充分展示《宪法》作为国家的根本大法对人权的十分尊重和保护。生存权是基本人权，民生重于天，民工工资关乎民工生存权。当民权和其它权利相冲或相斥时，应考虑民权的优先实现和保护。”[①] 最高人民法院在 2018 年 3 月发布的《全国法院破产审判工作会议纪要》第 27 条规定：“……推动完善职工欠薪保障机制，依法保护职工生存权……”该条规定明确了工资具有生存权的属性。

B. 公平原则。劳动者的劳动成果归用人单位所有，该劳动成果使用人单位的总财产得以增值或保值，既然劳动者的行为使用人单位的财产得以增加或避免财产的减少，那么工资债权人在该增值部分就应当优先于其他债权人而受清偿。劳动者就自己劳动创造的增值部分获得优先受偿，不仅不违背公平原则，反而恰恰体现了公平原则。

---

① 参见：（2010）渝二中法民终字第 1467 号民事判决书。

C.《海商法》《公司法》《商业银行法》《保险法》《企业破产法》《劳动法》《工程款优先受偿批复》《最高人民法院关于集中清理拖欠工程款和农民工工资案件的紧急通知》等法律和司法解释都体现了对工人工资予以优先保护的精神。

部分地方高院也明确了裁判尺度：

地方司法文件 F.《广东省高级人民法院关于执行程序中工人工资与“社保金”的清偿顺序是否优先于抵押权问题的批复》（〔2001〕粤高法执请字第 16 号）明确同意广东省江门市中级人民法院将抵押物变现后的一部分价款优先用于支付拖欠的工人工资，明确了工人工资的清偿顺序优先于抵押权。

地方司法文件 G.《重庆市高级人民法院关于办理拖欠劳动报酬案件的意见》（渝高法〔2003〕218 号）第七条规定：“多个债权人对同一被执行人申请执行的，或被执行人的财产不足以清偿全部债务的，对拖欠劳动报酬的案件应优先执行。”

上述裁判理由系基于保护特定群体利益及维护社会稳定的考虑，但职工债权就对应担保物优先于担保债权受偿尚无明确的法律、行政法规作为支撑，且与《企业破产法》第一百一十三条、第一百三十二条及《尚未审结破产案件适用法律规定》规定的担保债权优先于职工债权受偿的顺序相悖；同时，基于物权优于债权的基本原则，担保债权也理应就对应担保物优于职工债权受偿。但无论如何，在法律分析之外，不可忽视司法实践对特殊职工债权的优先保护，也应当充分肯定该等做法在维护社会稳定方面的积极意义，且最终意见应以司法裁判机关意见为准。

（3）政府或第三方就劳动债权的垫款按职工债权受偿顺序受偿

《最高人民法院关于正确审理企业破产案件为维护市场经济秩序提供司法保障若干问题的意见》（法发〔2009〕36 号）第五条规定：“……有条件的地方，可通过政府设立的维稳基金或鼓励第三方垫款等方式，优先解决破产企业职工的安置问题，政府或第三方就劳动债权的垫款，可以在破产程序中按照职工债权的受偿顺序优先获得清偿。”

地方司法文件 H.《江苏省高级人民法院民二庭关于妥善审理破产案件、维护经济社会稳定若干问题的讨论纪要》（2009 年 1 月 7 日实施）第四条第四款第五项规定："企业进入破产程序前政府为维护社会稳定垫支企业职工工资的，列入职工债权。"

（4）职工集资款

《最高人民法院关于审理企业破产案件若干问题的规定》（法释〔2002〕23号）第五十八条规定："债务人所欠企业职工集资款，参照企业破产法第三十七条第二款第（一）项规定的顺序清偿。但对违反法律规定的高额利息部分不予保护。职工向企业的投资，不属于破产债权。"

上述规定所述"企业破产法"系指已失效的《企业破产法（试行）》（中华人民共和国主席令第45号，以下简称《试行破产法》）。《试行破产法》第三十七条第二款规定："破产财产优先拨付破产费用后，按照下列顺序清偿：（一）破产企业所欠职工工资和劳动保险费用；（二）破产企业所欠税款；（三）破产债权。"《试行破产法》和现行《企业破产法》对于职工债权在破产财产一般清偿顺序中的受偿顺位的规定并无实质区别。

4. 购房消费者购房款返还请求权

《工程款优先受偿批复》第二条规定："消费者交付购买商品房的全部或者大部分款项后，承包人就该商品房享有的工程价款优先受偿权不得对抗买受人。"

关于购房消费者购房款返还请求权（以下简称"购房款返还请求权"，限于篇幅，本文仅对购房消费者购房款返还请求权进行讨论，不对购房消费者在房屋建成情况下的房屋交付请求权进行讨论）、工程款、担保债权三者之间的受偿顺序，实践中裁判观点不一：

观点一：认为购房款返还请求权处于"最优"地位

《最高人民法院针对山东省高级人民法院就处置济南彩石山庄房屋买卖合同纠纷案请示的答复》（〔2014〕执他字第23号、第24号）第一条规定："《批复》第一条规定：人民法院在审理房地产纠纷案件和办理执行案件中，应当依照《中华人民共和国合同法》第二百八十六条的规定，认定建筑工程的承包人的优先受偿权优于抵押权和其他债权。第二条规定：消费者交付购买商品房的全部或者大部分款项后，承包人就该商品房享有的工程价款优先受偿权不得对抗买受人。上述两个条文明确规定了房屋买受人的权利优先于建筑工程承包人的优先受偿权与抵押权人的抵押权，体现了优先保护处于相对弱势地位的房屋买受人的精神。”第二条规定：“基于《批复》保护处于弱势地位的房屋买受人的精神，对于《批复》第二条‘承包人的工程价款优先受偿权不得对抗买受人’的规定，应当理解为既不得对抗买受人在房屋建成情况下的房屋交付请求权，也不得对抗买受人在房屋未建成等情况下的购房款返还请求权。”

案例 K. 金汇公司、三联公司普通破产债权确认纠纷再审审查与审判监督案中，浙江省高级人民法院作出（2018）浙民申 3357 号裁定，认为：“胡某向三联公司购买涉案房产系一手房、消费性行为，买卖涉案房产的意思表示真实且合法，其已经交付购买涉案商品房的全部价款，根据最高人民法院《关于建设工程价款优先受偿问题的批复》规定，其享有对工程款、抵押权、普通债权的优先权。金汇公司所享有的抵押权不得对抗胡某的消费性购房行为。”

案例 L. 吕某等与瀛东投资公司等破产债权确认纠纷上诉案中，安徽省高级人民法院作出（2016）皖民终 689 号判决，认为：“2016 年 2 月 25 日，经瀛东投资公司管理人初审，确认侯某购房债权 108791 元，并享有优先权……本案争议焦点为侯某对瀛东投资公司的 108791 元购房债权是否享有优先权。依据破产法原理，破产债权清偿中，生存利益优先保护。《最高人民法院关于建设工程价款优先受偿权问题的批复》规定：‘一、人民法院在审理房地产纠纷案件和办理执行案件中，应当依照《中华人民共和国合同法》第二百八十六条的规定，认定建筑工程的承包人的优先受偿权优于抵押权和其他债权。二、消费者交付购买商品房的全部或者大部分款项后，承包人就该商品房享有的工程价款优先受偿权不得对抗买受人。’上述规定确立了普通购房消费者的优先地位……原审法院根据《最高人民法院关于建设工程价款优先受偿权问题的批复》的相关规定及破产法优先保护生存利益的司法精神，确认侯某对瀛东投资公司的 108791 元购房债权为优先债权，并无不当。”

其他类似意见还见于江苏省南通市港闸区人民法院作出的（2015）港执异字第 00004 号裁定、山东省淄博市中级人民法院作出的（2017）鲁 03 民终 2946 号判决等。

观点二：认为购房款返还请求权并非处于“最优”地位

案例 M. 裴某、塑工公司破产债权确认纠纷案中，山东省淄博市中级人民法院作出（2018）鲁 03 民终 2868 号判决，认为：“《最高人民法院针对山东省高级人民法院就处置济南彩石山庄房屋买卖合同纠纷案请示的答复》属于个案答复，对案件审理并不具有普遍的适用效力。”

最高人民法院在部分案例中明确了购房款返还请求权虽可对抗承包人的工程款优先权，但并不必然推导出购房款返还请求权优先于工程款及担保债权受偿。

案例 N. 华融公司贵州分公司、睿力公司金融不良债权转让合同纠纷案中，最高人民法院作出（2017）最高法民终 959 号判决，认为：“《最高人民法院关于建设工程价款优先受偿权问题的批复》第一条规定建筑工程承包人优先受偿权优于抵押权和其他债权，第二条规定承包人就商品房享有的工程价款优先受偿权不得对抗已支付大部分或全部房款的购房消费者。两条文中‘优于’与‘不得对抗’的含义不同，不能从上述两条文推导出购房消费者权利处于‘最优’地位的结论。”

最高人民法院在《人民司法·案例》2018 年第 20 期对（2017）最高法民终 959 号判决亦作出评析：“有观点认为，抵押权的保护顺位在逻辑上落后于交付了全部或大部分购房款的消费者的权利，购房消费者的权利处于最优地位……该观点不仅逻辑上难以成立，法律上也无依据。首先，《批复》未将抵押权与购房消费者的权利进行比较的原因，在于物权法、担保法已对抵押财产的转让进行了限定。物权法第一百九十一条[①]规定：转让抵押财产需要经过抵押权人同意，且转让价款必须提前清偿债务或者提存转让价款。该规定的立法目的在于优先保护抵押权的实现。抵押权作为担保物权具有公示公信的效力，

---

① 《物权法》第一百九十一条规定：“抵押期间，抵押人经抵押权人同意转让抵押财产的，应当将转让所得的价款向抵押权人提前清偿债务或者提存。转让的价款超过债权数额的部分归抵押人所有，不足部分由债务人清偿。抵押期间，抵押人未经抵押权人同意，不得转让抵押财产，但受让人代为清偿债务消灭抵押权的除外。”《民法典》对上述条款进行了修改，《民法典》第四百零六条规定：“抵押期间，抵押人可以转让抵押财产。当事人另有约定的，按照其约定。抵押财产转让的，抵押权不受影响。抵押人转让抵押财产的，应当及时通知抵押权人。抵押权人能够证明抵押财产转让可能损害抵押权的，可以请求抵押人将转让所得的价款向抵押权人提前清偿债务或者提存。转让的价款超过债权数额的部分归抵押人所有，不足部分由债务人清偿。”

不仅房产商在出售房屋时应对商品房有无抵押进行披露，购房消费者亦可通过公开渠道对案涉商品房有无抵押进行查询。但建设工程价款优先权无须公示，非常隐蔽，消费者的调查能力有限，法律不能要求他们像商业银行那样承担该优先权带来的风险，故特别规定该优先权不得对抗之。其次，‘不得对抗’与‘优于’的含义不同，不能混淆。立法或司法解释若实际赋予某权利以优先地位，会明确措辞为‘优于’或‘先于’，如海商法第二十五条第一款规定，船舶优先权先于船舶留置权受偿。《批复》第1条规定工程价款优先权优于抵押权和其他债权。而‘不得对抗’亦是担保法、物权法中出现频次较高的词汇，如担保法第四十三条第二款①规定，当事人未办理抵押登记的，不得对抗第三人。物权法第二十四条②、第一百二十九条③规定某些物权变动未经登记不得对抗善意第三人。最高人民法院曾在《关于担保法司法解释第59条中的“第三人”范围问题的答复》中解释称，某些抵押权未经登记不得对抗第三人是指‘此种抵押对抵押当事人之外的第三人不具有法律效力’。可见，《批复》第2条中‘不得对抗买受人’应意指对买受人不具有法律效力，而绝非要赋予购房消费者更高的优先地位。最后，认为购房消费者权利优于抵押权将会严重破坏现行的物权法制度。购房消费者的权利是何种权利，法律未有特殊界定，从其权利基础来看，系基于买卖合同而形成的债权。虽然购房行为可能关涉购房者的居住权，但目前法律对居住权尚无明确规定，司法解释不可能凭空创设一种优于担保物权的权利，否则会对抵押担保制度造成冲击。”

《九民会议纪要》第126条明确交付全部或者大部分款项的商品房消费者的权利优先于抵押权人的抵押权：“根据《最高人民法院关于建设工程价款优先受偿权问题的批复》第1条、第2条的规定，交付全部或者大部分款项的商品

---

① 《担保法》第四十三条第二款规定：“当事人以其他财产抵押的，可以自愿办理抵押物登记，抵押合同自签订之日起生效。当事人未办理抵押物登记的，不得对抗第三人。当事人办理抵押物登记的，登记部门为抵押人所在地的公证部门。”《民法典》第四百零三条规定：“以动产抵押的，抵押权自抵押合同生效时设立；未经登记，不得对抗善意第三人。”

② 《物权法》第二十四条规定：“船舶、航空器和机动车等物权的设立、变更、转让和消灭，未经登记，不得对抗善意第三人。”该规定与《民法典》第二百二十五条规定一致。

③ 《物权法》第一百二十九条规定：“土地承包经营权人将土地承包经营权互换、转让，当事人要求登记的，应当向县级以上地方人民政府申请土地承包经营权变更登记；未经登记，不得对抗善意第三人。”《民法典》第三百三十五条规定：“土地承包经营权互换、转让的，当事人可以向登记机构申请登记；未经登记，不得对抗善意第三人。”

房消费者的权利优先于抵押权人的抵押权，故抵押权人申请执行登记在房地产开发企业名下但已销售给消费者的商品房，消费者提出执行异议的，人民法院依法予以支持。但应当特别注意的是，此情况是针对实践中存在的商品房预售不规范现象为保护消费者生存权而作出的例外规定，必须严格把握条件，避免扩大范围，以免动摇抵押权具有优先性的基本原则。因此，这里的商品房消费者应当仅限于符合本纪要第125条①规定的商品房消费者。买受人不是本纪要第125条规定的商品房消费者，而是一般的房屋买卖合同的买受人，不适用上述处理规则。”但需注意，《九民会议纪要》并未明确消费者购房款返还请求权和工程款债权何者优先。

综上所述，发包人进入破产程序后，如购房款返还请求权、工程款和担保债权并存：

A. 工程款就对应工程应优先于担保债权受偿，但需注意该等优先权的行使期限。

B. 对于交付全部或者大部分款项的商品房消费者，其享有的购房款返还请求权优先于担保债权。

C. 工程款与消费者购房款返还请求权何者优先，裁判观点不一，学术上亦有争议：

①部分法院认为《工程款优先受偿批复》第二条即意指购房款返还请求权优先于工程款受偿。

---

① 《九民会议纪要》第125条规定：“实践中，商品房消费者向房地产开发企业购买商品房，往往没有及时办理房地产过户手续。房地产开发企业因欠债而被强制执行，人民法院在对尚登记在房地产开发企业名下但已出卖给消费者的商品房采取执行措施时，商品房消费者往往会提出执行异议，以排除强制执行。对此，《最高人民法院关于人民法院办理执行异议和复议案件若干问题的规定》第29条规定，符合下列情形的，应当支持商品房消费者的诉讼请求：一是在人民法院查封之前已签订合法有效的书面买卖合同；二是所购商品房系用于居住且买受人名下无其他用于居住的房屋；三是已支付的价款超过合同约定总价款的百分之五十。人民法院在审理执行异议之诉案件时，可参照适用此条款。问题是，对于其中‘所购商品房系用于居住且买受人名下无其他用于居住的房屋’如何理解，审判实践中掌握的标准不一。‘买受人名下无其他用于居住的房屋’，可以理解为在案涉房屋同一设区的市或者县级市范围内商品房消费者名下没有用于居住的房屋。商品房消费者名下虽然已有1套房屋，但购买的房屋在面积上仍然属于满足基本居住需要的，可以理解为符合该规定的精神。对于其中‘已支付的价款超过合同约定总价款的百分之五十’如何理解，审判实践中掌握的标准也不一致。如果商品房消费者支付的价款接近于百分之五十，且已按照合同约定将剩余价款支付给申请执行人或者按照人民法院的要求交付执行的，可以理解为符合该规定的精神。”

②部分法院认为仅根据《工程款优先受偿批复》第二条无法推导出购房款返还请求权优先于工程款受偿。《工程款优先受偿批复》第二条应被理解为“存在于买卖标的商品房之上的工程款优先受偿权对买受人无效。易言之，承包人在行使该优先权时，就该商品房并不拥有对买受人的优先受偿权，而仅仅只是一般查封、扣押债权人，仅此而已。”[①] 工程款优先受偿权不得对抗购房款返还请求权，并不等于购房款返还请求权优先于工程款受偿，而“只是使建设工程价款债权与消费者购房债权‘平等’受偿”[②]。

5. 其他特殊债权类型

（1）划拨土地使用权抵押的优先受偿限制

就破产企业以划拨方式取得的国有土地使用权是否属于破产财产的问题，《关于破产企业国有划拨土地使用权应否列入破产财产等问题的批复》（法释〔2003〕6号）第一条规定：“根据《中华人民共和国土地管理法》第五十八条第一款第（四）项及《城镇国有土地使用权出让和转让暂行条例》第四十七条的规定，破产企业以划拨方式取得的国有土地使用权不属于破产财产，在企业破产时，有关人民政府可以予以收回，并依法处置……”第二条规定：“企业对其以划拨方式取得的国有土地使用权无处分权，以该土地使用权为标的物设定抵押，除依法办理抵押登记手续外，还应经具有审批权限的人民政府或土地行政管理部门批准。否则，应认定抵押无效。如果企业对以划拨方式取得的国有土地使用权设定抵押时，履行了法定的审批手续，并依法办理了抵押登记，应认定抵押有效。根据《中华人民共和国城市房地产管理法》第五十条和《中华人民共和国担保法》第五十六条的规定，抵押权人只有在以抵押标的物折价或拍卖、变卖所得价款缴纳相当于土地使用权出让金的款项后，对剩余部分方可享有优先受偿权……”

《城市房地产管理法》（2019年修订）第五十一条规定：“设定房地产抵押权的土地使用权是以划拨方式取得的，依法拍卖该房地产后，应当从拍卖所得的价款中缴纳相当于应缴纳的土地使用权出让金的款额后，抵押权人方可优先

① 汤文平：《建设工程价款优先权与消费者购房债权的关系》，载《金融法苑》2010年第1期。
② 汤文平：《建设工程价款优先权与消费者购房债权的关系》，载《金融法苑》2010年第1期。

受偿。”

因此，当债务人破产时，其以划拨方式取得的国有土地使用权不属于破产财产，有关人民政府可以予以收回；如该等土地使用权上设置了合法有效的抵押权，对应抵押权人只对超出应缴纳的土地使用权出让金款额的价款享有优先受偿权。

案例O. 彭某与商水县人民政府、王某等再审案中，最高人民法院作出（2016）最高法行申2510号裁定，认为：“因毛纺织厂破产后，涉案土地由人民政府无偿收回，毛纺织厂占用的土地不是破产财产，故毛纺织厂无权处分涉案土地。”

（2）船舶优先权和民用航空器优先权

A. 船舶优先权

根据《海商法》第二十一条、第二十二条、第二十三条、第二十四条、第二十五条及第二十七条规定：

定义	范　围
海事请求人向船舶所有人、光船承租人、船舶经营人提出海事请求，对产生该海事请求的船舶具有优先受偿的权利。	（一）船长、船员和在船上工作的其他在编人员根据劳动法律、行政法规或者劳动合同所产生的工资、其他劳动报酬、船员遣返费用和社会保险费用的给付请求。
	（二）在船舶营运中发生的人身伤亡的赔偿请求。
	（三）船舶吨税、引航费、港务费和其他港口规费的缴付请求。
	（四）海难救助的救助款项的给付请求。
	（五）船舶在营运中因侵权行为产生的财产赔偿请求（载运2000吨以上的散装货油的船舶，持有有效的证书，证明已经进行油污损害民事责任保险或者具有相应的财务保证的，对其造成的油污损害的赔偿请求，不属于前款第五项规定的范围）。

注：

1. 船舶优先权规定的各项海事请求，依照顺序受偿。但是，第（四）项海事请求，后于第（一）项至第（三）项发生的，应当先于第（一）项至第（三）项受偿。第（一）、（二）、（三）、（五）项中，同一项内有两个以上海事请求的，不分先后，同时受偿；不足受偿的，按照比例受偿。第（四）项中有两个以上海事请求的，后发生的先受偿。

2. 因行使船舶优先权产生的诉讼费用，保存、拍卖船舶和分配船舶价款产生的费用，以及为海事请求人的共同利益而支付的其他费用，应当从船舶拍卖所得价款中先行拨付。

3. 船舶优先权先于船舶留置权受偿，船舶抵押权后于船舶留置权受偿。

4. 船舶优先权随对应债权转移而转移。

B. 民用航空器优先权

根据《民用航空法》第十八条、第十九条、第二十一条、第二十二条及第二十三条规定：

定义	范围
债权人向民用航空器所有人、承租人提出赔偿请求，对产生该赔偿请求的民用航空器具有优先受偿的权利。	（一）援救该民用航空器的报酬。 （二）保管维护该民用航空器的必需费用。

注：

1. 民用航空器优先权规定的各项债权，后发生的先受偿。

2. 在执行人民法院判决以及拍卖过程中产生的费用，应当从民用航空器拍卖所得价款中先行拨付。

3. 民用航空器优先权先于民用航空器抵押权受偿。

4. 民用航空器优先权随对应债权转移而转移。

（3）民办学校破产财产清偿顺序

《民办教育促进法》第五十九条规定：“对民办学校的财产按照下列顺序清偿：（一）应退受教育者学费、杂费和其他费用；（二）应发教职工的工资及应缴纳的社会保险费用；（三）偿还其他债务。非营利性民办学校清偿上述债务后的剩余财产继续用于其他非营利性学校办学；营利性民办学校清偿上述债务后的剩余财产，依照公司法的有关规定处理。”《最高人民法院关于对因资不抵债无法继续办学被终止的民办学校如何组织清算问题的批复》（法释〔2010〕20号）规定：“人民法院组织民办学校破产清算，参照适用《中华人民共和国企业破产法》规定的程序，并依照《中华人民共和国民办教育促进法》第五十九条规定的顺序清偿。”

（三）破产财产清偿顺序总结

笔者可依据法律、行政法规和司法解释的规定，根据应收账款的具体类型判断应收账款在债务人破产后的受偿顺序。但同时，应充分关注司法实践基于维护社会稳定而对特定群体利益的保护。笔者将破产财产清偿顺序总结如下，以供参考：

顺位		债权类型	备　注
特殊顺位	1	为保护特定群体利益及维护社会稳定而优先保护的债权	如部分职工债权（尤其是工人工资）。各地司法实践对该等债权优先保护的程度并不完全一致。
	2	建设工程价款就对应工程优先受偿	不得对抗消费者购房款返还请求权。
	3	2006 年 8 月 27 日前形成的职工债权	—
	4	以债务人特定财产担保的债权就对应担保财产优先受偿	—
一		破产费用	债务人财产不足以清偿破产费用且无人代为清偿或垫付的，人民法院应当依管理人申请宣告破产并裁定终结破产清算程序。①
二		共益债务	—
三		2006 年 8 月 27 日后形成的职工债权	包括职工集资款。
四		税收债权	—
五		普通债权	—
六		劣后债权	如破产受理前产生的民事惩罚性赔偿金、行政罚款、刑事罚金等惩罚性债权。

注：

1. 划拨国有土地使用权不属于破产财产，不在表中列示。

2. 船舶优先权、民用航空器优先权及民办学校破产财产的受偿安排详见《海商法》《民用航空法》和《民办教育促进法》等相关规定。

3. 政府或第三方就劳动债权的垫款，在破产程序中按照对应的职工债权的受偿顺序获得清偿。

三、对债权人的建议

应收账款保理业务和资产证券化业务项下，保理公司或计划管理人（代表专项计划）受让应收账款成为应收账款债权人，在债务人破产的情况下，保理

① 《全国法院破产审判工作会议纪要》（法〔2018〕53 号）第 30 条规定："破产清算程序的终结。人民法院终结破产清算程序应当以查明债务人财产状况、明确债务人财产的分配方案、确保破产债权获得依法清偿为基础。破产申请受理后，经管理人调查，债务人财产不足以清偿破产费用且无人代为清偿或垫付的，人民法院应当依管理人申请宣告破产并裁定终结破产清算程序。"

公司或计划管理人（代表专项计划）在应收账款项下之利益的实现也将直接受到应收账款的受偿程序、受偿顺序及其受偿行为被撤销风险的影响。为充分认识风险、防范风险和应对风险，笔者建议：

第一，“知己知彼”。首先，做到“知己”：受让应收账款前，应明确应收账款的债权类型及其相应的附属权利，判断拟受让应收账款在债务人破产后的受偿顺序。例如，受让工程款，建议在保理合同或资产买卖协议、付款确认书、债权转让通知回执等文件中明确约定工程款优先受偿权随工程款一并转让，以供司法裁判机关作为判断当事人意思自治的重要依据并避免疑义的重要参考，并注意行使优先受偿权的期限限制。其次，做到“知彼”：应充分核查债务人的资信情况及其履约能力，尤其是在债务人破产后可以优先于应收账款受偿的债权的存量和预期增量情况。例如，对于已将其主要财产设定了担保负担的债务人，判断其资信能力时应充分考虑债务人在该等担保物以外的履约能力和财产情况。

第二，为保障应收账款的偿付，可设置应收账款提前到期条款，约定债权人有权在发现债务人资信状况出现不利变化等相关事项时可要求债务人提前偿付应收账款或追加担保。同时，应密切关注债务人的资信状况变化，尽快回收应收账款。需要注意的是，如债务人清偿或追加担保行为属于《企业破产法》第三十一条或第三十二条规定情形的，则该等行为存在被撤销的风险。

第六章

金融监管与合规

新《证券法》下上市公司相关合规运作建议

杨颖菲　翁文涛　高顺燚*

新《证券法》已于2019年12月28日修订通过，自2020年3月1日起施行。本次《证券法》除扩大证券定义、推行证券发行注册制等涉及一级市场的基本制度变化外，同时在内幕交易、信息披露等方面对A股上市公司（若无特别说明，本文所称上市公司仅限A股上市公司）日常合规运作提出了更高的要求。笔者整理了新《证券法》与上市公司、上市公司董事、监事、高级管理人员（以下合称“董监高”）、持有上市公司5%以上股份的股东（以下简称“大股东”）日常合规运作有关的规定，供读者参考。

一、上市公司合规要求

（一）提高内幕信息管理要求

1. 内幕信息知情人范围扩大

新《证券法》扩展了对内幕信息知情人范围的划定，对于上市公司而言，主要新增了：(1) 发行人；(2) 发行人实际控制的公司及其董监高；(3) 因与公司业务往来获取公司内幕信息的人员；(4) 收购上市公司的收购方或重大资产交易的交易对方，及其控股股东、实际控制人、董监高。

为便于对比，相应条款前后变化列示如下：

---

* 杨颖菲，奋迅·贝克麦坚时联营办公室，合伙人；翁文涛，北京市奋迅律师事务所，律师；高顺燚，北京市奋迅律师事务所。

《证券法》（2014 修订）	《证券法》（2019 修订）
第七十四条 证券交易内幕信息的知情人包括： （一）发行人的董事、监事、高级管理人员； （二）持有公司百分之五以上股份的股东及其董事、监事、高级管理人员，公司的实际控制人及其董事、监事、高级管理人员； （三）发行人控股的公司及其董事、监事、高级管理人员； （四）由于所任公司职务可以获取公司有关内幕信息的人员； （五）证券监督管理机构工作人员以及由于法定职责对证券的发行、交易进行管理的其他人员； （六）保荐人、承销的证券公司、证券交易所、证券登记结算机构、证券服务机构的有关人员； （七）国务院证券监督管理机构规定的其他人。	第五十一条 证券交易内幕信息的知情人包括： （一）发行人及其董事、监事、高级管理人员； （二）持有公司百分之五以上股份的股东及其董事、监事、高级管理人员，公司的实际控制人及其董事、监事、高级管理人员； （三）发行人控股或者实际控制的公司及其董事、监事、高级管理人员； （四）由于所任公司职务或者因与公司业务往来可以获取公司有关内幕信息的人员； （五）上市公司收购人或者重大资产交易方及其控股股东、实际控制人、董事、监事和高级管理人员； （六）因职务、工作可以获取内幕信息的证券交易场所、证券公司、证券登记结算机构、证券服务机构的有关人员； （七）因职责、工作可以获取内幕信息的证券监督管理机构工作人员； （八）因法定职责对证券的发行、交易或者对上市公司及其收购、重大资产交易进行管理可以获取内幕信息的有关主管部门、监管机构的工作人员； （九）国务院证券监督管理机构规定的可以获取内幕信息的其他人员。

此外，除新《证券法》的规定外，上海证券交易所（以下简称“上交所”）亦于近期颁布了《上海证券交易所上市公司内幕信息知情人报送指引》，对上交所上市公司的内幕信息知情人管理和信息报送作出进一步规定，上交所上市公司应当结合新《证券法》的规定，按照上述指引的要求报送内幕信息知情人档案、重大事项进程备忘录。

二、内幕信息范围扩大

新《证券法》扩展了被认定为内幕信息的重大事件范围。新《证券法》对于内幕信息的定义没有重大变化，但在对应的重大事件范围上，区分了股票上市公司的重大事件和债券上市公司的重大事件。对于股票上市公司，新《证券法》关于重大事件的认定主要新增：（1）明确重大投资行为的概念；（2）提供重大担保或从事关联交易；（3）董事长或经理无法履行职责；（4）同业竞争情况发生变化；（5）分配股利、增资的计划；（6）股权结构发生重要变化；（7）进入破产程序或被责令关闭；（8）控股股东、实际控制人被采取强制措施。

为便于对比，相应条款前后变化列示如下：

《证券法》（2014 修订）	《证券法》（2019 修订）
第六十七条第二款 下列情况为前款所称重大事件： （一）公司的经营方针和经营范围的重大变化； （二）公司的重大投资行为和重大的购置财产的决定； （三）公司订立重要合同，可能对公司的资产、负债、权益和经营成果产生重要影响； （四）公司发生重大债务和未能清偿到期重大债务的违约情况； （五）公司发生重大亏损或者重大损失； （六）公司生产经营的外部条件发生的重大变化； （七）公司的董事、三分之一以上监事或者经理发生变动； （八）持有公司百分之五以上股份的股东或者实际控制人，其持有股份或者控制公司的情况发生较大变化； （九）公司减资、合并、分立、解散及申请破产的决定； （十）涉及公司的重大诉讼，股东大会、董事会决议被依法撤销或者宣告无效； （十一）公司涉嫌犯罪被司法机关立案调查，公司董事、监事、高级管理人员涉嫌犯罪被司法机关采取强制措施； （十二）国务院证券监督管理机构规定的其他事项。	第八十条第二款（股票上市公司重大事件） （一）公司的经营方针和经营范围的重大变化； （二）公司的重大投资行为，公司在一年内购买、出售重大资产超过公司资产总额百分之三十，或者公司营业用主要资产的抵押、质押、出售或者报废一次超过该资产的百分之三十； （三）公司订立重要合同、提供重大担保或者从事关联交易，可能对公司的资产、负债、权益和经营成果产生重要影响； （四）公司发生重大债务和未能清偿到期重大债务的违约情况； （五）公司发生重大亏损或者重大损失； （六）公司生产经营的外部条件发生的重大变化； （七）公司的董事、三分之一以上监事或者经理发生变动，董事长或者经理无法履行职责； （八）持有公司百分之五以上股份的股东或者实际控制人持有股份或者控制公司的情况发生较大变化，公司的实际控制人及其控制的其他企业从事与公司相同或者相似业务的情况发生较大变化； （九）公司分配股利、增资的计划，公司股权结构的重要变化，公司减资、合并、分立、解散及申请破产的决定，或者依法进入破产程序、被责令关闭； （十）涉及公司的重大诉讼、仲裁，股东大

续表

《证券法》(2014 修订)	《证券法》(2019 修订)
	会、董事会决议被依法撤销或者宣告无效; (十一)公司涉嫌犯罪被依法立案调查,公司的控股股东、实际控制人、董事、监事、高级管理人员涉嫌犯罪被依法采取强制措施; (十二)国务院证券监督管理机构规定的其他事项。

此外,如上市公司同时公开发行公司债券,且债券处于存续期内,上市公司还应当按照新《证券法》第八十一条的规定,履行重大事件披露和内幕信息管理义务。

(二)谨慎自愿信息披露

除法定信息披露义务外,新《证券法》对于市场常见的自愿信息披露也作出原则性规定,要求上市公司自愿披露不得与依法披露的信息相冲突,不得误导投资者。

在新《证券法》原则性规定基础上,上交所和深圳证券交易所(以下简称“深交所”)在《关于认真贯彻执行新〈证券法〉做好上市公司信息披露相关工作的通知》(以下合称《执行新证券法通知》)中作出了更为明确的要求,即上市公司就某一事项作出自愿披露后,“此后发生类似事件时,信息披露义务人应当按照一致性标准及时披露。”据此,自愿信息披露将成为上市公司为自己划定的披露标准,公司应当更为谨慎地处理自愿信息披露事宜。

(三)境内外同时上市的信息披露合规

近年来,在境内和境外同时上市的公司数量逐步增加,境内外信息披露同步已是行之有年的重要原则。新《证券法》以单独一款的方式确认了该原则。

(四)不遵守公开承诺需承担赔偿责任

在 IPO 上市、重组、再融资等项目中,发行人及其控股股东、实际控制人、董监高可能会就特定事项向投资者作出公开承诺，新《证券法》要求披露上述公开承诺，不履行承诺给投资者造成损失的，应当依法承担赔偿责任。

（五）违法处罚加重

如前述讨论，新《证券法》下上市公司同为内幕信息知情人，上市公司可能因内幕交易受到处罚。此外，新《证券法》加强了对上市公司发行文件虚假披露、未履行信息披露或报送报告义务等违法行为的处罚力度。例如，对于违规从事内幕交易的，相应罚款上限由原来的违法所得 5 倍提高至违法所得 10 倍，原《证券法》规定：“没有违法所得或者违法所得不足 3 万元的，处以 3 万元以上 60 万元以下的罚款”，新《证券法》将不足 3 万元修改为不足 50 万元，且罚款上限提高至 500 万元。对于未按照证券法规定报送有关报告或者履行信息披露义务的，相应罚款的上限由原来的 60 万元提高至 500 万元；对于报送的报告或者披露的信息有虚假记载、误导性陈述或者重大遗漏的，相应罚款的上限由原来的 60 万元提高至 1000 万元。

二、董监高合规要求

（一）短线交易监管趋严

新《证券法》对短线交易的监管更加严格，扩大了主体范围及交易标的种类。

1. 扩大短线交易规定的主体范围

原《证券法》下的“短线交易”是指董监高、大股东将持有的该上市公司股票买入后 6 个月内卖出，或者卖出后 6 个月内又买入的行为。

新《证券法》将董监高和大股东中自然人股东的配偶、父母、子女持有的及利用他人账户持有证券纳入短线交易的限制。这一调整对上市公司短线交易监管影响较大，为满足新《证券法》监管要求，笔者建议公司：（1）提示董监高和持股 5% 以上的自然人股东新《证券法》有关变化，并提示其提交配偶、父母、子女所开立的证券账户信息，依法合规买卖上市公司股票，避免发生短线交易；（2）提示董监高、5%以上股东及其配偶、父母、子女等人员不要利用他人账户进行证券交易，也不要将自己的证券账户借给他人从事证券交易。

同时，根据《执行新证券法通知》的要求，相关主体违反新《证券法》第四十四条进行短线交易的，公司董事会除应当收回相关人员所得收益之外，还应当及时披露相关人员违规买卖情况、公司采取的处理措施、收益的计算方法和收回收益的具体情况等事项。

2. 增加短线交易监管标的种类

新《证券法》增加了短线交易监管的标的，短线交易监管标的不仅限于股票买卖，还包括其他国务院依法认定的具有股权性质的证券买卖，包括但不限于存托凭证、可转债等。但“具有股权性质的证券”的具体种类、各类证券买卖的起算点等具体认定规则，还有待相关部门出台配套的实施细则。此种情况下，控股股东在认购公司发行的可转债前六个月内减持公司股票的，也可能构成短线交易。

3. 加强短线交易处罚力度

新《证券法》加强了对短线交易的处罚力度，除短线交易所得需上缴上市公司外，新《证券法》对相关主体的罚款金额也从3—10万元提高至10—100万元。

此外，根据《上市公司证券发行管理办法》第十一条及第三十九条，上市公司现任董事、高级管理人员因涉嫌犯罪被司法机关立案侦查或涉嫌违法违规被中国证监会立案调查的，或最近三十六个月内受到过中国证监会的行政处罚或者最近十二个月内受到过证券交易所公开谴责的，上市公司不得公开或非公开发行股票。因此，董监高违规进行短线交易，受到中国证监会行政处罚或者交易所公开谴责的，可能对上市公司再融资、重大资产重组等造成不利影响。

（二）提高董监高对公司信息披露的审核职责要求

新《证券法》强化了董监高在披露文件方面的审核责任，董监高在披露证券发行文件和定期报告时，需按照新《证券法》要求履行相应义务：

1. 增加董监高异议披露条款，董监高对于证券发行文件或定期报告有异议的，应当在书面确认意见中陈述，发行人应当披露，发行人不予披露的，董监高可以直接申请披露。

2. 明确要求董监高就“证券发行文件”签署书面确认意见。上市公司在发行股票、存托凭证、公司债券或者可转换公司债券等证券时，其董事、监事、高级管理人员均需签署书面确认意见。

3. 增加监事签署确认意见的职责。新《证券法》明确要求监事会对上市公司定期报告和证券发行文件提出书面审核意见，并新增监事对上述文件签署书面确认意见的要求。

4. 董监高除需保证信息披露真实性、准确性、完整性外，新《证券法》同时要求董监高保证上市公司信息披露“及时、公平”。

5. 同时，新《证券法》加强了对相关主体违反信息披露义务的处罚力度，具体规定请参见下文“（五）违法处罚加重”部分的分析。

（三）内幕信息管理加强

如同“上市公司合规要求”部分所述，新《证券法》对于内幕信息的认定和内幕信息知情人的认定都有所扩展，董监高应当根据新《证券法》的要求管理内幕信息，避免出现内幕交易。具体请见本文第一部分“（一）提高内幕信息管理要求”项下的分析。

（四）不遵守公开承诺需承担赔偿责任

如同本文第一部分“（四）不遵守公开承诺需承担赔偿责任”项下所述，新《证券法》规定，公司董监高作出的公开承诺应当披露，不履行承诺给投资者造成损失的，应当依法承担赔偿责任。

（五）违法处罚加重

新《证券法》加强了对董监高短线交易、违反信息披露义务、内幕交易等行为的处罚力度。例如，对于短线交易行为，相应罚款的上限由原来的10万元提高至100万元。对于未按照证券法规定报送有关报告或者履行信息披露义务的，相应罚款的上限由原来的30万元提高至200万元；对于报送的报告或者披露的信息有虚假记载、误导性陈述或者重大遗漏的，相应罚款的上限由原来的30万元提高至500万元。对于违规从事内幕交易的，与上市公司适用相同的罚则。

三、大股东合规要求

（一）短线交易监管趋严

与前述情形一致，新《证券法》下大股东的短线交易监管也更加严格，具体规定请见本文第二部分“二、董监高合规要求”下的“（一）短线交易监管趋严”项下的分析。

（二）增加大股东权益变动相关义务

1. 新增1%权益变动披露要求

新《证券法》下要求大股东持有上市公司有表决权股份比例每增加或减少1%，需要在事实发生的次日通知上市公司，并予公告。大股东向上市公司提交的通知内容暂未有明确的格式指引，但需包括新《证券法》第六十四条所列示的信息（包括增持股份的资金来源、在上市公司中拥有有表决权的股份变动的时间及方式等）。

2. 延长5%变动后暂停交易的时间

原《证券法》规定，大股东持有的上市公司股票每增加或减少5%，在事实发生之日至公告后2日内不得再行买卖该上市公司股票，而新《证券法》将前述“公告后2日”延长至3日，与股东持有上市公司有表决权股票达到5%后暂停交易时长一致。

3. 增加暂停交易期间增持股份表决权限制

新《证券法》下，股东增持到5%后、大股东每增持或减持5%后，没有遵守事实发生日至公告后三日内暂停交易，继续买入的，在买入后三十六个月内其超过规定比例增持部分的股份不得行使表决权。

（三）内幕信息管理加强

如同“上市公司合规要求”部分所述，新《证券法》对于内幕信息的认定和内幕信息知情人的认定都有所扩展，上市公司大股东应当遵守新《证券法》的要求，避免出现内幕交易。具体请见本文第一部分“（一）提高内幕信息管理要求”项下的分析。

（四）不遵守公开承诺需承担赔偿责任

如同本文第一部分“（四）不遵守公开承诺需承担赔偿责任”项下所述，上市公司控股股东、实际控制人作出的公开承诺也应当披露，不履行承诺给投资者造成损失的，应当依法承担赔偿责任。

（五）违法处罚加重

新《证券法》同样加强了对股东发行文件虚假披露、内幕交易、短线交易等违法行为的处罚力度。如，对于内幕交易及短线交易行为，与董监高适用相同的罚则。对于证券发行文件虚假披露、未按规定履行报送或披露信息义务的情形，原《证券法》规定发行人的控股股东、实际控制人参照发行人及其直接责任人员处罚，新《证券法》专门针对发行人的控股股东、实际控制人规定了罚则，同时新增了对控股股东、实际控制人直接责任人员的罚则。例如，发行人的控股股东、实际控制人组织、指使信息披露义务人未按照《证券法》规定报送有关报告或者履行信息披露义务的，或者隐瞒相关事项导致发生上述情形的，处以50万元以上500万元以下的罚款；对直接负责的主管人员和其他直接责任人员，处以20万元以上200万元以下的罚款。发行人的控股股东、实际控制人组织、指使信息披露义务人报送的报告或者披露的信息有虚假记载、误导性陈述或者重大遗漏的，或者隐瞒相关事项导致发生上述情形的，处以100万元以上1,000万元以下的罚款；对直接负责的主管人员和其他直接责任人员，处以50万元以上500万元以下的罚款。

行走在金融监管与市场自由之间

——分析贷款资产的几个基本但并不简单的问题

王剑钊　朴文一　赖慧*

借贷行为使得资金自资金富裕者向资金短缺者暂时流动，是市场合理配置资源的结果。然而，由于借贷行为的参与主体在借贷行为发生时谈判地位、经济实力和认识水平等方面的不对等，可能产生对其中某一方尤其是资金短缺者不公平的结果。因此，借贷行为并非绝对自由的市场行为，而是受到法律法规的专项重点规制。本文以我国现行的贷款监管体系为背景，重点分析民间借贷，对比金融机构贷款，对贷款资产涉及的放贷主体、贷款本金、贷款期限和利率等基本但并不简单，因而尤其重点的法律问题进行分析论述。

一、贷款不是你想放，想放就能放——放贷主体资格

根据我国现行法律法规，可以将放贷主体划分为持牌放贷主体和非持牌放贷主体，前者以经营贷款业务为业，后者则仅能从事符合一定条件的偶发性放贷活动。

（一）持牌放贷主体

持牌放贷主体系指持有相关金融监管部门发放的经营贷款业务资质牌照的

* 王剑钊，北京市奋迅律师事务所，合伙人；朴文一，北京市奋迅律师事务所，合伙人；赖慧，北京市奋迅律师事务所。

主体，具体包括具有贷款业务资质的银行、信托、消费金融公司等金融机构[①]，以及小额贷款公司。贷款业务在我国现行监管体系下属于特许经营的金融业务范围。根据《贷款通则》（中国人民银行令〔1996〕2 号）第二条及第二十一条之规定，如从事贷款业务，须经中国人民银行批准取得经营贷款业务资质，且持有相关金融监管部门颁发的金融许可证。并不持有金融许可证的小贷公司则依据《中国银行业监督管理委员会、中国人民银行关于小额贷款公司试点的指导意见》（银监发〔2008〕23 号）而具有经营贷款业务的资格。

持牌放贷主体从事的贷款活动，通常具有以下特点：（1）面向公众性，贷款对象为不特定的社会公众[②]；（2）经营性，以发放贷款、获取利润为营业目的；（3）特许性，贷款业务需经批准方可进行。正由于该等贷款活动的上述特征，国家将其纳入金融监管体系并制定专门的规范性文件，从组织层面和行为层面对该等放贷主体进行规制。

（二）非持牌放贷主体

非持牌放贷主体系指不具备经营贷款业务资质、不以贷款为业的资金出借人。实践中存在大量不具备经营贷款业务资质但实际从事资金借贷活动的主体，这类资金借贷活动也被称为“民间借贷”。最高人民法院新修订并于 2020 年 8 月 20 日起施行的《最高人民法院关于审理民间借贷案件适用法律若干问题的规定》（法释〔2020〕6 号，以下简称“《民间借贷司法解释》”）第一条规定：“本规定所称的民间借贷，是指自然人、法人和非法人组织之间进行资金融通的行为。经金融监管部门批准设立的从事贷款业务的金融机构及其分支机构，因发放贷款等相关金融业务引发的纠纷，不适用本规定。”

民间借贷的重要特点是，出借人通常并非专门从事贷款业务的主体，不以放贷业务作为其主要经营活动，借贷活动具有一定的偶发性，且规范性远低于

---

① 目前我国从事贷款业务的金融机构具体包括商业银行、邮政储蓄银行、民营银行、农村商业银行、农村合作银行、城市信用合作社、农村信用合作社、政策性银行、信托公司、三类新型农村金融机构（村镇银行、贷款公司和资金互助社）、企业集团财务公司、汽车金融公司、消费金融公司。需要说明的是，证券公司、保险公司等虽然为金融机构，但无贷款业务资质。

② 企业集团财务公司、政策性银行等仅向特定主体发放贷款的机构除外。

金融机构贷款。对于民间借贷活动主要通过《民法典》[1] 和司法解释等相关规定予以规范。

问题 1：企业之间的借贷行为是否有效？

企业之间的借贷行为在日常经营活动中时有发生，但在很长一段时间内被我国相关法律政策所禁止。这种政策导向是特定时代背景下的产物，也因此将随着时代的发展及客观情况的变化而调整。20 世纪 90 年代初期，“邓小平南方谈话”之后我国经济出现全面复苏的态势，但与此同时，金融秩序也变得有些紊乱，地下钱庄格外活跃，民间的资金拆借利率越来越高，官方利率形同虚设，出现了以低利率从银行贷款后高利率转贷给他人的现象。[2] 为了遏制这种局势，维护正常的金融秩序，无论是在法律[3]、行政法规[4]、部门规章[5]还是在司法解释[6]层面，均不允许企业之间进行资金借贷活动。

然而，虽有上述法律层面的否定，企业间借贷因满足了企业从金融机构无法得到满足的资金需求，在事实层面从未销声匿迹。在司法实践中，对于企业

---

① 《民法典》已于 2020 年 5 月 28 日颁布并于 2021 年 1 月 1 日起施行，《民法典》生效后，《民法总则》《民法通则》《合同法》同时废止。在《民法典》颁布并施行之前，民间借贷活动应适用《民法总则》《民法通则》《合同法》的规定；《民法典》施行之后，民间借贷活动应适用《民法典》的规定。

② 吴晓波：《激荡三十年》，中信出版社 2017 年版。

③ 《银行业监督管理法》（中华人民共和国主席令第 58 号，2006 年 10 月 31 日颁布）第十九条规定：“未经国务院银行业监督管理机构批准，任何单位或者个人不得设立银行业金融机构或者从事银行业金融机构的业务活动。”

④ 《非法金融机构和非法金融业务活动取缔办法》（国务院令第 247 号，1998 年 7 月 13 日颁布）第五条规定：“未经中国人民银行依法批准，任何单位和个人不得擅自设立金融机构或者擅自从事金融业务活动”；第二条规定：“任何非法金融机构和非法金融业务活动，必须予以取缔”；第三条第一款规定的“非法金融机构”包括未经中国人民银行批准，擅自设立从事或者主要从事发放贷款业务活动的机构；第四条规定的“非法金融业务活动”包括未经中国人民银行批准擅自从事非法发放贷款活动。

⑤ 《贷款通则》（1996 年 6 月 28 日颁布）第六十一条规定：“……企业之间不得违反国家规定办理借贷或者变相借贷融资业务。”

⑥ 《最高人民法院关于审理联营合同纠纷案件若干问题的解答》［法（经）发〔1990〕27 号，1990 年 11 月 12 日颁布］第四条第二项规定：“企业法人、事业法人作为联营一方向联营体投资，但不参加共同经营，也不承担联营的风险责任，不论盈亏均按期收回本息，或者按期收取固定利润的，是明为联营，实为借贷，违反了有关金融法规，应当确认合同无效。除本金可以返还外，对出资方已经取得或者约定取得的利息应予收缴，对另一方则应处以相当于银行利息的罚款”；《最高人民法院关于企业相互借贷的合同出借方尚未取得约定利息人民法院应当如何裁决问题的解答》（法复〔1996〕2 号，该司法解释于 1996 年 3 月 25 日颁布，并已于 2019 年 7 月 20 日失效）规定：“对企业之间相互借贷的出借方或者名为联营、实为借贷的出资方尚未取得的约定利息，人民法院应当依法向借款方收缴”；《最高人民法院关于对企业借贷合同借款方逾期不归还借款的应如何处理问题的批复》（法复〔1996〕15 号，1996 年 9 月 23 日颁布）规定：“企业借贷合同违反有关金融法规，属无效合同”。

之间的借贷行为效力的认定存在不同的观点。基于中国人民银行颁布的《贷款通则》，部分法院认为企业之间的借贷行为违反了相关金融法规，或者依据原《合同法》第五十二条“以合法形式掩盖非法目的”或者“损害社会公共利益”认定企业之间的借款合同无效。对于借款合同无效的后果，不同法院也存在不同的认定，有些法院判决对当事人约定的利息予以收缴并对当事人进行罚款，也有法院认为借款合同无效，对于当事人约定的利息不予保护，但是判决借款人按照同期银行贷款利率或者存款利率计算的利息作为资金占有期间的损失对出借人进行补偿。近年来，随着社会经济的发展和司法理念的更新，部分法院对于企业之间的借贷行为采取了适度宽容并且谨慎保护的态度，开始有条件地认可企业之间的借款合同的效力。

最高人民法院 2015 年 9 月发布的《最高人民法院关于审理民间借贷案件适用法律若干问题的规定》（法释〔2015〕18 号，以下简称“原《民间借贷司法解释》”）正式施行之后，统一了民间借贷案件裁判标准，企业之间的借款合同的效力正式获得了司法层面的有条件认可，2020 年修订的《民间借贷司法解释》亦在很多方面延续了原《民间借贷司法解释》的规定。《民间借贷司法解释》第十一条规定：“法人之间、非法人组织之间以及它们相互之间为生产、经营需要订立的民间借贷合同，除存在《中华人民共和国合同法》第五十二条以及本规定第十四条规定的情形外，当事人主张民间借贷合同有效的，人民法院应予支持。”第十二条规定：“法人或者非法人组织在本单位内部通过借款形式向职工筹集资金，用于本单位生产、经营，且不存在《中华人民共和国合同法》第五十二条以及本规定第十四条规定的情形，当事人主张民间借贷合同有效的，人民法院应予支持。”第十四条规定：“具有下列情形之一的，人民法院应当认定民间借贷合同无效：（一）套取金融机构贷款转贷的；（二）以向其他营利法人借贷、向本单位职工集资，或者以向公众非法吸收存款等方式取得的资金转贷的；（三）未依法取得放贷资格的出借人，以营利为目的向社会不特定对象提供借款的；（四）出借人事先知道或者应当知道借款人借款用于违法犯罪活动仍然提供借款的；（五）违反法律、行政法规强制性规定的；（六）违背公序良俗的。”

需要明确的是，《民间借贷司法解释》肯定的是法人之间、非法人组织之间以及它们相互之间为生产、经营需要订立的民间借贷合同，并非放开贷款牌照限制，允许以营利为目的、未经批准而以向不特定对象发放贷款为业。该等情形属于《民间借贷司法解释》第十四条列举的民间借贷合同无效的情形之一，并且可能构成非法经营罪。2019 年 7 月 23 日最高人民法院、最高人民检察院、公安部、司法部联合发布的《关于办理非法放贷刑事案件若干问题的意见》（自 2019 年 10 月 21 日起施行）中明确规定：“违反国家规定，未经监管部门批准，或者超越经营范围，以营利为目的，经常性地向社会不特定对象发放贷款，扰乱金融市场秩序，情节严重的，依照刑法第二百二十五条第（四）项的规定，以非法经营罪定罪处罚。前款规定中的‘经常性地向社会不特定对象发放贷款’，是指 2 年内向不特定多人（包括单位和个人）以借款或其他名义出借资金 10 次以上。”

问题 2：小额贷款公司贷款和委托贷款是否属于民间借贷？

根据《中国银行业监督管理委员会、中国人民银行关于小额贷款公司试点的指导意见》（银监发〔2008〕23 号）的规定设立的小额贷款公司，虽不属于中国人民银行或中国银行保险监督管理委员会颁发金融许可证的金融机构，亦具有从事贷款业务的资格，其对应的主管部门通常为地方金融监管部门。在《银行业监督管理法》、《金融许可证管理办法》（2007 年修订）等规范和管理金融机构的法规中，均未明确将小额贷款公司列为“金融机构”的范畴。此外，在《最高人民法院民间借贷司法解释理解与适用》一书中，最高人民法院认为，“虽然小额贷款公司确实非同于一般的工商业企业，是经过政府金融主管部门批准设立监管并持有金融贷款业务经营牌照，专门从事贷款发放的非金融机构法人，但其从本质上看，其尚不属于正规金融机构的范畴”。[①] 但需要注意的是，在中国人民银行发布的《金融机构编码规范》中又将小额贷款公司列为“金融机构”。因此，小额贷款公司是否属于金融机构，其发放的贷款是否适用《民间借贷司法解释》，目前尚存在一定争议。

委托贷款系首次规定于《贷款通则》，其产生于企业之间的借贷无效的时代背景，为了规范和引导其健康有序发展，故在企业之间的贷款关系中引入了

① 《最高人民法院民间借贷司法解释理解与适用》，人民法院出版社 2015 年版。

金融机构作为受托人和贷款人的角色，将原本企业之间的借贷纳入了国家金融监管的范围，从而增强其规范性并有助于国家掌握相关信贷信息。从形式上来看，委托贷款属于金融机构发放的贷款，但委托贷款又区别于传统的金融机构贷款，其放款资金来源于委托人而非受托人，贷款涉及委托人、受托人和借款人三方主体，贷款本息收入归属于委托人而非受托人，相应的风险亦由委托人而非受托人承担。因此从实质上来看委托贷款更符合民间借贷的特征。司法实践中，对于委托贷款性质的认定也存在不同的裁判观点。

案例 A：某银行大连分行与中裕公司、李某等金融借款合同纠纷案中，最高人民法院作出（2015）民二终字第 420 号判决，认为："委托贷款关系中存在三方当事人，即委托人、银行和借款人，三方之间的委托贷款关系由两种具体的法律关系所构成，即委托人与银行之间的委托关系，以及银行与借款人之间的借贷关系。虽然委托贷款协议的具体内容实际上是由委托人和借款人事先协商确定，但一旦双方采取委托贷款形式，该法律关系即因银行的加入而被纳入了国家金融监管的范围，其性质亦不再是当事人双方之间的企业借贷关系。因此，原审法院认定吉林银行大连分行与中裕公司之间系金融借款关系，而非企业借贷关系，符合法律规定，并无不当"。

案例 B：长富基金与中森华房地产公司、中森华投资公司等合同纠纷案中，最高人民法院作出（2016）最高法民终 124 号判决，认为："本案中，长富基金、某银行武汉分行与中森华房地产公司三方签订《委托贷款合同》，由长富基金提供资金，某银行武汉分行根据长富基金确定的借款人、用途、金额、币种、期限、利率等代为发放、协助监督使用并收回贷款，某银行武汉分行收取代理委托贷款手续费，并不承担信用风险，实质是长富基金与中森华房地产公司之间的民间借贷，委托贷款合同的效力和长富基金与中森华房地产公司之间约定的权利义务内容均应受相关民间借贷的法律、法规和司法解释的规制"。

笔者认为，委托贷款具有民间借贷和金融借款的双重属性。委托贷款本质上属于民间借贷，其利率等贷款要素应符合《民间借贷司法解释》的规定，同时在操作流程中要符合金融借款合法合规性程序审核的要求。

二、谁动了我的奶酪——借款本金数额的确定

《民法典》第六百六十八条规定：“借款合同应当采用书面形式，但是自然人之间借款另有约定的除外。借款合同的内容一般包括借款种类、币种、用途、数额、利率、期限和还款方式等条款”。《民间借贷司法解释》第二十七条规定：“借据、收据、欠条等债权凭证载明的借款金额，一般认定为本金。预先在本金中扣除利息的，人民法院应当将实际出借的金额认定为本金。”原则上来说，出借人和借款人签署书面借款合同或者出具借据、借条、收据等债权凭证，即可视为双方当事人对就借款事宜包括具体借款本金数额达成合意，双方当事人应按照其签署确认的内容履约。

然而在实践中书面借款合同或其他书面债权凭证上记载的借款本金数额与借款人实际收到的款项不一致的情况时有发生，存在如何认定实际借款本金数额的问题，具体可能存在以下几种情形：

（一）出借人主张实际发放的借款多于债权凭证上记载的借款本金数额

根据《民事诉讼法》第六十五条规定：“当事人对自己提出的主张应当及时提供证据”，出借人对于其主张的借款本金数额应当提供相应的证据，如可以通过提供相应的汇款凭证、银行转账记录等证明其已实际发放的借款本金数额。实践中出现争议较多的情形是出借人主张部分借款款项系采用现金支付形式，而未有银行转账记录或其他直接证据证明已实际支付相关款项。对于此种情形，如出借人为金融机构或小额贷款公司，通过银行汇款、转账方式发放贷款应属于交易惯例，采用现金支付形式属于特例，因此除非出借人有充分的证据证明部分款项确系已通过现金形式进行发放，否则应当以书面借款合同或其他书面债权凭证上记载的借款本金数额为准。如出借人非金融机构或小额贷款公司，实践中确实存在采用现金交付的形式，这种交付形式尤其是在自然人之间的借款中更为普遍。此种情形下，仍应由出借人承担相应的举证责任，在无银行汇款、转账记录等直接证据的情况下，仍然可以根据间接证据、同时结合具体的

借贷金额、双方的交易习惯以及相关的证人证言等因素综合认定具体的借款本金数额。①

（二）借款人主张实际收到的借款少于债权凭证上记载的借款本金数额

实践中导致上述差额的原因常见有以下几种情形：

1. 出借人预先扣除对应的借款利息

部分出借人利用其优势地位以及借款人急需资金的心理，对借款人科以不公平的条件，在向借款人出借资金时提前扣除借款期间相应的利息，即“砍头息”。根据《民法典》第六百七十条“借款的利息不得预先在本金中扣除。利息预先在本金中扣除的，应当按照实际借款数额返还借款并计算利息”以及《民间借贷司法解释》第二十七条“预先在本金中扣除利息的，人民法院应当将实际出借的金额认定为本金”之规定，无论是金融机构贷款还是民间借贷，出借人预先在本金中扣除利息的，均应当以借款人实际收到的借款数额作为借款本金。

2. 第三方预先扣除相关费用

在金融机构贷款中，可能存在为金融机构提供助贷服务的第三方机构，贷款过程中该等机构可能会向借款人收取一定的服务费，具体收费模式通常包括期初一次性收取和分期收取。对于第三方期初预先扣除的相关费用，在认定借款本金时是否应当扣除，目前并无法律法规对此进行明确规定。

笔者认为，仅从法理分析而言，第三方机构收取的服务费与出借人收取的利息本质上存在差异，该等服务费系第三方机构为借款人借款提供具体的服务而收取的费用，其性质并非借款合同项下的利息。第三方机构期初一次性收取服务费仅为服务费的一种支付方式，从出借人发放的借款金额中扣收或者借款人收到借款后另行支付均属于服务费的具体支付方式，不应影响对于借款本金数额的认定。但是，对于一些在谈判地位、认识水平方面处于弱势地位的借款人而言，确实存在第三方服务费影响判断或侵害实质公平的可能性。例如，由

---

① 《最高人民法院民间借贷司法解释理解与适用》，人民法院出版社 2015 年版。

贷款人的关联方，尤其是非持牌关联方作为第三方收取不对应实质服务的“服务费”，以变相收取“砍头息”。为进一步规范该等业务，《关于规范整顿“现金贷”业务的通知》（整治办函〔2017〕141号，以下简称《现金贷通知》）第三条第三项明确规定：“银行业金融机构与第三方机构合作开展贷款业务的……应要求并保证第三方合作机构不得向借款人收取息费。”因此，与银行业金融机构合作开展贷款业务的第三方合作机构不得再向借款人收取服务费，而可以向贷款人收取服务费。

三、效率与正义的平衡——借款期限利益

借款合同中借款期限条款既决定了借款人能够使用资金的时间长短，也决定了出借人预期可以收回该等资金的时间，在有息借款中该期限的长短通常也会影响到借款利息的高低。

（一）借款期限的确定

《民法典》第六百七十五条规定：“借款人应当按照约定的期限返还借款。对借款期限没有约定或者约定不明确，依据本法第五百一十条的规定仍不能确定的，借款人可以随时返还；贷款人可以催告借款人在合理期限内返还。”借款合同属于民事法律关系，意思自治原则是民法的基本原则之一。因此，对于借款期限的确定首先应当遵循当事人的自由约定。如果出借人和借款人在借款合同中明确约定了借款期限，则借款人应当在约定的借款期限届至时履行其偿还借款本金的义务，在约定利息的情况下还应当支付相应的利息。如果借款合同中对于借款期限没有约定或者约定不明确的，根据《民法典》的上述规定，应当按照《民法典》第五百一十条“合同生效后，当事人就质量、价款或者报酬、履行地点等内容没有约定或者约定不明确的，可以协议补充；不能达成补充协议的，按照合同有关条款或者交易习惯确定”之规定进行确定。如果按照《民法典》第五百一十条规定仍不能确定借款期限的，则根据《民法典》第六百七十五条的规定，借款人可以随时还款，出借人也可以催告借款人在合理期限内还款。

（二）是否允许提前还款

双方在借款合同中明确约定了借款期限但未就是否允许提前还款进行约定的情形下，借款人是否可以提前还款呢？《民法典》中第三编第二分编“借款合同”章节中并未直接规定在约定了借款期限的情况下借款人是否可以提前还款，但在第三编第一分编通则部分第五百三十条规定“债权人可以拒绝债务人提前履行债务，但是提前履行不损害债权人利益的除外。债务人提前履行债务给债权人增加的费用，由债务人负担”。根据上述规定，原则上不允许借款人提前还款，允许提前还款的例外为提前还款不损害出借人的利益或者经出借人同意。经出借人同意是客观事实认定而不属于论述范畴，以下分析提前还款是否会损害出借人的利益。

1. 民间借贷

民间借贷，根据出借人是否收取利息又可以划分为无息借款和有息借款。

对于无息借款而言，由于借款人仅负有偿还本金的义务，而无须支付利息，此时借款期限仅为借款人的利益而设。借款人提前还款，相当于借款人放弃了其享有的期限利益。允许借款人提前还款对于出借人而言并无不利，反而因及时收回了借款本金而保障了资金安全。因此，在无息借款中应当允许借款人提前还款。

对于有息借款而言，借款人除需向出借人偿还借款本金外，还需要按照一定的利率支付一定的利息，而利率通常与借款期限挂钩。此时，借款期限一方面既决定了借款人使用资金的时间，另一方面也影响出借人能够收到的利息数额。因此，在有息借款中，借款期限条款并非单纯为借款人利益而设置，同时也是为了保护出借人的利益而存在，情况比无息借款复杂。笔者认为，民间借贷的有息借款中，除当事人另有约定外，应当允许借款人提前还款，理由如下：首先，借款人借款的目的系出于周转资金或者将借款资金用于投资或者生产经营，如借款人后续资金充裕或者投资、经营活动的回报率低于其需要向出借人支付的利息，则对借款人而言继续使用出借人的借款资金是不经济的。其次，从出借人的角度出发，由于出借人并非专门从事放贷业务的主体，其并非以获取利息作为其主要收入来源，资金的安全性和及时回收是出借人关注的重点，允许借款人提前还款可以保证借款本金的及时收回，对出借人并无不利。最后，如果由于不允许提前还款而导致该等借款资金未能用于最能够产生经济效益的活动中，社会整体福利并未增加，未能实现资金的效用最大化。而允许借款人随时还款，可以降低借款人的融资成本，提前“止损”；出借人亦可以利用该等资金重新投入生产经营活动中。《民间借贷司法解释》第三十一条中也已明确规定借款人可以提前还款，除非当事人另有约定。对于提前还款情况下，借款利息的计算，根据《民法典》第六百七十七条和《民间借贷司法解释》第三十一条之规定，除非当事人另有约定，否则应当按照实际借款期间而非借款合同约定的原借款期限计算利息。

2. 金融机构贷款

对于金融机构贷款，由于金融机构属于专门经营贷款业务的营业性机构，如果允许借款人提前还款将会打乱金融机构对于借款的原有安排，使金融机构无法收回按照借款合同约定的借款期限计算的借款利息，因此金融机构通常不允许借款人不经出借人同意而任意提前还款。《贷款通则》第三十二条第五款规定：“借款人提前归还贷款，应当与贷款人协商。”对于借款人提前还款的，金融机构通常向借款人收取一定的提前还款手续费或者仍按照借款合同中约定的借款期限收取利息，如中国人民银行颁布的《人民币利率管理规定》（银发〔1999〕77 号）第二十六条规定：“借款人在借款合同到期日之前归还借款时，贷款人有权按原贷款合同向借款人收取利息。”

笔者认为，无论是借款期限的确定，以及在借款期限确定的前提下是否允许提前还款，都需要考虑到不同情形下期限利益究竟属于何方的期限利益，而规则和制度的设计旨在平衡出借人和借款人之间的利益，同时还需考虑社会整体效用的最大化。

四、自由的边界

（一）借款利率

1. 民间借贷借款利率

一直以来对于民间借贷利率，究竟是由国家进行统一规制还是完全放任交由市场主体自主确定，理论界存在不同的观点。笔者认为，由国家对民间借贷利率统一进行规制的好处在于可以有效防止民间借贷中的高利贷行为以及由此而衍生出的暴力催债、恶意逃债等问题，进而维护社会的整体稳定；而由借贷双方自行确定借款利率，在理论的理想环境中可以实现资源的有效配置，却忽略了民间借贷中出借人和借款人之间地位和谈判实力的不对等而可能造成的不公平结果。由国家对借款利率进行统一规制，可以更好地引导和规范民间借贷市场健康发展。

目前我国的监管体系即采纳了统一规制的观点。《民法典》第六百八十条规定："禁止高利放贷，借款的利率不得违反国家有关规定"。随着最高人民法院 2020 年新修订的《民间借贷司法解释》施行，自 2020 年 8 月 20 日起，民间借贷利率司法保护上限由原来的"两线三区"正式调整为"合同成立时一年期贷款市场报价利率四倍"（以下简称"四倍 LPR"）的司法保护上限。具体来说，原《民间借贷司法解释》第二十六条规定："借贷双方约定的利率未超过年利率 24%，出借人请求借款人按照约定的利率支付利息的，人民法院应予支持。借贷双方约定的利率超过年利率 36%，超过部分的利息约定无效。借款人请求出借人返还已支付的超过年利率 36% 部分的利息的，人民法院应予支持"。就上述规定来看，此前司法机关就民间借贷借款利率设置了"两条线"——24% 和 36%，"三区"则是：

借款利率超过 36% 以上的部分为绝对禁止，司法机关将高于 36% 以上的利率部分直接认定为无效，如果借款人已实际支付超过 36% 以上的利息，借款人可依据不当得利请求出借人予以返还；借款利率超过 24% 以上低于 36% 的这部分利息属于自然债务，受到司法的相对保护；借款利率低于 24% 的利息为司法绝对保护的范畴，在借款人未按时足额支付该等利息的情形下出借人可申请司法强制执行。2020 年新修订的《民间借贷司法解释》将民间借贷利率司法保护上限调减为四倍 LPR，并且溯及既往，其中第二十六条规定："出借人请求借款人按照合同约定利率支付利息的，人民法院应予支持，但是双方约定的利率超过合同成立时一年期贷款市场报价利率四倍的除外。前款所称'一年期贷款市场报价利率'，是指中国人民银行授权全国银行间同业拆借中心自 2019 年 8 月 20 日起每月发布的一年期贷款市场报价利率"；第三十二条规定："借贷行为发生在2019年8月20日之前的，可参照原告起诉时一年期贷款市场报价利率四倍确定受保护的利率上限”。

需要注意的是上述“四倍LPR”所涵盖的息费范围和算法。《民间借贷司法解释》第三十条规定：“出借人与借款人既约定了逾期利率，又约定了违约金或者其他费用，出借人可以选择主张逾期利息、违约金或者其他费用，也可以一并主张，但是总计超过合同成立时一年期贷款市场报价利率四倍的部分，人民法院不予支持。”《现金贷通知》第一条第二项规定：“各类机构以利率和各种费用形式对借款人收取的综合资金成本应符合最高人民法院关于民间借贷利率的规定，禁止发放或撮合违反法律有关利率规定的贷款。各类机构向借款人收取的综合资金成本应统一折算为年化形式，各项贷款条件以及逾期处理等信息应在事前全面、公开披露，向借款人提示相关风险。”因此，无论是出借人直接向借款人收取的利息、逾期利息、违约金或其他费用，还是其他第三方机构向借款人收取的各类手续费、服务费等费用，应当统一折算为综合年化形式加总计算和披露。但在讨论司法保护上限时，利率计算方法是以总利息除以初始本金的名义利率为准，还是以考虑还本时间的实际利率为准（即业内常说的APR算法还是IRR算法），并无明确、统一的说法，司法裁判中也是两种算法的案例皆有，有待最高人民法院予以进一步明确。

2. 金融机构贷款利率

由于金融机构贷款属于金融业务，关系着金融秩序的稳定和国计民生，我国对于金融机构的贷款利率曾实行严格的管制，设置了严格的上下限。近年来随着市场经济的发展和金融市场化改革的展开，中国人民银行逐步放开了对于金融机构贷款利率的限制，以推动利率市场化改革。因此，从现行监管规则来说，与民间借贷利率由国家进行严格管制不同，金融机构贷款利率完全放开，具体利率可由金融机构自主确定。

需要注意的是，在原《民间借贷司法解释》的背景下，《最高人民法院印发〈关于进一步加强金融审判工作的若干意见〉的通知》（法发〔2017〕22号）第二条第二款规定：“严格依法规制高利贷，有效降低实体经济的融资成本。金融借款合同的借款人以贷款人同时主张的利息、复利、罚息、违约金和其他费用过高，显著背离实际损失为由，请求对总计超过年利率24%的部分予以调减的，应予支持，以有效降低实体经济的融资成本……”根据上述审判指导意见，金融机构贷款利率如超过24%，超出部分的利息存在不被司法保护的风险。虽然最高人民法院的上述审判指导意见并非司法解释，但是对于各级法院的审判工作具有很强的指导意义，在司法审判实践中，部分法院在审理金融机构贷款纠纷时，仍会遵循最高人民法院上述审判指导意见的精神，将金融机构贷款利率参照适用民间借贷利率的相关规定，对于金融机构贷款利率超过司法保护上限的部分不予保护。

案例：最高人民法院在山西柳林宏盛聚德煤业有限公司、山西宏盛能源开发投资集团有限公司金融借款合同纠纷一案［（2017）最高法民终927号］中认为：“本案中华融信托公司属于非银行业金融机构。虽然非银行业金融机构借贷与民间借贷不同，且非银行业金融机构借贷的利息、复利、罚息、违约金、其他费用等总计融资成本的最高限制并无明确的法律规定。但就金融在市场经济中的定位而论，金融应为实体经济服务，促进资金这一生产要素在各产业和企业之间良性流动，并分享实体经济发展中创造的价值。按照金融借贷与民间借贷的市场定位和风险与利益一致的市场法则，金融借贷利率不应高于民间借贷的利率，故金融机构的融资费用上限亦应参照适用《最高人民法院关于审理民间借贷案件适用法律若干问题的规定》的民间借贷利率上限即年利率24%，这也符合2017年8月9日印发的《最高人民法院关于进一步加强金融审判工作的若干意见》第二条的司法指导意见精神。”

最高人民法院在2019年11月8日发布的《全国法院民商事审判工作会议纪要》（法〔2019〕254号，即“九民会议纪要”）中提及“人民法院在审理借款合同纠纷案件过程中，要根据防范化解重大金融风险、金融服务实体经济、降低融资成本的精神，区别对待金融借贷与民间借贷，并适用不同规则与利率标准”。因此，根据九民会议纪要的上述意见，金融机构贷款目前并不直接适用或当然参照民间借贷的规定，而应与民间借贷得到区别对待。但是，这并非可以推论出金融机构贷款的利率司法保护上限可以高于民间借贷利率司法保护上限，或不受民间借贷利率司法保护上限调整的影响。在前述案例中，最高人民法院认为，“按照金融借贷与民间借贷的市场定位和风险与利益一致的市场法则，金融借贷利率不应高于民间借贷的利率”，故金融借贷的利率司法保护上限可能随民间借贷利率的司法保护上限降低而进一步降低。在新修订的《民间借贷司法解释》发布并施行之后，已经出现了将金融借贷的利率参照适用《民间借贷司法解释》的司法判例，如浙江省温州市瓯海区人民法院于2020年8月27日在原告某银行温州分行与被告洪某金融借款纠纷一案中［（2020）浙0304民初3808号］，判决某银行温州分行与洪某之间的金融借款合同按照原告起诉时一年期贷款市场报价利率的四倍调减被告洪某应偿付的逾期利息数额，引起了市场的广泛关注和热烈讨论。因此，虽然目前未有相关法律法规对于金融机构贷款利率作出限制性规定，但是从司法实践的角度而言，金融机构贷款利率不建议设置过高，否则仍存在被司法机关按照民间借贷利率司法保护上限进行调减的风险。

（二）罚息

1. 民间借贷逾期利率

对于民间借贷中借款人逾期还款情况下按照何种标准支付逾期利息，《民间借贷司法解释》已作出明确规定，其中第二十九条规定：“借贷双方对逾期利率有约定的，从其约定，但是以不超过合同成立时一年期贷款市场报价利率四倍为限。未约定逾期利率或者约定不明的，人民法院可以区分不同情况处理：（一）既未约定借期内利率，也未约定逾期利率，出借人主张借款人自逾期还款之日起承担逾期还款违约责任的，人民法院应予支持；（二）约定了借期内利率但是未约定逾期利率，出借人主张借款人自逾期还款之日起按照借期内利率支付资金占用期间利息的，人民法院应予支持”；第三十条规定：“出借人与借款人既约定了逾期利率，又约定了违约金或者其他费用，出借人可以选择主张逾期利息、违约金或者其他费用，也可以一并主张，但是总计超过合同成立时一年期贷款市场报价利率四倍的部分，人民法院不予支持”。

根据上述规定，民间借贷逾期利率仍遵循当事人约定优先原则，但同时需遵循借款利率不超过四倍LPR的限制，在出借人同时主张逾期利息和违约金的情况下，逾期利息和违约金总计不得超过前述限制；在当事人未作约定的情况下，法院支持的逾期利率水平区分有息借款和无息借款而有所差别，有息借款中的出借人可以主张按照约定的借款利率计算逾期利率，而无息借款中的出借人可主张借款人承担违约责任，但具体违约金的计算方式并未在《民间借贷司法解释》中予以明确。

2. 金融机构贷款罚息利率

关于金融机构贷款罚息利率主要规定在《中国人民银行关于人民币贷款利率有关问题的通知》，其中第三条规定："关于罚息利率问题。逾期贷款（借款人未按合同约定日期还款的借款）罚息利率由现行按日万分之二点一计收利息，改为在借款合同载明的贷款利率水平上加收30% -50%；借款人未按合同约定用途使用借款的罚息利率，由现行按日万分之五计收利息，改为在借款合同载明的贷款利率水平上加收50% -100%。对逾期或未按合同约定用途使用借款的贷款，从逾期或未按合同约定用途使用贷款之日起，按罚息利率计收利息，直至清偿本息为止。对不能按时支付的利息，按罚息利率计收复利。"根据上述规定，金融机构在借款人逾期后基于原贷款利率水平上加收利息，同时对于逾期的利息，金融机构还有权收取复利，具有一定的惩罚性。这在一定程度上加大了借款人的逾期成本，也体现了金融机构对于借款人逾期的容忍度较低。需要提示的是，因"复利"系将逾期未偿利息结转与未偿本金共同作为计息基础计息，因此如计算复利，应在合同中明确约定付息周期即利息的结转周期。在约定不明的情况下，按日将逾期未偿利息结转计算复利和按年将逾期未偿利息结转计算复利，计算出的利息将有所不同。

五、结语

金融机构贷款和民间借贷均属于我国多层次金融市场的有机组成部分，金融机构具备专业性和规模优势，而民间借贷天然具备金融机构没有的地域性和亲缘性优势，二者的并存可以满足市场上不同借款人的资金需求，从而引导资金的有效流动。从市场角度，无论是金融机构贷款还是民间借贷，都属于市场自由行为，关于贷款的具体内容设定可由借贷双方自行约定。但该等市场行为的自由并非毫无限制，为了维护国家金融秩序，需要在当事人意思自治的前提下进行一定程度的规制，以确保借贷行为的规范化和有序进行，从而维护国家金融秩序。

金融业垄断行为概述、典型案例及合规启示

鲍治 温国权*

一、金融业垄断行为概述

金融业是国民经济的核心产业和重要组成部分。金融业本质上是竞争性服务业，具有实现资源有效配置、管理风险和提供金融服务等重要职能。① 金融业的范围比较广泛，主要包括银行业、保险业、信托业、证券业和租赁业等。

毋庸置疑，《反垄断法》适用于金融业。与其他行业相比，金融业垄断行为具有自身特殊性，主要表现为横向垄断协议和滥用市场支配地位行为。金融业横向垄断协议主要表现为固定或者变更费率和费用，金融业滥用市场支配地位行为主要表现为不公平收费、拒绝交易、搭售与差别待遇等。金融业中，银行业和保险业的垄断行为问题表现得更为突出。

二、金融业垄断行为典型案例

（一）重庆西部破产清算有限公司诉中国建设银行股份有限公司重庆南坪支行垄断纠纷案②

2008 年 9 月 1 日，重庆西部破产清算有限公司（后更名为重庆玺升企业策

---

* 鲍治，奋迅·贝克麦坚时联营办公室，合伙人；温国权，北京市奋迅律师事务所，律师。

① 参见《继续扩大金融业开放，推动经济高质量发展——中国人民银行行长易纲在中国发展高层论坛的讲话》，http：//www. pbc. gov. cn/goutongjiaoliu/113456/113469/3792841/index. html，最后访问时间：2019 年 12 月 9 日。

② 参见《重庆法院受理“银行业反垄断第一案”》，http：//www. china. com. cn/law/txt/2008 -09/10/content_ 16426490. htm，最后访问时间：2019 年 12 月 9 日。

划有限公司，以下简称“西部公司”）在公司银行账户还有 11 余万元的情况下，被中国建设银行股份有限公司重庆南坪支行（以下简称“建设银行重庆南坪支行”）告知因没有缴纳账户管理费不能取款。西部公司遂以拒绝交易、强制收费等理由向重庆市第五中级人民法院起诉建设银行重庆南坪支行违反《反垄断法》。

原告西部公司称，被告建设银行重庆南坪支行涉嫌滥用市场支配地位，实施拒绝交易、强制收取账户管理费和强制收取服务费等行为，已经违反《反垄断法》第十七条的有关规定。而被告建设银行重庆南坪支行称，收费标准由总行制定，并向原银监会进行了报备，收费合法；因原告西部公司不缴纳账户管理费而拒绝其取款等情况并非事实。最终，该案因原告西部公司与被告建设银行重庆南坪支行达成和解向法院撤诉而终结。

该案是《反垄断法》自 2008 年 8 月 1 日实施以来，国内银行业遭遇的第一例反垄断诉讼案件，被业内称为“银行业反垄断第一案”。虽然该案从起诉至撤诉仅持续 1 个多月，没有进入实体审理阶段，但是该案针对的银行业垄断行为引发社会强烈关注。该案成为后续消费者与银行业金融机构之间垄断纠纷案件的缩影，也折射出《反垄断法》开始成为规制银行业垄断行为的新选择。

（二）中国农业银行股份有限公司内蒙古分行涉嫌滥用市场支配地位行为案①

2018 年 2 月 8 日，原国家工商行政管理总局发布《中国农业银行股份有限公司内蒙古自治区分行涉嫌滥用市场支配地位行为案中止调查决定书》。

根据该案中止调查决定书，2013 年 11 月 7 日至 2015 年 12 月 31 日，中国农业银行股份有限公司内蒙古分行（以下简称“农业银行内蒙古分行”）是内蒙古自治区唯一一家开展“金融扶贫富民工程”贷款的金融机构，涉嫌具有内蒙古自治区“金融扶贫富民工程”贷款业务市场支配地位。农业银行内蒙古分

---

① 参见《竞争执法公告 2018 年第 4 号 中国农业银行股份有限公司内蒙古自治区分行涉嫌滥用市场支配地位行为案中止调查决定书》，http：//www. samr. gov. cn/fldj/tzgg/xzcf/201802/t20180208_ 301596. html，最后访问时间：2019 年 12 月 9 日。

行的分支机构在开展“金融扶贫富民工程”贷款时，要求贷款农牧户必须购买人身意外伤害保险，否则不予发放贷款，该行为涉嫌违反《反垄断法》第十七条的规定。

经内蒙古自治区原工商行政管理局调查后，农业银行内蒙古分行承认要求贷款农牧户必须购买人身意外险才予以发放贷款的事实，认识到其行为对“金融扶贫富民工程”贷款市场竞争秩序产生了不良影响，涉嫌滥用了市场支配地位，并且于 2016 年 10 月 10 日召开全区农行视频会议，要求下属支行停止办理农牧户贷款代理保险业务，采取退还保费、建立农牧户阳光办贷卡制度等措施积极进行整改，同时采取有效措施消除其涉嫌垄断行为产生的后果，包括但不限于开展专项检查、研究引入保险机制的新做法、加强普法学习及开展消费者权益保护专项制度清理，保证今后发放农牧户贷款时，一律不得强制农牧民办理人身意外伤害保险，不得附加不合理的交易条件等，合法守规经营。完成整改后，农业银行内蒙古分行依法向内蒙古自治区原工商行政管理局申请中止调查。考虑到农业银行内蒙古分行在案件调查过程中能够配合调查，对其涉嫌滥用市场支配地位行为及其造成的危害后果认识比较深刻，其承诺的整改措施能够消除其行为所造成的影响，内蒙古自治区原工商行政管理局于 2018 年 1 月 8 日对该案作出中止调查决定，并于 2018 年 8 月 10 日对该案作出终止调查决定。

自《反垄断法》实施以来，与其他行业相比，反垄断执法机构对银行业垄断行为立案查处的案件较少。该案是反垄断执法机构发布的针对银行业金融机构涉嫌滥用市场支配地位行为进行查处的第一案。该案也反映出，在某些情况下，银行业金融机构在经营活动中可能具有市场支配地位，而滥用市场支配地位可能违反《反垄断法》。

（三）湖南省保险行业垄断协议案

2013 年 7 月 29 日，原国家工商行政管理总局发布湖南省保险行业垄断协议案系列行政处罚决定书，包括永州[①]、张家界[②]、常德[③]和郴州[④]四市保险行业协会组织本行业经营者从事垄断协议案。

调查结果查明，2006 年以来，永州、张家界、常德和郴州四市保险行业协会组织相关保险企业达成《新车保险服务中心合作协议》（以下简称《合作协议》）等垄断协议，成立新车保险服务中心，并以新车保险服务中心为平台，组织实施《合作协议》，实施划分新车保险市场的行为，违反了《反垄断法》第十三条第一款第三项和第十六条等规定。湖南省原工商行政管理局依法分别对永州、张家界、常德和郴州四市保险行业协会组织相关保险企业达成垄断协议、划分新车保险市场的行为作出责令停止违法行为和罚款的行政处罚，共处罚款 170 万元。

该案来源于媒体报道与投诉，是市场监督管理部门查处的第一起保险业垄断行为，此后浙江、湖北、江西、广西和新疆等地也相继查处了保险业垄断行为。保险行业垄断行为集中表现为横向垄断协议，特别是保险行业协会组织相关保险企业达成并实施横向垄断协议。

（四）浙江省保险行业垄断协议案[⑤]

2014 年 9 月 2 日，国家发展和改革委员会（以下简称“国家发改委”）发布浙江省保险行业垄断协议案系列行政处罚决定书，依法对浙江省保险行业协

---

① 参见《竞争执法公告 2013 年第 5 号 湖南省永州市保险行业协会组织本行业经营者从事垄断协议案》，http：//www. samr. gov. cn/fldj/tzgg/xzcf/201703/t20170309_ 301536. html，最后访问时间：2019 年 12 月 10 日。

② 参见《竞争执法公告 2013 年第 6 号 湖南省张家界市保险行业协会组织本行业经营者从事垄断协议案》，http：//www. samr. gov. cn/fldj/tzgg/xzcf/201703/t20170309_ 301537. html，最后访问时间：2019 年 12 月 10 日。

③ 参见《竞争执法公告 2013 年第 7 号 湖南省常德市保险行业协会组织本行业经营者从事垄断协议案》，http：//www. samr. gov. cn/fldj/tzgg/xzcf/201703/t20170309_ 301538. html，最后访问时间：2019 年 12 月 10 日。

④ 参见《竞争执法公告 2013 年第 8 号 湖南省郴州市保险行业协会组织本行业经营者从事垄断协议案》，http：//www. samr. gov. cn/fldj/tzgg/xzcf/201703/t20170309_ 301539. html，最后访问时间：2019 年 12 月 10 日。

⑤ 参见《国家发展和改革委员会行政处罚决定书》（发改办价监处罚〔2013〕7 号至发改办价监处罚〔2013〕29 号），http：//www. ndrc. gov. cn/fzgggz/jgjdyfld/fjgld/index_ 4. html，最后访问时间：2019 年 12 月 10 日。

会及23家省级财产保险公司涉嫌达成并实施价格垄断协议予以处罚。

调查结果查明，2009年以来，浙江省保险行业协会组织浙江省内32家省级财产保险公司多次集体开会、磋商，通过对《浙江省机动车辆保险行业自律公约》及其《实施细则》进行讨论修订，达成、实施固定、变更机动车商业保险费率及代理手续费的横向价格垄断协议，违反了《反垄断法》第十三条第一款第三项和第十六条等规定。

其中，浙江省保险行业协会组织达成、实施固定商业车险费率的协议和组织达成、实施固定、变更商业车险代理手续费的协议；23家省级财产保险公司参与达成、实施固定商业车险费率的协议和参与达成、实施固定、变更商业车险代理手续费的协议；国家发改委依法对负主要责任的浙江省保险行业协会处以50万元的最高额罚款，对负次要责任的涉案财产保险公司处以上一年度商业车险销售额1%的罚款，共计1.1亿多元。

鉴于美国利宝保险有限公司浙江分公司、日本爱和谊日生同和财产保险浙江分公司、浙商财产保险浙江分公司等9家企业未参与达成、实施垄断协议，国家发改委依法对其停止调查。因中国人民财产保险浙江分公司、中国人寿财产保险浙江分公司和中国平安财产保险浙江分公司先后主动报告达成价格垄断协议的有关情况并提供重要证据，国家发改委依法对其免除或减轻罚款。

与国家发改委调查处理的绝大部分案件相似，该案也是来源于举报。该案是国家发改委直接查处的第一起保险行业的横向垄断协议案件，也是保险行业涉案金额最大的横向垄断协议案件。与上述湖南省保险行业垄断协议案相似，车险领域的横向垄断协议案件成为保险行业的突出垄断行为和重点查处对象。

三、金融业反垄断合规启示

为鼓励经营者培育公平竞争的合规文化，建立反垄断合规管理制度，提高对垄断违法行为的认识，防范反垄断合规风险，保障经营者持续健康发展，国家市场监督管理总局于2019年11月28日发布了《经营者反垄断合规指南（公开征求意见稿)》[①]，主要对经营者反垄断合规管理制度、合规风险重点、合规风险管理和合规管理保障等内容作出一般性指引。

建立和健全反垄断合规制度，预防和降低反垄断合规风险，对金融业经营者，特别是行业领先企业和大型企业，意义重大。为此，笔者提出如下原则性建议：

（一）建立健全反垄断合规管理体系

金融业经营者可以根据自身实际情况，建立健全反垄断合规管理体系，包括但不限于反垄断合规制度建设、组织建设和文化建设；建立健全反垄断合规制度和高级别的反垄断合规管理机构，加强竞争合规管理团队建设；培养反垄断合规意识和合规文化，有效识别、预防和控制反垄断合规风险。

（二）落实反垄断合规要求，规范业务经营行为

金融业经营者可以结合金融行业特点和业务实际情况，建立健全反垄断合规业务审核机制，重点审核可能产生反垄断合规风险的业务经营行为；高度重视对企业重大经营决策、拟签订的重要协议、不合理收费行为等进行反垄断合规审核；开展反垄断合规专项检查，对可能存在反垄断合规风险的商业性行为进行重点评估；对金融行业协会组织实施的涉嫌垄断行为保持高度警惕。

（三）注重外部法律顾问，降低反垄断合规风险

反垄断合规风险通常取决于经营者的企业规模、市场地位和经营行为等因素，识别、预防和处置反垄断合规风险，具有较强的专业性和复杂性。金融业经营者可以根据自身实际情况，聘请外部专业法律顾问，协助组织实施反垄断法律法规的学习和培训，建立健全反垄断合规管理制度和反垄断合规管理机构，审核评估经营管理和业务行为；制定反垄断合规手册和准则，评估反垄断制度执行的有效性和必要时配合反垄断调查等。

---

① 参见市场监管总局关于就《经营者反垄断合规指南（公开征求意见稿）公开征求意见的公告》，http：//www. samr. gov. cn/hd/zjdc/201911/t20191128_ 308890. html，最后访问时间：2019 年 12 月 12 日。

第七章

绿色金融及其他

绿色债券的中国监管框架及市场发展与实践

贺园丁 刘怡畅*

绿色金融作为当代金融发展的一个新趋势，是目前全球金融界一个热议的话题。我国虽然在绿色金融领域起步比较晚，但是发展速度很快，尤其是绿色债券产品。无论是从法律制度层面还是实践操作领域来看，在目前我国推出的各类绿色金融产品中，绿色债券已是发展较为成熟的产品，正成为重要的融资渠道。因此，了解绿色债券在我国的监管框架及市场发展与实践对于推动绿色信贷、绿色基金等多个绿色产品的发展具有非常重要的意义。本文即旨在对绿色债券在中国的监管框架及市场实践进行简要介绍。

一、何为绿色债券?

目前，由于我国境内债券市场的划分，不同类型的债券的监管机构对绿色债券的定义不完全相同。参考国际资本市场协会（International Capital Market Association，以下简称“ICMA”）发布的2018年版《绿色债券原则》（Green Bond Principles，以下简称《绿色债券原则》）[①] 中对绿色债券的定义[②]并综合我国不同的监管机构关于各类绿色债券品种的界定，笔者认为可将绿色债券定义为：绿色债券是指募集资金主要用于支持符合监管要求的合格绿色项目的

---

* 贺园丁，奋迅·贝克麦坚时联营办公室，律师；刘怡畅，北京市奋迅律师事务所，律师。

① 参见 https：//www. icmagroup. org/green - social - and - sustainability - bonds/green - bond - principles - gbp/，最后访问时间：2019年11月25日。

② 《绿色债券原则》中将绿色债券定义为“绿色债券是将募集资金专用于为新增及/或现有合格绿色项目提供部分/全额融资或再融资的各类型债券工具（详请参阅《绿色债券原则》第1部分：募集资金用途），绿色项目需具备《原则》的四大核心要素。”

债券。

总体而言，与普通债券相比，绿色债券在募集资金用途、拟使用募集资金的绿色项目的筛选、绿色债券募集资金的使用与管理以及存续期内募集资金使用的信息披露四个方面存在特别的要求，这也与ICMA提出的《绿色债券原则》的四大核心要素相一致。

二、绿色债券在中国的产品类型及监管政策框架

（一）中国债券市场上的绿色债券种类及监管机构

根据目前我国绿色债券市场的划分来看，中国境内债券市场上的绿色债券的主要种类及其监管机构如下：

1. 银行间债券市场上发行的绿色金融债、非金融企业绿色债务融资工具。其中，非金融企业绿色债务融资工具具体又包括中期票据、（超）短期融资券、定向债务融资工具、集合票据、资产支持票据等。绿色金融债主要由中国人民银行核准发行并实施监管，非金融企业绿色债务融资工具主要由中国银行间市场交易商协会（以下简称“交易商协会”）注册发行并实施自律管理，参与的投资者主要是商业银行和其他金融机构。

2. 交易所市场上发行的绿色公司债等债券品种，具体又包括面向公众投资者发行的公司债券、面向专业投资者发行的公司债券、面向专业投资者非公开发行的公司债券、可交换公司债券、可转换公司债券、资产支持证券等。绿色公司债的监管机构为中国证监会，并由上海证券交易所、深圳证券交易所及中国证券业协会具体实施自律管理。

3. 国家发展和改革委员会（以下简称“发改委”）注册发行并实施监管的绿色企业债等债券品种，具体又包括项目收益债、专项债券、集合债券等。

（二）中国债券市场上各类绿色债券的监管政策框架

针对上述不同类型的绿色债券的监管，相应地，我国境内监管机构均发布了有关绿色债券的规则和指引并对绿色债券的募集资金用途、拟使用募集资金

的绿色项目的筛选、绿色债券募集资金的使用与管理，以及募集资金使用的信息披露等提出了相应的监管要求，笔者简要梳理总结如下：

		适用的主要监管规则及指引	募集资金用途要求	合格绿色项目的筛选	募集资金的使用与管理	存续期内募集资金使用的信息披露
银行间债券市场	绿色金融债	(1)《银行间债券市场发行绿色金融债券有关事宜公告》（中国人民银行公告〔2015〕第39号）； (2)《关于加强绿色金融债券存续期监督管理有关事宜的通知》（银发〔2018〕29号）； (3)《绿色债券评估认证行为指引（暂行）》（中国人民银行、中国证券监督管理委员会公告〔2017〕第20号）。	募集资金应当用于绿色产业项目	(1) 绿色产业项目范围参考适用中国金融学会绿色金融专业委员会（以下简称“绿金委”）发布的《绿色债券支持项目目录［2015年版］》（以下简称《绿色债券支持项目目录（2015年版）》］； (2) 募集说明书中应当披露募集资金拟投资的绿色产业项目类别、项目筛选标准、项目决策程序和环境效益目标等。	(1) 发行人应当开立专门账户或建立专项台账，对绿色金融债券募集资金的到账、拨付及资金收回加强管理，保证资金专款专用，在债券存续期内全部用于绿色产业项目； (2) 募集说明书中应当披露绿色金融债券募集资金使用计划和管理制度等； (3) 募集资金闲置期间，发行人可以将募集资金投资于非金融企业发行的绿色债券以及具有良好信用等级和市场流动性的货币市场工具。	发行人应当按季度向市场披露募集资金使用情况。发行人应当于每年4月30日前披露上一年度募集资金使用情况的年度报告和专项审计报告，以及本年度第一季度募集资金使用情况，并将上一年度绿色金融债券募集资金使用情况报告中国人民银行。

续表

		适用的主要监管规则及指引	募集资金用途要求	合格绿色项目的筛选	募集资金的使用与管理	存续期内募集资金使用的信息披露
银行间债券市场	非金融企业绿色债务融资工具	(1)《非金融企业绿色债务融资工具业务指引》及配套表格(中国银行间市场交易商协会公告〔2017〕10号); (2)《关于支持绿色金融改革创新试验区发行绿色债务融资工具的通知》(银发〔2019〕116号); (3)《绿色债券评估认证行为指引(暂行)》(中国人民银行、中国证券监督管理委员会公告〔2017〕第20号)。	(1)募集资金可用于绿色项目的建设、运营及补充配套流动资金,或偿还绿色贷款。绿色贷款应是为绿色项目提供的银行贷款或其他金融机构借款; (2)对于绿色金融改革创新试验区内绿色企业注册发行的绿色债务融资工具,可主要用于企业绿色产业领域的业务发展,可不对应到具体绿色项目。	(1)绿色产业项目范围参考适用《绿色债券支持项目目录(2015年版)》; (2)发行人应在注册文件中明确披露绿色项目的具体信息,该信息包括但不限于:(a)绿色项目的基本情况;(b)所指定绿色项目符合相关标准的说明;(c)绿色项目带来的节能减排等环境效益目标。	(1)发行人应设立募集资金监管账户,由资金监管机构对募集资金的到账、存储和划付实施管理,确保募集资金用于绿色项目; (2)发行人应承诺将所募集资金全部用于绿色项目,且符合法律法规和国家政策要求。在绿色债务融资工具存续期内,发行人变更募集资金用途,应至少于变更前五个工作日披露变更公告,变更后的用途仍应符合交易商协会指引的要求。	发行人除按照《银行间债券市场非金融企业债务融资工具信息披露规则》等相关自律规则披露信息外,还应于每年4月30日前披露上一年度募集资金使用和绿色项目进展情况;每年8月31日前,披露本年度上半年募集资金使用和绿色项目进展情况。

续表

	适用的主要监管规则及指引	募集资金用途要求	合格绿色项目的筛选	募集资金的使用与管理	存续期内募集资金使用的信息披露
交易所债券市场绿色公司债	(1)《关于支持绿色债券发展的指导意见》(中国证券监督管理委员会公告〔2017〕6号); (2)上海证券交易所和深圳证券交易所分别发布的《关于开展绿色公司债券试点的通知》(上证发〔2016〕13号及深证〔2016〕206号); (3)《绿色债券评估认证行为指引(暂行)》(中国人民银行、中国证券监督管理委员会公告〔2017〕第20号)。	(1)募集的资金可以用于绿色产业项目的建设、运营、收购,或偿还绿色产业项目的银行贷款等债务; (2)满足一定财务指标的公司,可不对应具体绿色项目发行绿色公司债券,但募集资金中至少70%应主要用于公司绿色产业领域的业务发展。	(1)绿色产业项目范围参考适用《绿色债券支持项目目录(2015年版)》; (2)募集说明书应当披露拟投资的绿色产业项目类别、项目认定依据或标准、环境效益目标等内容。	(1)发行人应当按照有关规定或约定开立募集资金专项账户,对发行绿色公司债券所募集的资金进行专户管理,确保资金真正用于符合要求的绿色产业项目。受托管理人应当勤勉尽责,对发行人发行绿色公司债券的募集资金使用和专项账户管理情况进行持续督导; (2)募集说明书应当披露募集资金使用计划和管理制度等内容。	绿色公司债券存续期间,发行人应当按照相关规则规定或约定披露绿色公司债券募集资金使用情况、绿色产业项目进展情况和环境效益等内容。实务操作中通常按半年披露。

续表

	适用的主要监管规则及指引	募集资金用途要求	合格绿色项目的筛选	募集资金的使用与管理	存续期内募集资金使用的信息披露
发改委绿色企业债	《绿色债券发行指引》（发改办财金〔2015〕3504号，以下简称《绿色债券发行指引》）	在偿债保障措施完善的情况下，允许企业使用不超过50%的债券募集资金用于偿还银行贷款和补充营运资金；主体信用评级AA+且运营情况较好的发行主体，可使用募集资金置换由在建绿色项目产生的高成本债务。	适用《绿色债券发行指引》第一条关于绿色企业债适用和重点支持的绿色项目清单。	发改委《绿色债券发行指引》中无明确要求，从实务操作中发行先例来看：（1）发行人也需开立募集资金专项账户对发行企业债券所募集的资金进行专户管理，并应指定专门部门负责募集资金的总体调度和安排，不定期对募集资金的使用情况进行检查、核实；（2）募集说明书应当披露募集资金使用计划及资金使用情况的监督等内容。	发改委《绿色债券发行指引》中无特别要求，根据《国家发展改革委办公厅关于简化企业债券审报程序加强风险防范和改革监管方式的意见》（发改办财金〔2015〕3127号），发行人在存续期内应定期披露债券资金使用情况等相关信息。实务操作中视企业债的发行交易场所，通常按年（银行间债券市场）或半年（交易所债券市场）披露。①

① 参见美洲开发银行、气候债券倡议组织与中国人民银行联合发布的绿色熊猫债指南：https://www.docin.com/p-2195712968.html，最后访问时间：2020年3月9日。

三、绿色债券在中国的市场实践及发展趋势

（一）绿色债券在中国的市场实践

根据气候债券倡议组织与中央国债登记结算有限责任公司联合发布的《中国绿色债券市场2018年度报告》及《中国绿色债券市场2019上半年报》[①]，2018年符合国际绿色债券定义的中国绿色债券发行额达到2103亿元人民币，包括中国发行人在境内和境外市场共发行的2089亿元人民币，以及14亿元人民币的绿色熊猫债，占全球发行量的18%，如果纳入那些仅符合中国国内定义的绿色债券，2018年的贴标绿色债券总发行量达到2826亿元人民币；2019年上半年，中国发行人共计发行了1439亿元人民币的绿色债券，其中境内债券市场的绿色债券发行量为1252亿元人民币，符合国际绿色定义的发行量为718亿元人民币。

根据上述《中国绿色债券市场2018年度报告》《中国绿色债券市场2019上半年报》以及东方金诚国际信用评估有限公司发布的《2018年我国绿色债券市场发展回顾与展望——中国绿色债券市场稳中有升，监管助力绿债走向规范》[②]中的统计分析，我国境内绿色债券的主要发行场所首先是银行间债券市场，其次是交易所债券市场（其中以上海交易所为主）；债券类型方面商业银行等金融机构发行的金融债占主导地位，非金融企业发行的绿色债券主要是绿色公司债、绿色企业债及非金融企业绿色债物融资工具；发行人类型涵盖国有企业、公众企业、民营企业、中外合资企业、外商独资企业以及境外机构，其中以国有企业为主，主体信用级别集中于高信用级别（AA+以上）；募集资金投向的主要领域为低碳交通、清洁能源、污染防治、节能与低碳建筑等。

---

① 参见 https：//www. chinabond. com. cn/cb/cn/yjfx/zzfx/nb/20190802/152211092. shtml，最后访问时间：2020年3月9日。

② 参见 https：//www. dfratings. com/index. php？ g = portal&m = lists&a = view&aid = 502，最后访问时间：2020年3月9日。

（二）绿色债券在中国的特点及发展趋势

综合我国境内监管机构针对绿色债券制定的相关规范以及市场发行情况来看，中国绿色债券的发展呈现出如下特点及发展趋势：

1. 受限于境内债券监管职能的划分，中国绿色债券的标准待统一

如上文所述，由于中国境内债券监管职能的划分等历史原因，中国境内债券存在中国人民银行、中国证监会及发改委分头监管的格局。就上述监管机构分别监管的绿色债券而言，目前中国人民银行与中国证监会针对银行间债券市场和交易所债券市场的绿色债券，适用同一套绿色债券支持项目目录［即绿金委发布的《绿色债券支持项目目录（2015年版）》］及绿色债券评估认证规则［即《绿色债券评估认证行为指引（暂行）》（中国人民银行、中国证券监督管理委员会公告〔2017〕第20号）］；但是，发改委监管的绿色企业债则适用另一套标准，即发改委《绿色债券发行指引》中规定的绿色产业项目目录。前述两个目录在绿色债券判断标准上大体一致，但在细节方面仍存在一定差异，同时发改委尚未针对绿色企业债的评估认证出台相关指引，可能给发行人和投资者带来混淆和困扰，也可能因此导致监管套利。[①]

不过，值得注意的是，2018年12月，在中国人民银行、中国证监会等主管部门的指导下，中国成立了绿色债券标准委员会，标志着我国绿色债券自律管理协调机制落地运行。此外，发改委、中国人民银行、工业和信息化部、自然资源部、生态环境部、住房和城乡建设部、国家能源局于2019年2月联合发布了《绿色产业指导目录（2019年版）》（发改环资〔2019〕293号），对绿色产业的范畴作出统一界定标准，为各部门制定相关政策措施提供了“绿色”判断标准。这些被认为是我国境内各主要债券监管部门将逐渐统一绿色债券标准的积极标志。

---

① 参见联合资信评估有限公司：《七部委发布〈绿色产业指导目录〉绿色债券统一标准出台可期》（https：//mp. weixin. qq. com/s/qT5uw9u2lV0nrok0HljXLw），最后访问时间：2020年3月9日。

2. 中国绿色债券的合格标准低于国际绿色债券，但符合国际绿色债券标准的绿色债券占比正逐渐上升

国际绿色债券标准项下，合格绿色项目的类别不包括煤炭和其他化石燃料技术并要求将营运资金的使用限制在5%以内，即通常95%以上的绿色债券募集资金应与绿色资产或项目挂钩。而在我国绿色债券标准项下，考虑中国在能源结构及社会发展阶段的特殊性，绿金委的《绿色债券支持项目目录（2015年版）》及发改委的《绿色债券发行指引》项下的合格绿色项目的类别目前仍包括煤炭和石油等化石燃料清洁利用项目；并且，如上文所述，我国境内的绿色债券允许发行人将绿色债券募集资金用于补充营运资金的比例较高。

不过，从绿色债券的市场发行情况来看，我国发行的绿色债券中，符合国际绿色债券定义的债券占比逐渐提升。根据气候债券倡议组织与中央国债登记结算有限责任公司联合发布的《中国绿色债券市场2018年度报告》，按发行金额统计，2017年中国国内绿色债券中不符合国际绿色债券定义的债券的占比为38%，2018年度这一比例则降至26%。根据气候债券倡议组织和中央国债登记结算有限责任公司联合发布的《中国绿色债券市场2019年度报告》，2019年有460亿元人民币债券投向了未被纳入气候债券倡议组织定义的项目，但此类别占比持续下降。可以预见的是，随着中国国内绿色债券市场的发展成熟与监管的规范，中国国内绿色债券的合格标准将会与国际逐渐接轨统一。

3. 中国绿色债券的发展现阶段受政策驱动和激励的影响较大，绿色债券专业投资者的培育有待加强

中国绿色债券市场的发展目前尚处于初步阶段，其快速发展目前主要归功于政策的驱动和激励。总体而言，目前中国监管机构针对绿色债券的驱动和激励政策包括：（1）发行申报和审批实行“即报即审”的绿色通道政策；（2）适当放宽发行条件（以发改委绿色企业债为例，发行绿色债券的企业不受发债指标的限制，在资产负债率低于75%的前提下，核定发债规模时不考察发行人其他公司信用类产品的规模）；（3）政府补贴（包括贴息、发行补助、担保补贴）及担保激励和创新（如地方政府设立地方绿色债券担保基金，专项用于为发行绿色债券提供担保，鼓励探索采用碳排放权、排污权、用能权、用水权等收益权，以及知识产权、预期绿色收益质押等增信担保等）；（4）对投资人投资绿色

债券的政策引导和激励［例如，中国人民银行于2018年6月将不低于AA级的绿色金融债券，AA+、AA级公司信用类债券（涉及绿色经济的债券优先）纳入中期借贷便利（MLF）担保品范围；以及中国证券投资基金业协会于2018年11月发布的《绿色投资指引（试行）》规定基金管理人设立绿色投资主题基金或基金投资方针涵盖绿色投资时，应主动适用已公开的行业绿色标准（包括境内外监管机构发布的有关绿色债券标准）筛选投资标的］等。

而从投资人及其市场化激励方面来看，目前我国境内债券市场投资人的环保和绿色投资意识与国际绿色债券投资人相比还有差距，专业的绿色债券投资者群体有待培育，其直观体现为在发行利率方面，境内绿色债券与普通债券相比，发行成本优势不是特别明显，对发行人的市场驱动效应有限。例如，根据上海新世纪资信评估投资服务有限公司出具的《2019年中国绿色债券市场分析报告》①，将绿色债券发行利差与可比债券发行利差进行比较，2019年有可比债券的136支绿色债券中，具有发行成本优势的占比62.50%，平均发行成本优势为6.44BP，相对较小。不过，在我国政府大力推动发展绿色经济、境内监管机构持续推出绿色债券支持政策以及境内债券市场不断开放的背景下，可以预见的是，中国境内绿色债券的投资人群体将不断丰富，其对绿色债券的投资价值及理念也将越来越认可，绿色债券的发展将逐渐由政策驱动为主向市场驱动为主转变。

4. 中国绿色债券的第三方独立评估及认证越来越普遍

绿色债券的评估对于募集资金的投向监管以及绿色债券所要实现的环境效益和社会效益具有非常重要的作用，同时在绿色债券发行时，一个独立客观的认证评估也有益于提高投资者对绿色债券的市场认可度。从国际实际操作案例来看，绿色债券大部分都有第三方机构的独立评估认证。例如，由挪威国际气候与环境研究中心出具评估认证意见或者由环境、社会与公司治理研究服务提供商进行认证等，此类评估认证机构不仅包括学术研究机构，还加入了越来越

---

① 参见 http：//www. shxsj. com/uploadfile/kanwu/2020/20200224 - 1. pdf，最后访问时间：2020年3月9日。

多的市场专业认证机构及咨询公司等。[①]

就我国境内发行的绿色债券而言，根据前述相关适用的监管规则，对于在银行间债券市场及交易所债券市场上发行的主要债券品种，如绿色金融债、绿色债务融资工具及绿色公司债等，中国的监管机构均鼓励发行人在发行前聘请独立的评估认证机构出具绿色债券评估认证报告，并在债券存续期内就绿色债券支持绿色产业项目发展及其环境效益影响等实施持续跟踪评估。针对绿色企业债，发改委的相关监管规则并未强制要求第三方机构的评估认证，结合绿色企业债的已发行案例来看，目前较少采用第三方独立评估认证。但总体而言，由第三方专业机构对绿色债券进行独立评估和认证的市场操作越来越普遍。据统计，2019 年，除 38 支绿色企业债外，共有 118 支绿色债券进行了第三方评估认证；第三方评估认证机构的种类较多，主要为信用评估机构、会计师事务所、责任投资领域咨询机构以及环境工程领域咨询机构等。[②]

四、结语

我国的绿色债券市场起步较晚，但在中国政府和监管机构的一系列引导和激励政策的驱动下发展迅速，且在监管政策等方面存在一定的特殊性。现阶段尽管中国绿色债券的监管政策和市场实践与国际绿色债券相比还存在一定差距，但差距正在不断缩小。

---

① 参见中国银行间交易商协会—国际资本市场协会（ICMA）工作组：《绿色债券市场发展 国内外实践及前景展望》（http：//www. doc88. com/p -9496471101988. html），最后访问时间：2020 年 3 月 9 日。

② 参见上海新世纪资信评估投资服务有限公司：《2019 年中国绿色债券市场分析报告》（http：//www. shxsj. com/uploadfile/kanwu/2020/20200224 -1. pdf），最后访问时间：2020 年 03 月 09 日。

上市公司创投基金股东减持新规解读

杨广水 高顺燚*

中国证券监督管理委员会（以下简称“证监会”）于2020年3月6日发布了《上市公司创业投资基金股东减持股份的特别规定》（以下简称《基金减持新规》），上海证券交易所（以下简称“上交所”）、深圳证券交易所（以下简称“深交所”）也相应发布了《上海证券交易所上市公司创业投资基金股东减持股份实施细则（2020年修订）》（以下简称《上交所基金减持实施细则》）和《深圳证券交易所上市公司创业投资基金股东减持股份实施细则（2020年修订）》（以下简称《深交所基金减持实施细则》），上述规定和实施细则（以下统称“基金减持特别规定”）均于2020年3月31日起正式实施。

一、基金减持特别规定的修订背景

2016年9月，国务院发布《关于促进创业投资持续健康发展的若干意见》（国发〔2016〕53号，以下简称“53号文”），要求针对创业投资企业“研究建立所投资企业上市解禁期与上市前投资期限长短反向挂钩的制度安排”。所谓“反向挂钩制度”，是指创业投资基金所投上市前股份的锁定期与其上市前的投资期限成反比，即前期投资的时间越长，锁定期越短。但这一政策在2018年之前一直没有得到具体落实。

2017年5月26日，证监会发布《上市公司股东、董监高减持股份的若干规定》（证监会公告〔2017〕9号，以下简称《减持新规》），废止了原来的

---

* 杨广水，北京市奋迅律师事务所，合伙人；高顺燚，北京市奋迅律师事务所。

《上市公司大股东、董监高减持股份的若干规定》。《减持新规》新增对原始股东减持、定向投资者减持、大宗交易减持等的限制，整体规定趋严，但并未对创业投资基金减持作出特别规定。

2018 年 3 月 1 日，为落实 53 号文的要求，证监会发布《上市公司创业投资基金股东减持股份的特别规定》（以下简称原《创投减持规定》），明确规定了反向挂钩的制度安排，但其对创业投资基金减持的要求仍旧偏严。

2019 年以来，我国股权投资行业普遍面临募资困难、退出困难等问题。一方面，私募股权投资基金行业自 2010 年起高速发展，目前大批基金已面临投资期届满必须退出的节点；另一方面，上市减持依旧是国内私募股权投资基金的主要退出渠道，但始终没能摆脱《减持新规》的紧箍。投资资金难以退出又进一步加剧新设基金的募集难度，陷入恶性循环。

本次修订就是在上述背景中提出，通过进一步放宽创业投资基金及私募股权投资基金的减持标准，能够在一定程度上缓解私募基金退出难的问题，加快私募基金资金回笼。资金回笼后，部分专业性较强、业绩较优秀的基金将得以募集新的资金。最终起到促进资本市场流动性，加强创业投资行业市场活力的效果。

二、基金减持特别规定的修订内容

（一）适用标准

1. 基金适用标准

《基金减持新规》将私募股权投资基金纳入适用范围，且取消了对基金投资范围、投资方式及投资金额的要求，大大放宽了适用范围。

变更内容	原《创投减持规定》	《基金减持新规》
基金类型	（1）在基金业协会备案的创业投资基金； （2）已在基金业协会备案的私募证券投资基金、私募股权投资基金或者其他投资基金符合第二款规定（即本表“具体标准”内容）条件的，可以在变更备案为创业投资基金后适用本规定。	（1）在基金业协会备案的创业投资基金； （2）在基金业协会备案的私募股权投资基金。

续表

变更内容	原《创投减持规定》	《基金减持新规》
具体标准	(1) 投资范围限于未上市企业，但是所投资企业上市后所持股份的未转让部分及通过上市公司分派或者配售新股取得的部分除外； (2) 投资方式限于股权投资或者依法可转换为股权的权益投资； (3) 对外投资金额中，对早期中小企业和高新技术企业的合计投资金额占比 50% 以上； (4) 证监会规定的其他情形。 或 (1) 原《创投减持规定》发布前的对外投资金额中，对未上市企业进行股权或者可转换为股权的投资金额占比 50% 以上； (2) 原《创投减持规定》发布后的对外投资金额中，对早期中小企业和高新技术企业的合计投资金额占比 50% 以上，且投资范围和投资方式符合前款第 (1) 项和第 (2) 项的规定。	无

2. 被投企业适用标准

原《创投减持规定》要求被投企业同时符合两个条件：(1) 属于“早期中小企业”或者“高新技术企业”；(2) 该基金对早期中小企业和高新技术企业的合计投资金额占比 50% 以上。

《基金减持新规》对此予以简化，仅要求被投企业满足“投早”、“投中小”、“投高新”三者之一即可。根据《基金减持新规》第 3 条，创业投资基金所投资符合条件的企业是指满足下列情形之一的企业：

(1) 首次接受投资时，企业成立不满 60 个月；

(2) 首次接受投资时，企业职工人数不超过 500 人，根据会计事务所审计的年度合并会计报表，年销售额不超过 2 亿元、资产总额不超过 2 亿元；

(3) 截至发行申请材料受理日，企业依据《高新技术企业认定管理办法》(国科发火〔2016〕32 号) 已取得高新技术企业证书。

(二) 减持优惠政策

1. 集中竞价减持

(1) 减持比例限制

根据《减持新规》第 9 条第 2 款的规定，股东通过证券交易所集中竞价交易减持其持有的公司首次公开发行前发行的股份，在 3 个月内减持股份的总数不得超过公司股份总数的 1%。

《基金减持新规》第 2 条及《上交所基金减持实施细则》、《深交所基金减持实施细则》均对符合条件的创业投资基金/私募股权投资基金集中竞价交易减持做了更优惠的规定，具体如下表所述。对于投资期在 60 个月以上的符合条件的创业投资基金/私募股权投资基金，完全取消了创业投资基金/私募股权投资基金减持股份的比例限制。

投资期限	减持限制
不满 36 个月	在 3 个月/任意连续 90 个自然日内减持股份的总数不得超过被投企业股份总数的 1%
36 个月以上但不满 48 个月	在 2 个月/任意连续 60 个自然日内减持股份的总数不得超过被投企业股份总数的 1%
48 个月以上但不满 60 个月	在 1 个月/任意连续 30 个自然日内减持股份的总数不得超过被投企业股份总数的 1%
60 个月以上	减持股份总数不受比例限制

（2）投资期限截止日

根据《基金减持新规》第 2 条第 2 款的规定，投资期限自创业投资基金/私募股权投资基金投资该被投企业金额累计达到 300 万元之日或者投资金额累计达到投资该被投企业总投资额 50% 之日开始计算，至被投企业“首次公开发行上市日”。而原《创投减持规定》规定的投资期限截止日为“发行申请材料受理日”。

《基金减持新规》将“截至发行申请材料受理日”修改为“截至发行人首次公开发行日”，意味着证监会对所投资企业上市申请的审核期间、核准/注册文件的取得期间、以及发行阶段的期间也将计入投资期限。从实践操作情况看，“发行申请材料受理日”和“发行人首次公开发行日”之间大多需要一年以上的时间。将投资期限截止日放宽至首次公开发行日，对创业投资基金/私募股权投资基金更为有利。

2. 大宗交易减持

（1）减持比例限制

根据《减持新规》第 11 条的规定，上市公司股东通过大宗交易方式减持其持有的公司首次公开发行前发行的股份，应当遵守证券交易所关于减持数量、持有时间等规定。而根据《上海证券交易所上市公司股东及董事、监事、高级管理人员减持股份实施细则》及《深圳证券交易所上市公司股东及董事、监事、高级管理人员减持股份实施细则》（以下简称“减持实施细则”），上市公司股东采取大宗交易方式减持其持有的公司首次公开发行前发行的股份的，在任意连续 90 日内，减持股份的总数不得超过公司股份总数的 2%。

根据《基金减持新规》第 4 条的规定，创业投资基金/私募股权投资基金通过大宗交易方式减持其持有的公司首次公开发行前发行的股份，同样应当遵守证券交易所关于减持数量、持有时间等规定。根据《上交所创投基金减持实施细则》和《深交所创投基金减持实施细则》，具体减持比例限制如下表所述。与集中竞价交易相同，对于投资期在 60 个月以上的符合条件的创业投资基金/私募股权投资基金，交易所完全取消了减持股份的比例限制。

投资期限	减持限制
不满 36 个月	在任意连续 90 个自然日内减持股份的总数不得超过被投企业股份总数的 2%。
36 个月以上但不满 48 个月	在任意连续 60 个自然日内减持股份的总数不得超过被投企业股份总数的 2%。
48 个月以上但不满 60 个月	在任意连续 30 个自然日内减持股份的总数不得超过被投企业股份总数的 2%。
60 个月以上	减持股份总数不受比例限制。

（2）受让方锁定期

根据减持实施细则，上市公司股东采取大宗交易方式减持其持有的公司首次公开发行前发行的股份的，受让方在受让后 6 个月内不得转让所受让的股份。该规定同样适用于创业投资基金大宗交易减持受让方。

《基金减持新规》发布后，《上交所基金减持实施细则》和《深交所基金减持实施细则》同步调整了关于受让方锁定期的规定，明确受让方受让的股份不再适用 6 个月内不得转让的规定。实践中大宗交易受让方锁定期限制是限制上市公司股东通过大宗交易减持股份的重要因素之一，本次基金减持特别规定放松这一限制，有利于符合条件的创业投资基金/私募股权投资基金尽快回笼资金进行再投资。

3. 协议转让

《基金减持新规》并未针对协议转让进行特别规定，因此创业投资基金/私募股权投资基金通过协议转让方式减持上市公司股票的，仍需遵守《减持新规》及减持实施细则的一般性规定。协议转让对受让方要求较高，包括但不限于：（1）单个受让方的受让比例不得低于公司股份总数的5%；（2）受让方在6个月内减持所受让股份的，出让方、受让方应遵守集中竞价的减持比例限制（在3个月内减持股份的总数不得超过公司股份总数的1%）。

4. 特别提示

尽管基金减持特别规定在一定程度上放宽了创业投资基金/私募股权投资基金减持上市公司股票的限制，但应注意的是：

（1）减持对象

基金减持特别规定适用的减持对象只是被投企业首次公开发行前发行的股份，因此私募股权基金通过参与非公开发行、协议转让、大宗交易等方式购买的已上市公司股票，或者通过参与上市公司并购重组等方式取得的已上市公司股票，并不适用基金减持特别规定项下的减持优惠政策。

（2）《证券法》《减持新规》继续适用

除上述关于减持比例和受让方锁定期的特别规定外，创业投资基金/私募股权投资基金减持上市公司股份仍需要遵守《证券法》《减持新规》及交易所关于减持的实施细则的其他规定，包括但不限于信息披露的相关规定。

（3）锁定期

创业投资基金/私募股权投资基金仍应遵守IPO锁定期相关限制。以非实际控制人的创业投资基金股东为例，根据证监会《发行监管问答——关于首发企业中创业投资基金股东的锁定期安排》，其持有的所投资企业上市前股份，自所投资企业股票在证券交易所上市交易之日起一年内不得转让。

（4）股份锁定承诺

在IPO申报时，创业投资基金/私募股权投资基金作为发行人股东一般需要出具股份锁定承诺。建议创业投资基金/私募股权投资基金在出具相关股份锁定承诺时，注意对承诺函的内容进行审核和优化，避免承担过重的减持限制义务。

（三）违规减持法律后果

基金减持特别规定在加大符合条件的创业投资基金/私募股权投资基金减持优惠力度的同时，也明确了违规减持的法律后果。

《上交所基金减持实施细则》第 4 条规定：“创投基金减持股份违反本细则规定，或者通过交易、转让或者其他安排规避本细则规定，或者违反本所其他业务规则规定的，本所可以采取书面警示、通报批评、公开谴责、限制交易等监管措施或者纪律处分。违规减持行为导致股价异常波动、严重影响市场交易秩序或者损害投资者利益的，本所从重予以处分。创投基金减持股份涉嫌违反法律、法规、规章、规范性文件的，本所按规定报中国证监会查处。”

《深交所基金减持实施细则》第 6 条规定：“创业投资基金股东减持股份违反本细则规定的，或者通过交易、转让或其他方式规避本细则规定，或者违反本所其他业务规则规定的，本所可以采取限制交易等监管措施或者实施纪律处分。严重影响市场秩序或者损害投资者权益的，本所从重处分。前款规定的减持行为涉嫌违反法律、法规、部门规章、规范性文件的，本所报中国证监会查处。”

三、基金业协会配套措施

根据基金业协会官方微信公众号 2020 年 3 月 6 日发布的《尊重市场规律 简化认定标准 促进长期资本形成——中国证监会修订〈上市公司创业投资基金股东减持股份的特别规定〉》，基金业协会将会采取以下配套措施：

1. 私募基金管理人申请适用《基金减持新规》相关政策仍然在资产管理业务综合报送平台（https：//ambers. amac. org. cn）进行，有关升级功能将于 2020 年 3 月 31 日按时上线。

2. 为确保私募基金对照准备适用优惠政策的申请材料、熟悉系统操作，协会将发布《基金减持新规》对应的系统操作指南。

3. 协会将反向挂钩申请的办理时限由材料齐备后 20 个工作日缩减为材料齐备后 10 个工作日，便利申请机构尽快适用政策。

四、尚待明确的问题

本次基金减持特别规定篇幅较短，鉴于实践情况复杂多变，部分问题尚需监管部门后续予以明确，例如：

（一）“首次接受投资时”的认定标准

《基金减持新规》并未明确规定“首次接受投资时”的认定标准。不过，鉴于证监会已在《私募基金监管问答——关于首发企业中创业投资基金股东的认定标准》中明确规定：“投资时点以创业投资基金投资后，被投企业取得工商部门核发的营业执照或工商核准变更登记通知书为准。投资时点以第一次投资为准，后续对同一标的企业的投资均按初始时点确认”。笔者理解，在适用《基金减持新规》时亦可参照上述规定，即“首次接受投资”的时点以被投企业取得相应营业执照或工商核准变更登记通知书为准。

（二）首发企业创业投资基金股东的认定标准

根据《发行监管问答——关于首发企业中创业投资基金股东的锁定期安排》，对于发行人没有或难以认定实际控制人的，发行人的股东应当按持股比例从高到低依次承诺其所持股份自上市之日起锁定 36 个月，直至锁定股份的总数不低于发行前股份总数的 51%。但如果上述股东中存在创业投资基金股东，则该创业投资基金股东仅需承诺其所持股份自上市之日起锁定 12 个月。根据证监会发布的《私募基金监管问答——关于首发企业中创业投资基金股东的认定标准》，首发企业创业投资基金股东需同时满足“投早”“投中小”两个条件，且该问答规定的创业投资基金投资期限截止日期为“首发企业发行申请材料接收日”。

但如本文第二部分“二、基金减持特别规定的修订内容”之“（一）适用标准”之“2. 被投企业适用标准”项下所述，《基金减持新规》已放宽对“创业投资基金”的认定标准。后续证监会是否会同步放宽“首发企业创业投资基金股东”的认定标准，尚待明确。

购买或出售选择权的强制履行效力检视

杨广水 冉茂思*

实践中，作为股权交易的后续安排，投资者通常会在投资协议中约定“购买选择权”（Call Option）或“出售选择权”（Put Option）条款，但据笔者观察，“购买选择权”和“出售选择权”条款是否可强制履行在中国司法实践中尚无明确规定。本文试图通过对“购买选择权”和“出售选择权”在行使过程中可能面临的问题进行分析，进一步提出相应的完善建议，以期保障投资者利益。

一、购买或出售选择权的适用

投资协议中，“购买选择权”一般是指赋予权利人在特定事件触发（如实际控制人发生变更等）或特定日期内（如未来3年或5年）购买其他股东所持部分或全部公司股权的权利；相应地，“出售选择权”一般是指赋予权利人在特定事件触发或特定日期内向其他股东出售权利人所持部分或全部公司股权的权利。“购买选择权”和“出售选择权”在投资协议中一般同时存在，即公司大股东享有“购买选择权”的同时，公司小股东享有“出售选择权”。

二、违约责任的承担

若其他股东拒绝履行“购买选择权”或“出售选择权”项下股权出售或受

---

* 杨广水，北京市奋迅律师事务所，合伙人；冉茂思，北京市奋迅律师事务所，律师。

让义务，则该股东需承担投资协议项下违约责任。根据《民法典》第五百七十七条规定，承担违约责任的方式包括继续履行、采取补救措施或者赔偿损失等。同时，根据《民法典》第五百八十条，当事人一方不履行非金钱债务或者履行非金钱债务不符合约定的，对方可以请求履行，但是有下列情形之一的除外：(1) 法律上或者事实上不能履行；(2) 债务的标的不适于强制履行或者履行费用过高；(3) 债权人在合理期限内未请求履行。

实践中，投资者在进行股权投资时，通常会综合考虑其他股东是否具备相关资质条件，如特定实际控制人、政府资源、相应资质等条件，且将不再具备该等条件约定为投资者行使购买或出售选择权的触发条件。考虑到前述股权投资对其他股东是否具备相关资质条件的特殊要求，投资者通常会考虑寻求继续履行的违约责任承担方式，即要求其他股东继续履行股权出售或受让义务。

因此，根据《民法典》上述规定，在不存在《民法典》第五百八十条规定的特定情形时，投资者可以就股权出售或受让这一非金钱债务主张要求承担继续履行的违约责任。

三、非金钱债务的确定

实践中，存在较大争议的是，“购买选择权”或“出售选择权”的约定是否对其他股东设置了明确的股权出售或受让这一非金钱债务？换句话说，就股权出售或受让法律关系而言，“购买选择权”或“出售选择权”的约定属于“预约”还是“本约”？

一般理解，“预约合同”（或称“预约”）是指当事人约定为在将来一定期限订立合同而达成的允诺或者协议。依该约定将来订立的合同称为“本约合同”（或称“本约”）。根据《布莱克法律词典》的解释，“预约（precontract）是指由一个人作成的契约或约定，它具有排除这个人合法地进入另一项性质相同的合同的属性。”[①] 此外，根据《关于审理买卖合同纠纷案件适用法律问题的

---

① 参见“Black’s Law Dictionary”（Ninth Edition）第372页。

解释》（以下简称《买卖合同司法解释》）第二条的规定：“当事人签订认购书、订购书、预订书、意向书、备忘录等预约合同，约定将来一定期限内订立买卖合同，一方不履行订立买卖合同的义务，对方请求其承担预约合同违约责任或者要求解除预约合同并主张损害赔偿的，人民法院应予支持。”因此，可以将“预约合同”理解为以将来订立“本约合同”为标的的契约。

最高人民法院在“张某、北京王某医疗科技有限公司与佛山市顺德区银景房产有限公司、佛山市顺德区德利企业管理顾问有限公司等股权转让纠纷案件”（以下简称“张某案”）中认为：“预约合同作为一个独立的合同，其违约责任形式可以包括继续履行，但可由人民法院强制缔结本约的法律依据并不充分，否则有违合同意思自治原则，亦不符合强制执行限于物或行为的给付而不包括意志给付的基本原理。”据此，笔者理解，基于“预约合同”强制要求缔结“本约合同”有违意思自治原则，亦不符合强制执行限于物或行为的给付而不包括意志给付的基本原理。因此，司法实践中一般不支持继续履行。

结合相关司法判例，区分“预约”和“本约”的关键在于看合同中是否有约定将来另行订立具体合同的条款或可推定的意思表示，而不能只从合同的内容是否具备“本约”合同主要条款进行判断。

广东省东莞市中级人民法院在“东莞市厚街资产经营管理有限公司等诉广东华源企业集团有限公司股权转让纠纷案”中认为，若合同主要条款（当事人名称或者姓名、标的和数量等）已经确定，可以认定为形成了独立的股权转让协议，守约方可主张违约方继续履行。① 但根据张某案，当事人有约定未来另行签订具体合同的，虽然构成“本约”的合同基本条款已经具备，也应当尊重

① 广东省东莞市中级人民法院在“东莞市厚街资产经营管理有限公司等诉广东华源企业集团有限公司股权转让纠纷案”中认为：“《承包经营合同》第四条第三款约定：‘……在承包期内，如果华源公司提出要受让股权，资产公司应按实际出资 1670 万元转让其在展览中心所拥有的 10% 的股权给华源公司。’从上述内容来看，提出股权转让的期限（承包期内）、股权转让方（资产公司）、股权受让方（华源公司）、转让标的（资产公司在展览中心持有的 10% 股权）、转让价格（1670 万元）都是确定的，资产公司与华源公司已就案涉 10% 股权的转让达成了一致的意思表示，即形成了独立的股权转让协议”。最终，该案中广东省东莞市中级人民法院维持了一审判决，要求资产公司于华源公司通知之日起 30 日内，将其持有的展览中心 10% 的股权作价 1670 万元转让给华源公司，并协助华源公司办理完毕该 10% 股权的工商登记变更手续。

当事人的意思自治，不宜认定为“本约”。[①]

因此，投资者在投资协议中约定“购买选择权”或“出售选择权”时，建议明确股权转让相关要素，如股权转让双方、转让标的及转让价格[②]等，以便设置明确的股权出售或受让的非金钱债务。此外，为免“购买选择权”或“出售选择权”的约定被认定为“预约”之虞，建议不约定“双方将就股权转让事宜另行签署股权转让协议”等类似可能被认定为“预约”的表述。

四、购买或出售选择权条款的完善建议

通过上述分析，为增强投资者购买或出售选择权的强制履行效力，在设计、起草投资协议中相应条款时，可考虑如下建议：

1. 尽量明确购买或出售选择权涉及的股权转让相关要素，如股权转让双方、转让标的、转让价格、转让具体程序等，以符合股权转让协议成立的相关要求。

2. 建议“购买选择权”或“出售选择权”条款中不采用“双方将就股权转让事宜另行签署股权转让协议”等类似可能被认定为“预约合同”的表述。从张某案中可以看出，该等另行签署的约定并不能由法院强制缔结股权转让的本约，因此另行签署的约定亦无实际意义。

3. 在投资协议中明确不履行购买或出售选择权时的具体违约责任，以提高违约方的违约成本。即使“购买选择权”或“出售选择权”条款最终被法院认定为“预约合同”，但根据《买卖合同司法解释》，守约方亦可要求违约方承担预约合同项下的违约责任，包括继续履行、违约金、损害赔偿等。因此，建议在投资协议中相应设置违反“购买选择权”或“出售选择权”条款的具体违约责任，包括较高的违约金等惩罚性赔偿措施。

---

① 根据《最高人民法院关于适用〈中华人民共和国合同法〉若干问题的解释（二）》第一条第一款：“当事人对合同是否成立存在争议，人民法院能够确定当事人名称或者姓名、标的和数量的，一般应当认定合同成立。但法律另有规定或者当事人另有约定的除外。”此外，在张某案中，最高人民法院认为：“《广东同江医院有限公司股东会决议》中关于同江医院股权转让的条款虽基本成立，但因当事人还有特别约定另需订立股权转让合同，不宜认定股权转让合同已经成立，故王某公司、张某关于股权转让合同本约直接成立的主张并无法律依据而不能成立”。

② 转让价格无法准确确定的，可明确具体的确定标准，如按照净资产价格或评估价格等。

图书在版编目（CIP）数据

“一带一路”背景下大金融领域法律实务精要／奋迅·贝克麦坚时联营办公室编著．—北京：中国法制出版社，2020.6

ISBN 978－7－5216－1134－2

Ⅰ.①一… Ⅱ.①奋… Ⅲ.①金融法－研究－中国 Ⅳ.①D922.280.4

中国版本图书馆 CIP 数据核字（2020）第 094172 号

策划编辑 陈兴　　责任编辑 谢雯 白天园　　封面设计 李宁

“一带一路”背景下大金融领域法律实务精要

“YIDAI YI LU” BEIJINGXIA DAJINRONG LINGYU FALÜ SHIWU JINGYAO

编著/奋迅·贝克麦坚时联营办公室

经销/新华书店

印刷/三河市紫恒印装有限公司

开本/730 毫米×1030 毫米　16 开　　印张/ 21　字数/ 252 千

版次/2020 年 6 月第 1 版　　2020 年 6 月第 1 次印刷

中国法制出版社出版

书号 ISBN 978－7－5216－1134－2　　定价：139.00 元

北京西单横二条 2 号

邮政编码 100031　　传真：010－66031119

网址：http：//www.zgfzs.com　　**编辑部电话：010－66071862**

市场营销部电话：010－66033393　　**邮购部电话：010－66033288**

（如有印装质量问题，请与本社印务部联系调换。电话：010－66032926）